한번에 이해되는

# 아두이노

본 교재 또는 강좌는 과학기술정보통신부 및 정보통신기획평가원에서 지원하는
『소프트웨어중심대학』 사업의 결과물입니다.

기초부터 프로젝트까지

# 한번에 이해되는 아두이노

아두이노용 센서들과 입출력 장치들을 이용하여
사물인터넷 프로젝트를 구현할 수 있도록 구성

심재창 • 정윤주 • 고주영 • 이영학 공저

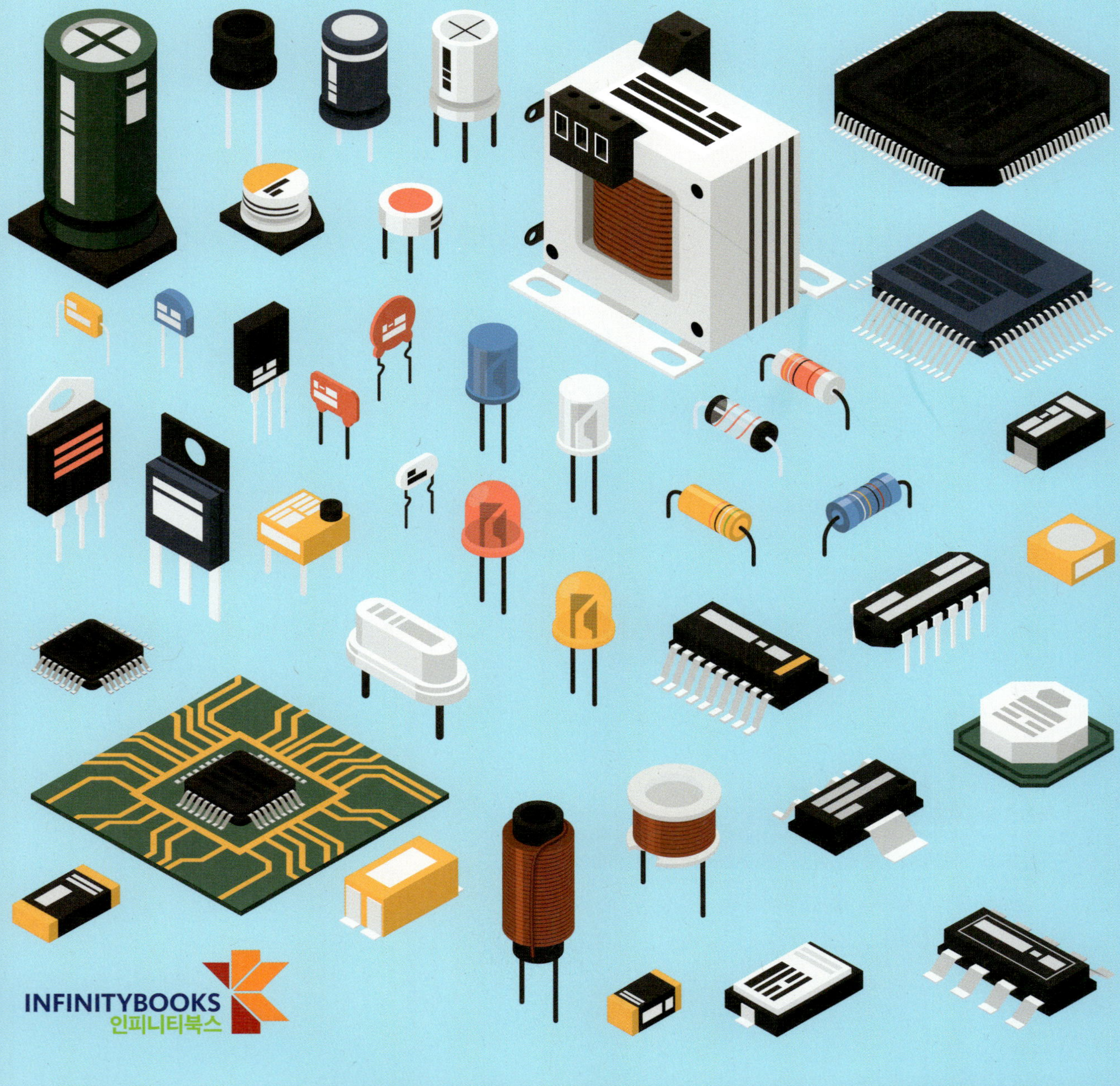

INFINITYBOOKS
인피니티북스

**국립중앙도서관 출판시도서목록(CIP)**

이 도서의 국립중앙도서관 출판예정도서목록(CIP)은 서지정보유통지원 시스템 홈페이지(http://seoji.nl.go.kr)와 국가자료종합목록 구축 시스템(http://kolis-net.nl.go.kr)에서 이용하실 수 있습니다.

(CIP제어번호 : CIP2020026817)

# 머리말

아두이노는 디자인한 작품을 손쉽게 전자 장치로 제작하기 위하여 개발되었다. 손바닥 안에 들어가는 명함 정도의 작은 크기이다. 아두이노는 마이크로컨트롤러 HW와 SW 개발 도구로 구성된다. HW와 SW가 모두 오픈소스 기반으로 무료로 배포된다. 통합 개발환경(IDE)을 포함해서 전 세계 많은 사람들이 연구한 각종 HW 회로와 SW 라이브러리들이 오픈소스 플랫폼을 통하여 배포된다. 어린이로부터 성인에 이르기까지 전문적인 지식이 없는 사람도 생각하는 작품을 쉽게 구현할 수 있다. 아두이노는 사물인터넷(IoT, Internet of Things) 제품 등 다양한 분야에서 활용되며, 창의 융합 교육에 매우 적합한 플랫폼이다.

이 교재는 많이 활용되는 아두이노용 센서들과 입출력 장치들을 이용하여 사물인터넷의 구현이나 다양한 응용 프로젝트를 수행할 수 있도록 구성하였다. 아두이노 보드에 센서를 연결하여 데이터를 읽고, 제어를 하는 등의 실용적인 적용 예제들을 학습한다. 그리고 단순 활용에 그치지 않고 장치나 모듈의 원리를 쉽고 자세하게 설명하여 독자들의 아두이노 활용 능력의 증대와 창의적 시스템 개발의 확장성을 높이고자 노력하였다.

학습을 마치면 각종 센서의 입력과 출력 및 제어, 시리얼 통신과 블루투스 통신 등의 무선 통신에 대한 개념을 이해하고 활용할 수 있다. 사물인터넷 관련 다양한 프로젝트를 구현할 수 있으며 스마트폰 앱을 작성하여 블루투스로 아두이노를 제어할 수도 있다. 이 교재의 예제들을 반복적으로 따라하면서 HW와 SW에 대한 이해의 폭을 넓히고, 예제들을 적절히 융합하여 창의 아이디어를 제품으로 만드는데 도움이 되기를 기대한다.

국내 창의 교육 최고의 전문가이며 창의방정식을 고안한 이동조 대표께서 집필에 직접 도움을 주어 감사를 드리며 끝으로, 책의 출판을 도와준 인피니티북스의 관계자들께 감사드린다.

저자 일동

# 주차별 강의 계획

본 교재는 1학기를 16주로 가정하여 다음과 같이 진행할 수 있다. 수업의 진행 상황에 따라 일부 내용을 수정하여도 된다.

| 주 | Chapter | 주제 |
|---|---|---|
| 1주 | 1장 | 마이크로컨트롤러와 전자 기초 |
| 2주 | 2장, 3장 | 디지털 및 아날로그 입출력 |
| 3주 | 4장 | 센서 제어하기 |
| 4주 | 5장 | 7-세그먼트 |
| 5주 | 6장 | LCD 패널 |
| 6주 | 7장 | 모터 제어 |
| 7주 | 8장 | 도트 매트릭스 |
| 8주 | | 중간고사 |
| 9주 | 9장 | UART 시리얼 통신 |
| 10주 | 10장 | 블루투스 통신 |
| 11주 | 11장 | I2C 통신 |
| 12주 | 12장, 13장 | 이더넷과 멀티태스킹 |
| 13주 | 14장 | 스마트폰으로 아두이노 제어 |
| 14주 | 15장 | 사물인터넷과 인공지능 |
| 15주 | 16장 | 종합프로젝트 |
| 16주 | | 기말고사 |

Introduction to **Arduino**

# 목차


머리말 ······ v

주차별 강의 계획 ······ vi

## 01 마이크로컨트롤러와 전자

01 MCU란 무엇인가? ······ 2
02 전자의 기초 ······ 7
03 브레드보드 ······ 11
04 아두이노 보드 소개 ······ 12
05 LED 켜기 실습 ······ 14
[요약] ······ 15
[연습문제] ······ 16
[참고자료] ······ 18

## 02 디지털 입출력

01 디지털 신호와 아날로그 신호 ······ 20
02 디지털 출력으로 LED 제어하기 ······ 25
03 LED 여러 개 깜박이기 ······ 31
04 시리얼 모니터로 LED 제어하기 ······ 35
05 디지털 입력: 버튼을 이용한 디지털 제어 ······ 37
[요약] ······ 44
[연습문제] ······ 45

## 03 아날로그 입출력

01 아날로그 데이터 출력 ······ 48
02 LED 밝기 제어하기 실습 ······ 50
03 부저로 음악 연주하기 ······ 54
04 아날로그 입력 ······ 61
[요약] ······ 74
[연습문제] ······ 75

## 04 센서 제어하기


01 아날로그 온도센서(LM35) ... 78
02 디지털 온습도센서 ... 82
03 아날로그 초음파센서 ... 87
04 적외선 리모컨 송수신 ... 92
[요약] ... 98
[연습문제] ... 99


## 05 7-세그먼트 표시장치


01 7-세그먼트 표시장치 ... 102
02 7-세그먼트 2개 연결 ... 113
03 4자리 7-세그먼트 표시장치 ... 116
[요약] ... 121
[연습문제] ... 122


## 06 LCD 패널


01 LCD 표시장치 ... 126
02 Liquid Crystal I2C 라이브러리 설치 ... 129
03 아두이노 I2C LCD의 제어 ... 130
04 사용자 정의 문자열의 출력 ... 137
05 I2C LCD1602에 센서값 출력 ... 140
[요약] ... 144
[연습문제] ... 145


## 07 모터 제어


01 모터 소개 ... 148
02 서보용 라이브러리 함수의 사용 ... 151
03 스테퍼모터 ... 161
04 DC모터 제어 ... 166
[요약] ... 169
[연습문제] ... 170


## 08 도트 매트릭스


01 Common Anode와 Common Cathode ... 174
02 도트 매트릭스 ... 177
03 도트 매트릭스를 한 줄 및 X 모양으로 표시 ... 181
04 하트 모양과 스마일 표시 ... 186
05 도트 매트릭스에 움직이는 글자와 모양 표시 ... 189
[요약] ... 194
[연습문제] ... 195

09
시리얼(UART) 통신

01 UART 통신 기초 ········ 201
02 아두이노와 컴퓨터 사이의 통신 실험 ········ 202
03 두 대의 아두이노를 이용하여 마스터/슬레이브 통신 ········ 204
04 UART 통신을 이용한 원격제어 실험 ········ 206
05 마스터가 원하는 시점에 슬레이브 값 읽기 및 제어 ········ 210
[요약] ········ 213
[연습문제] ········ 214

10
아두이노 통신

01 UART 통신이란? ········ 218
02 블루투스 통신 ········ 221
03 블루투스 통신 앱 만들기 ········ 226
[요약] ········ 236
[연습문제] ········ 237

11
SPI & I2C 통신

01 SPI와 I2C통신에 대하여 ········ 240
02 I2C 동작 원리 ········ 242
03 master_reader / slave_sender 통신 실험 ········ 244
04 master_write / slave_receiver 통신 실험 ········ 247
05 가변저항을 이용하여 원격지 LED 깜박임 조절 ········ 250
06 버튼을 눌렀을 때 원격지 센서 값 읽기 ········ 254
[요약] ········ 259
[연습문제] ········ 260

12
이더넷(Ethernet) 통신

01 이더넷 쉴드 ········ 264
02 이더넷 쉴드 이용 IP확인 및 웹서버 확인 ········ 265
03 웹서버를 이용한 LED 제어 ········ 269
04 통신 테스트 및 웹서버에서 LED ON/OFF 실험 ········ 274
[요약] ········ 279
[연습문제] ········ 280

13
아두이노 다중 작업 (멀티태스킹)

01 멀티태스킹이란? 284
02 아두이노에서 millis() 함수 활용 285
03 멀티태스킹 MSTimer2 함수 활용 288
04 인터럽트를 활용한 아두이노 멀티태스킹 290
[요약] 292
[연습문제] 293
[참고자료] 295

14
스마트폰으로 아두이노 제어하기

01 아두이노의 블루투스 통신 298
02 앱 인벤터 소개 301
03 온습도 모니터 앱 만들기 302
[요약] 314
[연습문제] 315

15
4차 산업혁명, 사물인터넷, 인공지능

01 4차 산업혁명 318
02 사물인터넷 322
03 인공지능 소개 324
04 인공지능의 실습 326
[요약] 329
[연습문제] 330
[참고자료] 332

16
종합 프로젝트

01 종합 프로젝트를 위한 창의적인 방법 334
02 창의 프로젝트 진행 340
03 단계별 프로젝트 리스트들(네이버 아두이노 카페) 347
[요약] 348
[연습문제] 349
[참고자료] 351

찾아보기 352

01

# 마이크로컨트롤러와 전자

**학습목표**

- MCU와 CPU가 무엇인지 설명할 수 있다.
- 전압, 전류, 저항에 대해서 설명할 수 있다.
- 옴의 법칙을 설명할 수 있다.
- 브레드보드를 활용할 수 있다.
- 아두이노 보드의 전원으로 LED를 켤 수 있다.

**학습내용**

- 마이크로컨트롤러(MCU) 소개
- 전압, 전류, 저항이란?
- 브레드보드 사용법
- 아두이노 소개 및 설치
- 아두이노의 전원으로 LED 켜기

이 장에서는 아두이노의 핵심 구성 칩인 마이크로컨트롤러에 대해서 설명한다. 그리고 아두이노 활용을 위한 기본적인 전자공학에 대한 내용들을 설명한다. 전압, 전류, 저항에 대해서 소개를 하고, 회로를 구성하는 브레드보드에 대해 설명한다. 아두이노 소프트웨어 다운로드 방법과 아두이노 보드로 LED를 켜는 예제에 대해서 소개한다.

# 01 MCU란 무엇인가?

마이크로컨트롤러(MCU: Micro Controller Unit)는 다양한 전자기기에 탑재되어 있는 핵심 부품으로 중앙처리장치(CPU: Central Processing Unit)와 메모리, 프로그래밍이 가능한 입출력 모듈을 모아서 하나의 칩으로 만든 장치이다. 두뇌가 인체를 제어하는 것처럼 MCU는 프로그래밍을 통하여 각종 센서의 신호를 읽고 계산이나 제어를 할 수 있는 하나의 칩으로 이루어진 소형 컴퓨터라고 할 수 있다.

온도계, 습도계, 조명 센서, 적외선 센서, 압력 센서, 사운드 센서 및 모터 등을 쉽고 간단하게 제어할 수 있는 환경을 갖추고 있으며, 정전압을 위한 몇 개의 부품과 USB를 연결하기 위한 칩, 리셋 스위치 등을 넣고 핀을 연결할 수 있도록 만든 손바닥 컴퓨터인 아두이노는 ATMega328이라는 MCU를 사용한다.

**그림 1.1** ATMega328 MCU

**그림 1.2** 아두이노 보드

MCU의 핵심 블록인 CPU는 연산장치(ALU), 제어장치(CU) 및 레지스터들로 구성되어 있다.

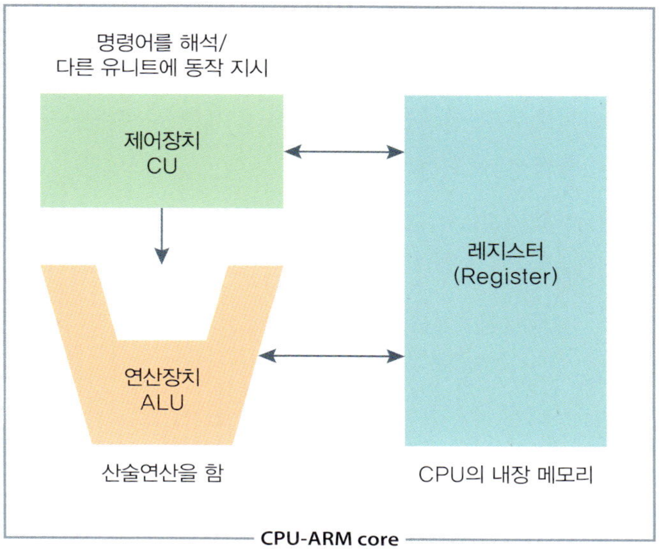


**그림 1.3** CPU의 구조

센싱된 값은 입력장치로 전해지고 CPU를 통해 처리되며 출력장치로 제어되거나 메모리에 저장된다. 필요한 경우 시리얼 통신을 통해 전달되기도 한다.

초기의 MCU는 CPU만을 의미하였고, 메모리와 주변 장치 모듈은 동일한 PCB에 별도의 IC 형태로 MCU와 연결되어 있었다. CPU를 중심으로 이들을 통합하여 하나의 MCU가 탄생되었다. 주변 장치 모듈 입출력 디바이스를 제어하여 데이터를 송수신하고 연산 실행의 결과를 출력한다.

### MCU의 활용과 프로그래밍 업로드

MCU는 청소기, 냉장고, 가습기, 공기 청정기, 세탁기, 정수기, 도어락, TV, 리모컨, 에어컨, 전동 드라이버, 드론, 이어폰, 스마트폰, 자동차 등에 활용된다. 휴대폰에는 수많은 MCU가 들어있다. 예를 들면 화면 터치, 카메라 제어, 배터리 전압 측정 및 용량 표시 등이다. 자동차에도 많은 MCU가 들어간다.

전자 장비의 특정한 기능을 구현하려면 MCU에 소스코드로 작성된 프로그램을 MCU가 이해하는 형태로 변환하여 플래시 메모리에 업로드 하는 과정을 거쳐야 한다.

예를 들어 현관문을 열려면 숫자 버튼으로 비밀번호를 입력하고 등록된 번호와 일치하면 문을 열어 주고, 틀리면 새로 입력하라는 피드백을 주도록 프로그램을 작성하고 플래시 메모리에 업로드를 해야 한다.

## MCU가 하는 일은?

MCU는 다양한 입력 센서로부터 신호를 받고, 이를 CPU에서 판단, 계산 등의 처리를 하고 결과를 시각, 청각 또는 출력 신호로 보낸다.

- **시각 출력**: 액정(LCD)이나 LED에 표시를 한다. 가전제품에는 단순히 LED를 켜는 데만 사용되기도 한다.
- **청각 출력**: 전기밥솥, 전자레인지, 화재 알람 등 많은 전자제품이 음성 기능을 제공한다. 알람이나 음악 소리로 기기의 동작 상태를 알리기도 한다. 청각적 기능은 온도계, 혈압계 등의 건강 기기에서도 찾아볼 수 있다.
- **입력 신호 센싱**: MCU는 센서의 전압을 직접 측정하는 기능을 가지고 있다. 온도센서와 직접 연결해서 온도 값을 측정할 수 있다. 빛 센서와 연결해서 빛의 밝기도 측정할 수 있다. 배터리 전압을 측정해서 교체 시기를 알려주기도 한다.
- **출력 신호 제어**: MCU는 특정 전압을 출력할 수 있다. 모터나 밸브 제어 신호를 출력할 수 있다. 모터의 방향이나 속도를 변환하거나, 밸브를 열고 닫는 신호를 출력할 수 있다. 일정한 전압 출력이 가능하기 때문에, 다른 전자 부품에 기준 전압을 제공하는 레귤레이터 역할 수행도 가능하다. TV 리모콘의 적외선 빔 신호도 출력할 수 있다.
- **통신**: 유선과 무선 통신을 지원한다. RS-232C를 포함한 다양한 프로토콜을 지원한다. USB가 PC와 다른 디바이스를 연결하는 표준이 되었다. 두 MCU 간에 간단한 데이터 교환도 가능하다. 자동차는 움직이는 통신 네트워크이다. 자동차에는 수많은 MCU가 사용되는데, MCU가 CAN(Controller Area Networks), LIN(Local Interconnect Network)을 지원해 차량 전체가 하나의 시스템으로 작동하게 한다.
- **계산 및 처리**: 계산 기능은 MCU가 만들어지게 된 본래 목적이다. 특정 작업을 처리하기 위해 MCU는 여러 가지 기능을 통합하고 조율한다. 예로 온도센서로 측정한 전압을 온도로 변환하여 표시하거나, 모터 사용량을 계산해 해당 모터의 성능을 조절하기도 한다. 하나의 작업을 처리하기 위해 필요한 여러 가지 기능을 통합하는 것이 MCU의 가장 중요한 기능 중 하나이다.

## MCU의 프로그래밍 과정

MCU는 어떻게 프로그래밍 되는가에 따라 다양하게 활용될 수 있다. 프로그래밍 되지 않는

MCU는 쓸모가 없다. 대부분 PC를 통해 MCU 프로그램을 작성한다. 특정한 MCU 프로그래밍이 필요한 애플리케이션은 인터넷에서 다운로드 받을 수 있다.

PC에서 프로그래밍이 완료되면 MCU에 프로그램을 써넣어야 하는데, 이 작업을 업로드라 하며 디버거와 프로그래밍 도구가 필요하다. 아두이노는 이런 도구가 필요 없어서 쉽게 활용할 수 있다는 장점이 있다.

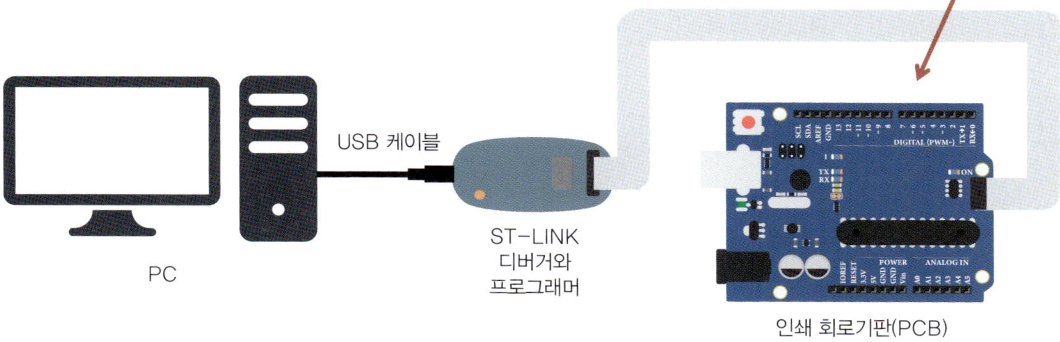


그림 1.4 MCU 프로그래밍

## 대표적인 MCU 소개

### AVR

AVR(Atmel AVR)은 1996년 아트멜사에서 개발된 하버드 구조로 수정한 8비트 RISC MCU로 플래시 메모리를 활용한 최초의 MCU 중 하나이다.

8비트여서 연산 능력이나 클록 속도, 메모리 어드레스 영역이 상당히 제한되기 때문에 정밀 제어보다 단순 제어 분야에서 활용이 높다. 오랫동안 안정성이 검증됐고, 32비트 MCU에 비해 매우 저렴하여 널리 사용되고 있다.

### 8051

인텔 8051은 1975년에 개발된 아주 초창기의 MCU다. 범용 CPU를 주로 생산 하던 인텔이 주변장치 제어용으로 사용이 쉬운 제품을 구상하다 만들게 되었다. 8051은 1980년에서 1990년 초까지 모뎀이나 타자기, 게임기 등에 광범위하게 이용됐으며 지금도 아트멜, 인피니언, 맥심 인터그레이티드, NXP, ST마이크로일렉트로닉스, TI 등에서 다기능의 호환제품을 생산하고 있다. 인텔의 8051은 초기에 NMOS 공정이었으나 후에 저전력 CMOS 공정으로 바뀌었다.

### PIC(Peripheral Interface Controller)

미국의 마이크로칩(Microchip Technology)사 제품으로 산업용으로 가전제품에 많이 사용된다. PIC는 8비트 MCU부터 32비트 MCU까지 다양하게 있으며 16비트 제품군에는 DSP인 dsPIC 시리즈도 있다. 한편, 마이크로칩은 2016년 아트멜을 인수했다.

### ARM

ARM은 1990년에 애플(Apple)과 아콘 컴퓨터 그룹(Acorn Computer Group), VLSI 테크놀로지가 공동으로 투자한 제품 이름이다. ARM은 MCU 제품이 아닌, MCU의 코어(Core)를 구성하는 회로를 의미한다. 2016년 소프트뱅크 손정의 회장이 36조원으로 인수를 하였다.

ARM에서는 오직 ARM 코어의 회로를 설계할 뿐이며, 생산하지는 않는다. 즉, 스마트폰 등에서 활용하고 회로도 사용에 대한 라이선스 비용을 지불하는 방식으로 운영된다.

ARM 기반의 MCU를 활용하는 업체로는 퀄컴, 삼성, 엔비디아, NXP, TI, ST마이크로일렉트로닉스, 애플 등이 있다. AVR의 아트멜도 ARM 기반의 MCU를 생산하여 스냅드래곤(퀄컴), 테그라(엔비디아), 엑시노스(삼성) 등에 독자적인 이름으로 판매했다.

ARM은 고성능으로 복잡한 주변장치에 대한 제어를 할 수 있다. LCD와 같은 그래픽 장치, 카메라 장치, 공유기와 같은 네트워크 관련 장치, 터치스크린과 같은 사용자와의 상호관계가 필요한 장비에 사용된다. 최근에는 대부분의 스마트폰에 탑재되어 마치 하나의 개인 PC에 버금가는 활용도를 구현한다.

# 02 전자의 기초



## 전압, 전류, 저항

아두이노로 작품을 제작하려면 전압, 전류, 저항 등에 대한 간단한 전자적 지식이 필요하다. 배터리에 전구를 연결하면 불이 들어온다. 이 책에서는 전구 대신 LED를 활용한다.

그림 1.5 전원의 공급

전원을 제공하는 배터리 전압은 V(Volt, 볼트)로 표시를 한다. AA 전지는 1.5V가 된다. 전구는 저항에 해당하며 R(Registor, 레지스터)라는 단위로 표시한다. 배터리에서 나온 전자들의 움직임을 전류라고 하며 I(Current, 커런트)로 표시한다. 위의 그림 1.5를 전자 회로로 표시하면 그림 1.6과 같다.

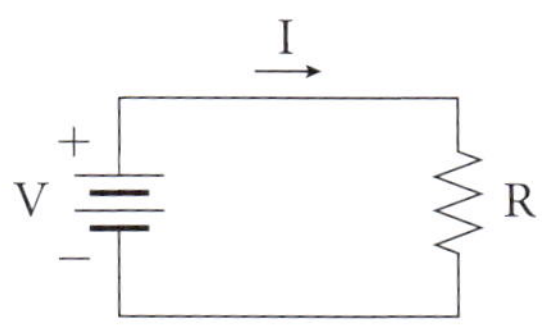


그림 1.6 전원 공급 전자 회로

이해를 돕기 위해 물통에 든 물로 회로를 설명을 하면, 전압은 수압(Pressure = Voltage)에 해당하고, 전류는 물의 속도(Flow = Current)에 해당하며 전기 충전량은 물(Water = Charge)에 해당한다.

전압은 수조의 높이에 해당하며 높을수록 수압이 세다. 전압의 단위는 V(볼트)이며 아두이노에서는 5V 또는 3.3V를 많이 활용한다.

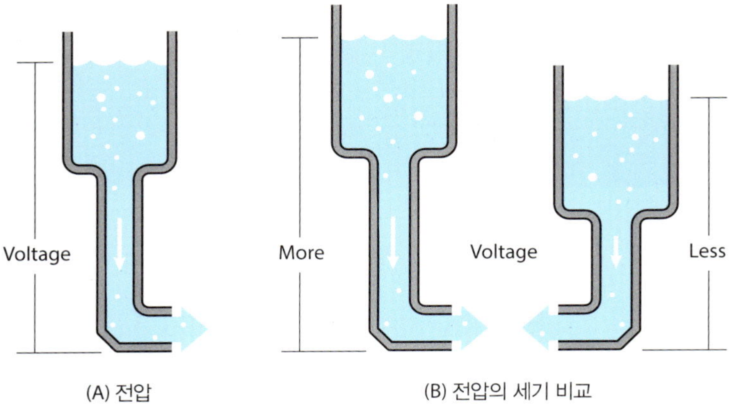


**그림 1.7** 전압과 전압의 세기 비교

전류 I는 흘러나오는 물의 양을 나타낸다. 관이 굵으면 전류가 많이 흐르고, 가늘면 적게 흐른다. 전류의 단위는 A(암페어)로 나타낸다. 아두이노에서 1A는 비교적 큰 전류의 양에 해당하며, 대표적으로 LED에 흐르는 전류 양은 20mA 정도이다. 동일한 높이일 때 입구가 크면 전류가 많이 흐른다.

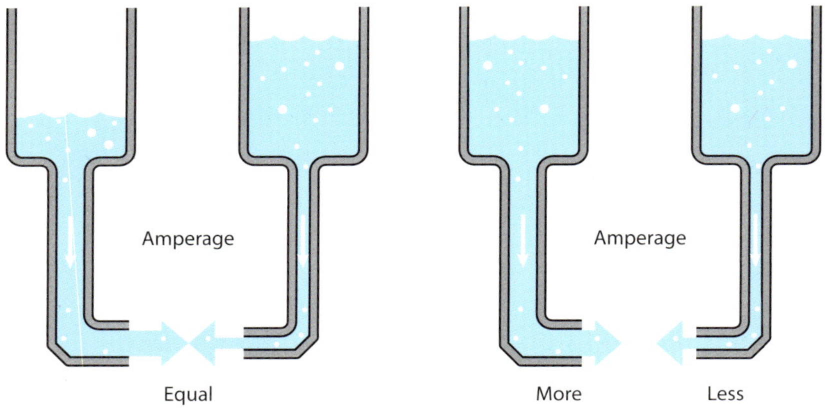


**그림 1.8** 전류의 크기 비교

수조의 높이가 낮고 관이 큰 경우와 수조의 높이가 높고 관이 작은 경우 나오는 물의 양이 같으며 전류의 크기도 동일하다.

저항은 전류의 흐름을 방해하는 정도인데, 관의 폭이 좁아지면 저항이 높아져서 물의 흐름을 방해를 하게 된다. 부도체의 경우 저항이 너무 커서 전기가 흐르지 않는다. 저항의 단위는 Ω(옴)으로 나타낸다. 220Ω, 1KΩ 등의 저항이 주로 이용된다.

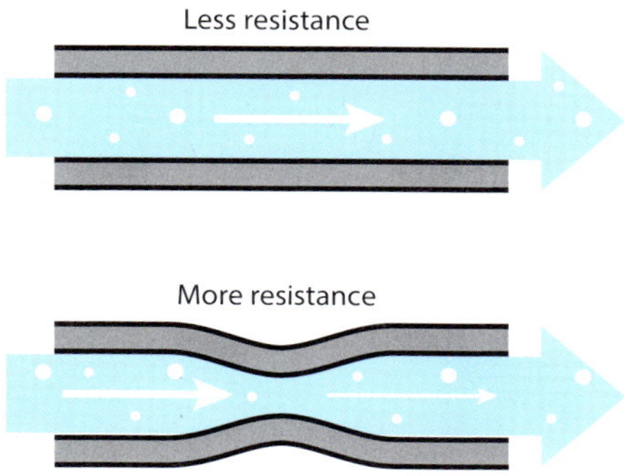


**그림 1.9** 저항의 크기 비교

## 옴의 법칙

옴의 법칙은 도체의 두 지점 사이에 나타나는 전위차에 의해 흐르는 전류가 일정한 법칙에 따르는 것을 말한다. 두 지점 사이의 도체에 일정한 전위차가 존재할 때, 도체의 저항과 전류는 반비례한다.

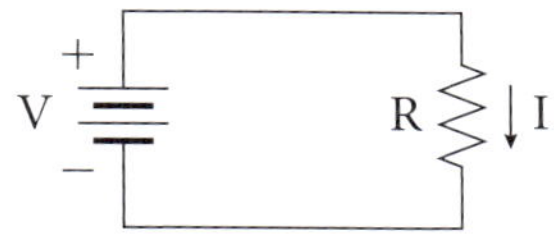


**그림 1.10** 옴의 법칙

전압, 전류, 저항 간에는 다음의 공식이 성립된다. 전류는 전압을 저항으로 나눈 값이므로 저항이 작을수록 전류는 잘 흐른다.

$$I = \frac{V}{R}$$

전압은 전류와 저항을 곱한 값으로 전류나 저항이 크면 전압도 커진다.

$$V = I \times R$$

## 직렬연결과 병렬연결

직렬연결은 배터리를 서로 꼬리를 물게 연결하는 방법으로, 배터리 두 개를 연결하면 1.5V + 1.5V = 3V로 전압이 높아진다. 하나를 사용한 때보다 전구가 더 밝아진다.

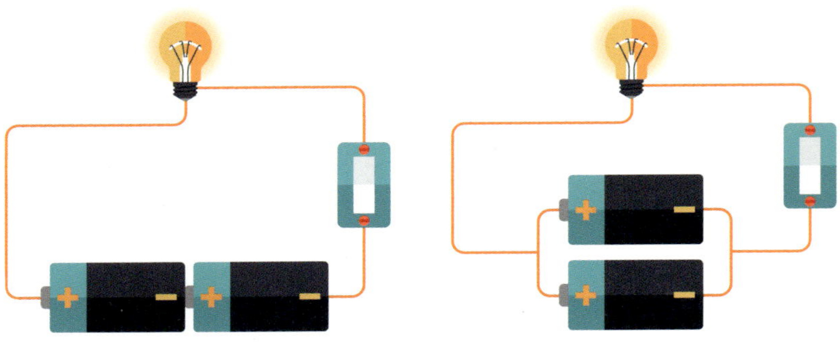


**그림 1.11** 직렬연결과 병렬연결

병렬연결은 배터리의 +는 +끼리 서로 연결하고 −는 −끼리 서로 연결한 후 전구와 연결하는 방식으로, 1.5V 2개를 병렬연결하면 1.5V로 전구 사용 기간이 2배 늘어난다.

# 03 브레드보드

아두이노 보드에 전자 회로를 구성할 때 브레드보드(빵판)는 납땜을 하지 않고 연결하는 역할을 한다. 빵판이라는 이름은 초창기 회로를 만들 때 그림 1.12처럼 빵을 자르는 도마 위에 부품을 연결했던 것에서 유래를 찾을 수 있다.

**그림 1.12** 초기 브레드보드(출처: 위키)

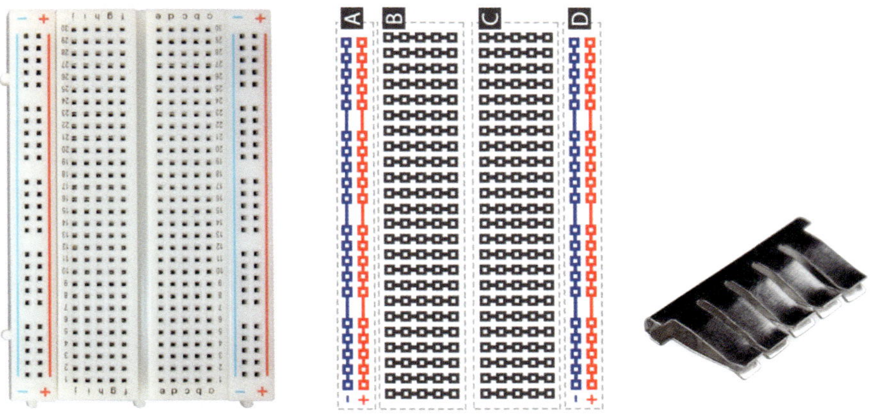


**그림 1.13** 브레드보드와 전류 연결 구조

브레드보드의 중심 B와 C 블록의 내부는 가로로 5개의 구멍이 서로 하나로 연결되어 있다. 반면에 A, D 블록은 가로가 아닌 세로로 푸른색은 푸른색끼리, 붉은색은 붉은색끼리 각각의 색상에 맞게 연결되어 있다.

# 04 아두이노 보드 소개

## 아두이노 보드

아두이노(Arduino)는 상상력을 실현하기에 적합한 손바닥 컴퓨터이며 오픈소스 하드웨어로 AVR 기반의 단일 보드 마이크로컨트롤러이다. 소프트웨어 개발에 사용하기 쉽고 편리한 무료 통합개발환경(IDE)도 제공한다. 이 소프트웨어 이름도 "아두이노"로 보드 이름과 같다.

아두이노는 스위치나 다양한 센서로부터 값을 읽어들여, LED나 모터와 같은 외부 전자 장치들을 제어하여 환경과 상호작용이 가능한 제품을 만들 수 있다. 또한 프로세싱 언어와 같은 SW와 쉽게 연동할 수 있도록 되어 있다. 아두이노는 저렴하고 MCU를 쉽고 간단하게 동작시킬 수 있다(반면에 AVR은 WinAVR로 컴파일하고, ISP 장치로 업로드 해야 하는 번거로운 과정을 거친다). 아두이노는 컴파일 된 펌웨어를 USB를 통해 업로드 한다.

또한 회로도가 CCL에 따라 공개되어 누구나 보드를 제작하거나 수정할 수 있다. 아두이노 응용제품을 제작하는 기업이 늘고 로봇 장난감과 아두이노를 활용한 교육 로봇도 제작되고 있다.

아두이노 하드웨어는 ATmega328 마이크로컴퓨터(CPU+메모리+부트로더)+I/O소켓으로 구성되어 있고, 컴퓨터에서 USB로 실행코드를 업로드 한다. 정품 Arduino UNO는 3만 원 정도인 반면, 복제품들은 5천 원 미만인 것도 있다.

아두이노는 14개의 디지털 핀과 6개의 아날로그 핀으로 I/O가 충분해 응용하기 매우 좋다. 아두이노 쉴드는 보드위에 연속하여 합체할 수 있어, 네트워크나 무선 네트워크 등 수백 가지를 구현할 수 있다.

## 아두이노 사양

- ATmega328 microcontroller
- Input voltage 7 ~ 12V
- 14 Digital I/O Pins (6 PWM outputs)
- 6 Analog Inputs

- 32K Flash Memory
- 16MHz Clock Speed

아래와 같이 아두이노는 다양한 보드가 출시되어 있다.

- Arduino Nano
- Arduino Mini
- Arduino BT
- LilyPad Arduino
- Arduino Fio
- Arduino Pro
- Arduino Pro Mini
- Xbee shield
- Ethernet shield

## 아두이노 언어

아두이노는 C언어 기반이다. C언어에 입출력을 위한 함수와 통신을 위한 함수 등을 추가하였다. 따라서 C언어와 거의 유사하다. 이미 C언어를 학습한 분들은 너무 쉽고 단순하게 잘 되어 있음을 알 수 있다.

프로그램은 아두이노 사이트(http://www.arduino.cc/en/Main/Software)에서 다운로드하여 설치한다. 아두이노는 소스코드라는 말 대신에 '스케치'라는 용어를 사용한다. 소스코드인 스케치를 작성하고 파일 아래의 [체크(✓)] 아이콘으로 컴파일한 후 [오른쪽 화살표(→)] 아이콘으로 업로드 한다.

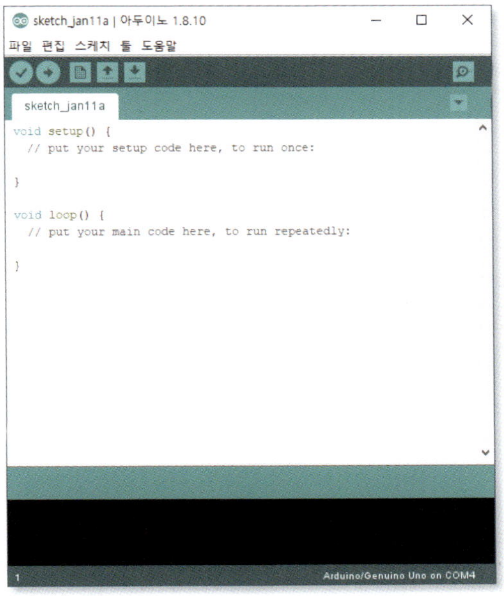


그림 1.14 아두이노 IDE

# 05 LED 켜기 실습

LED를 켜는 실습을 해보자. LED와 저항을 직렬로 연결하여 전류를 적게 흐르도록 하면 과전류로 인해 LED가 고장나는 것을 방지할 수 있다. LED는 극성(+, −)을 가진다. 회로의 구성은 아두이노 보드의 POWER로 적힌 부분 아래의 5V 홀에 점퍼선을 끼우고 다른 한쪽은 브레드보드에 연결한다. 저항을 그림 1.15처럼 연결하고, LED의 긴 다리를 저항과 동일한 선에 연결한다. LED의 짧은 다리와 GND를 브레드보드에 연결한다. 아두이노 보드를 USB로 컴퓨터와 연결하면 LED에 불이 들어온다.

그림 1.15 아두이노와 LED의 연결

만약 LED를 1초에 한 번씩 깜박이려면, 소프트웨어가 필요하다. 다음 장에서 LED를 깜박이는 소프트웨어에 대해 자세히 배우도록 하자.

# [요약]



- 마이크로컨트롤러를 MCU라고 부른다.
- MCU는 전원을 연결하면 작동되는 초소형 컴퓨터이다.
- MCU는 CPU, 메모리, IO로 구성된다.
- CPU는 ALU, CU, 레지스터로 구성된다.
- MCU의 다양한 응용분야의 소개
- MCU의 프로그래밍은 아두이노 IDE를 활용하고 업로드 한다.
- 대표적인 MCU로는 AVR, 8051, PIC, ARM 등이 있다.
- 전압, 전류 및 저항의 소개와 옴의 법칙
- 직렬연결과 병렬연결의 방법
- 아두이노 보드 및 사양 소개
- LED 회로는 건전지가 전압을 가지며 전류가 흘러 저항체인 LED에 빛이 오도록 한다.
- 브레드보드는 납땜하지 않고 회로를 구성할 수 있다.
- LED, 저항, 브레드보드와 아두이노의 5V 전원을 이용하여 LED를 켤 수 있다.

# [연습문제]

01. (참/거짓) MCU는 CPU의 또 다른 이름으로 동일한 것이다.

02. (참/거짓) MCU로 만든 아두이노 보드는 센싱과 제어가 필요한 사물인터넷에 적용하기 적합하다.

03. (참/거짓) MCU는 CPU + 메모리 + IO로 구성된다.

04. 다음중 MCU가 아닌 것은?

❶ AVR

❷ 8051

❸ PIC

❹ Intel Core I9

05. 전자와 관련한 다음 설명 중 틀린 것은?

❶ 직렬연결은 건전지를 꼬리 물기로 연결하는 것이다.

❷ 저항이 높아지면 전류의 흐름은 줄어든다.

❸ 전류가 많이 흐르면 LED는 밝아진다.

❹ 전압은 전류와 관계가 있고, 저항과는 관계가 없다.

06. 아두이노와 관련한 설명 중 부적절한 것은?

❶ 아두이노는 아날로그 입력을 받을 수 있다.

❷ 아두이노에서 5V와 3.3V 전압을 활용할 수 있다.

❸ 아두이노에서 아날로그 출력은 불가능하다.

❹ 스위치의 경우 디지털 입력에 해당한다.

07. CPU의 구성 요소는 ALU(산술연산장치) + (                    ) + CU(제어유니트) 이다.

08. 전압 V = 전류 I × (                    ) 이다.

09. (                    )는 납땜하지 않고 회로를 구성할 수 있는 전자 부품이다.

10. MCU란 무엇인가?

11. 대표적인 MCU 4개를 적으시오.

12. 전압, 전류, 저항과 관련한 옴의 법칙에 대해서 설명하시오.

13. LED를 5V와 GND에 바로 연결하지 않고 저항을 직렬로 연결하는 이유는?

14. 직렬연결과 병렬연결의 차이점은?

15. 아두이노의 장점은?

# [참고자료]



[1] https://learn.sparkfun.com/tutorials/voltage-current-resistance-and-ohms-law/all

[2] 테크월드, http://www.epnc.co.kr

[3] http://www.ddaily.co.kr/news/article/?no=114736

02

# 디지털 입출력

**학습목표**

- 디지털 신호와 아날로그 신호를 설명할 수 있다.
- 저항을 읽을 수 있다.
- 풀업 회로와 풀다운 회로의 특징을 설명할 수 있다.
- 시리얼 모니터에서 데이터를 읽을 수 있다.
- 아두이노 스케치에서 핀 모드를 출력으로 설정할 수 있다.
- 아두이노 스케치를 업로드할 수 있다.

**학습내용**

- 디지털 신호와 아날로그 신호
- 디지털 출력으로 LED 제어하기
- LED 여러 개 깜박이기
- 디지털 입력: 버튼을 이용한 디지털 제어

이 장에서는 아두이노 보드와 디지털 입출력에 대해서 설명한다. 아두이노 보드는 명함 크기의 마이크로컨트롤러로 디지털 신호의 입력과 출력 그리고 아날로그 신호의 입력과 출력이 가능하다는 것이 특징이다. 디지털 신호는 자연에서 발생되는 아날로그 신호를 숫자적인 방법으로 표현하는 방식이다. 디지털 신호는 우리가 사용하는 대부분의 디지털 기기에서 사용하는 방식으로 복사 또는 저장할 때 자료의 변형이 없는 것이 특징이다. 이 장에서는 디지털 신호가 무엇인지 이해하고 LED를 깜박이는 실습을 통해 디지털 출력 신호를 제어하는 방법을 알아본다. 또한 버튼을 이용한 디지털 신호의 입력을 실습한다.

# 01 디지털 신호와 아날로그 신호

아두이노는 디지털과 아날로그 신호의 입력과 출력이 모두 가능하다. 먼저 디지털 신호와 아날로그 신호의 특징을 알아보자.

## 디지털 신호

디지트(Digit)란 단어를 영어 사전에서 찾아보면 숫자, 손가락 등의 뜻으로 설명되어 있다. 디지털 신호는 자료(data)를 표현할 때 최소 단위의 이산적인(離散的, 셀 수 있는) 수치를 사용해서 나타내는 것이다. 자연에서 발생하는 소리, 빛 등의 신호는 연속적인 아날로그 신호이다. 이러한 신호를 숫자로 표현하는 것이 비연속적인 디지털 신호이며 영어로 digital signal이라고 표현한다. 예를 들면 컴퓨터와 스마트폰과 같은 디지털 기기에서 사용하는 대부분의 신호는 디지털 신호이다. 디지털 신호의 특징은 데이터가 특정 값으로 표현되므로 자료의 변형 없이 저장, 복제, 삭제, 편집 등이 가능하다는 것이다. 그리고 디지털 신호의 형태는 그림 2.1과 같이 시간에 따라 신호의 크기가 특정한 값을 나타내는 막대그래프 모양으로 표현할 수 있다.

## 아날로그 신호

아날로그 신호는 자료를 연속적인 물리량으로 나타낸 것을 말하며 자연에서 발생하는 신호를 말한다. 예를 들면 빛의 정도, 소리의 높낮이, 바람의 세기 등 자연에서 발생하는 자료이다. 자연에서 발생하는 자료는 신호가 끊어짐이 없는 연속적인 형태이다. 자연의 음악 소리는 그림 2.2와 같이 연속적인 형태로 표현되는 아날로그 신호인데 이 신호를 일정한 주기로 샘플링 하여 데이터를 변환하여 저장하면 디지털 기기에서 음악을 들을 수 있게 된다. 샘플링 주기는 원래 신호를 왜곡하지 않는 범위에서 적절하게 설정한다.

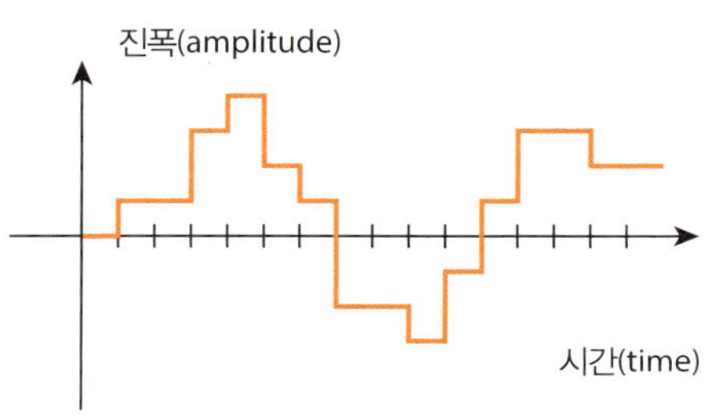


**그림 2.1** 디지털 신호의 형태

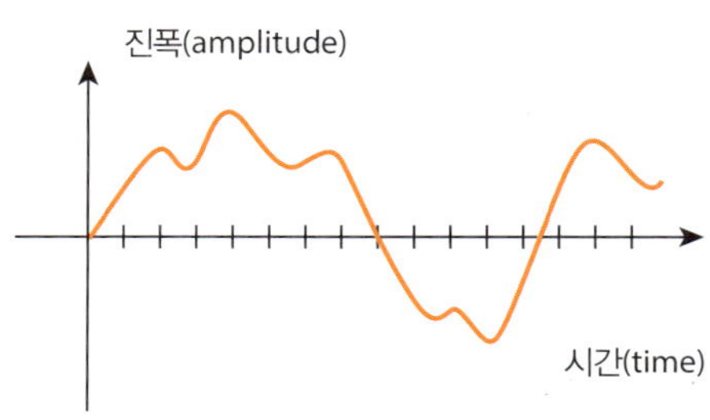


**그림 2.2** 아날로그 신호의 형태

자연의 소리와 같은 아날로그 신호를 디지털화하기 위해서 데이터를 일정 주기로 샘플링 한다. 디지털 데이터는 샘플링 주기에 따라 추출되는 데이터의 품질에 영향을 준다. 그림 2.3과 2.4는 아날로그 신호를 디지털 신호로 샘플링하는 과정을 나타낸다. 그림 2.3은 샘플링 주기를 길게 한 예이고 그림 2.4는 샘플링 주기를 짧게 한 예이다. 샘플링 주기가 짧을수록 자연의 데이터와 비슷해지고 데이터의 크기는 커진다.

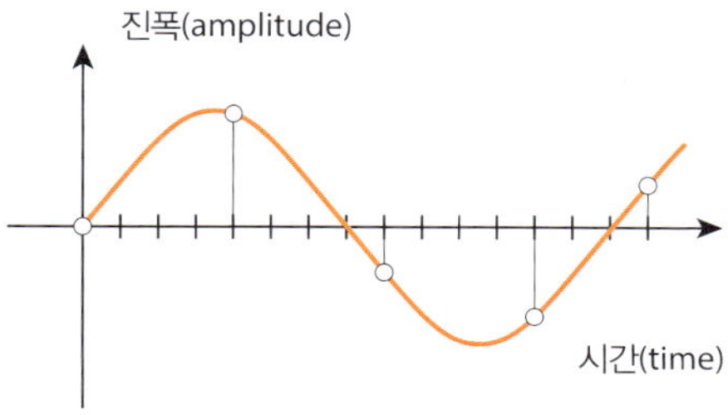


**그림 2.3** 샘플링 주기를 길게한 예

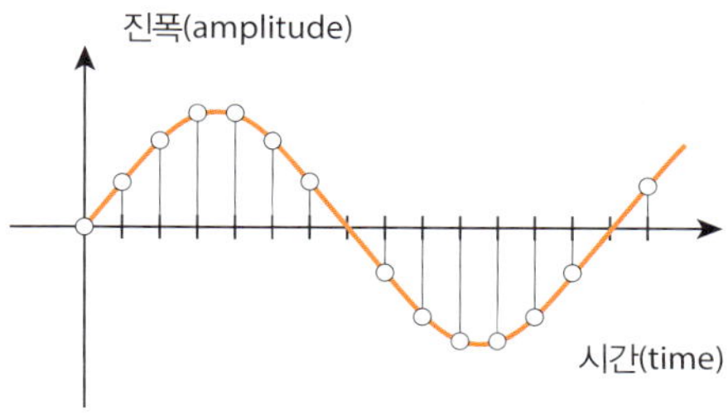


**그림 2.4** 샘플링 주기를 짧게한 예

아두이노 보드에서는 디지털 신호의 입력, 출력과 아날로그 신호의 입력, 출력을 모두 사용할 수 있다. 디지털 신호 핀은 0번부터 13번까지 있고 아날로그 입력 신호 처리 핀은 A0번에서 A5번까지 사용할 수 있다. 그리고 아날로그 출력은 핀 번호 앞에 '~' 모양이 있고 PWM 방식을 사용 가능하다. ~3, ~5, ~6, ~9, ~10, ~11번이 PWM 출력으로 사용된다.

**그림 2.5** 아두이노의 디지털과 아날로그 입출력

## LED

LED(Light Emitting Diode)는 순방향으로 전압을 가했을 때 빛을 발생하는 반도체 부품 중

하나이다. LED는 발광다이오드라고 말하며 Light Emitting Diode의 약자이다. LED는 마이너스(−, Cathode, 캐소드, 음극) 성질이 많은 N형(negative)과 플러스(+, Anode, 애노드, 양극) 성질이 많은 P형(positive) 반도체를 접합한 것이다. 전기 에너지를 열에너지로 변환 없이 직접 빛에너지로 변화하기 때문에 전기의 낭비가 없이 효율높게 빛을 얻을 수 있다.

LED 소자는 두 개의 다리가 연결되어 있는데 하나는 상대적으로 조금 길고 하나는 조금 짧다. 긴 쪽이 양극(+)이다. 혹시 LED의 다리가 짧아졌다면 LED의 빛이 나오는 뚜껑과 선이 만나기 직전의 목 부분을 손으로 만져보면 납작한 곳을 찾을 수 있다. LED의 머리 부분에 납작한 곳이 음극(−)이다. LED 부품은 그림 2.6과 같고 기호는 그림 2.7처럼 표현한다. LED는 방향성이 있어 양극(+)에서 음극(−)으로 전류가 흐를 때 빛을 나타낸다. 그리고 LED는 극성이 반대로 연결되면 빛이 나지 않는다. 그리고 우리가 실험에 주로 사용하는 LED는 2~3V에서 빛을 발생하므로 높은 전압에서는 LED가 고장 나거나 타버릴 수가 있으니 주의해야 한다. 그러므로 LED에 필요한 전류만 흘려주기 위해 저항을 함께 사용한다.

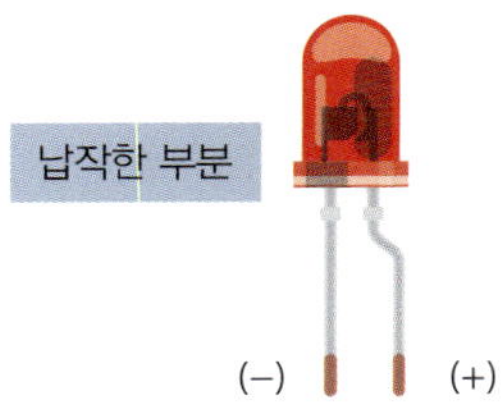


**그림 2.6** LED 부품 모양

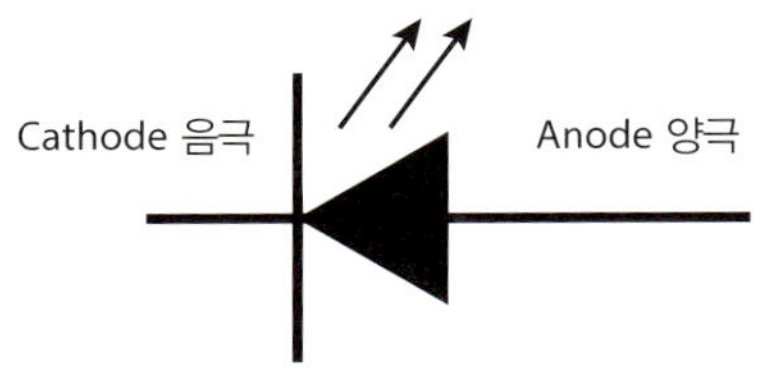


**그림 2.7** LED 기호

### 저항 읽기

저항은 전류가 흐를 때 흐름을 방해해서 일정한 양만 흐르도록 해주는 역할을 한다. 아두이노에 LED를 연결해서 빛을 반짝이는 실습을 할 때 저항을 사용한다. 플라스틱은 전류가 흐르지 못해 저항이 아주 크고 구리선은 저항이 거의 없어 전류가 잘 흐른다. 이처럼 저항이 크면 전류가 적게 흐르고 저항이 작으면 전류가 많이 흐른다. 저항의 단위는 옴(Ohm)이고 기호는 Ω로 표시한다.

4,700옴은 4.7kΩ이라고 표시하고, 10,000옴은 10kΩ이라고 표시한다. 1Ω은 1V(볼트)의 전압으로 1A(암페어)의 전류가 흐를 때의 저항을 말한다. 저항은 전압과 전류와 밀접한 관계가 있다. 계산식으로 표현하면

$$\text{저항(R)} = \frac{\text{전압(V)}}{\text{광전류(I)}} \quad (1)$$

이다. 저항 모양은 그림 2.8(a)와 같고 기호는 그림 2.8(b)와 같다.

(a) (b)

그림 2.8 저항 모양 및 기호

아두이노에서 회로를 만들 때 저항을 자주 사용한다. LED를 깜박이는 회로를 만들 때 LED에 필요한 전류량만 보내면 된다. 이 실습에서는 220Ω(옴) 저항을 사용한다. 저항은 각각 용량이 다르며 용량은 저항의 표면에 색상 띠로 표시되어 있다. 색상 값은 각각에 대응되는 숫자를 의미하므로 색상을 읽으면 저항의 용량을 알 수 있다.

저항의 첫 번째 색 띠는 첫째 자리 숫자이고 두 번째 색 띠는 둘째 자리 숫자이다. 그리고 세 번째 색 띠는 10의 배수를 나타낸다. 다음 표는 색상에 따른 숫자이다.

표 2.1 저항 색상 값

| 저항 색상 띠 값 | | | | | | | | | |
|---|---|---|---|---|---|---|---|---|---|
| 검정 | 갈색 | 빨강 | 주황 | 노랑 | 초록 | 파랑 | 보라 | 회색 | 흰색 |
| 0 | 1 | 2 | 3 | 4 | 5 | 6 | 7 | 8 | 9 |

표 2.2 저항 색상 오차 값

| 네 번째 색 띠 오차 범위 | | |
|---|---|---|
| 금 | 은 | 없음 |
| 5% | 10% | 20% |

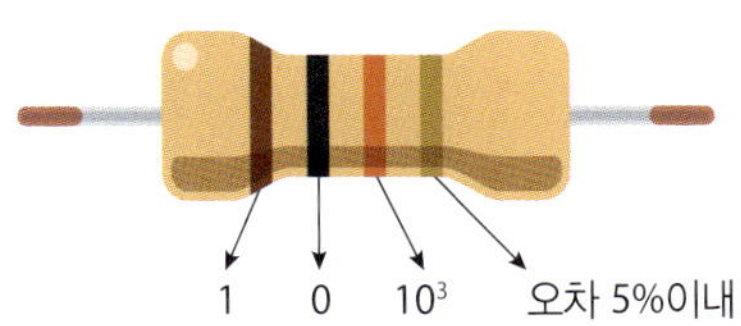


그림 2.9 저항 읽기 예

그림 2.9의 저항의 용량을 살펴보면 첫 번째 색상은 갈색이고 두 번째 색상은 검정색이고 세 번째 색상은 주황색이다. 그리고 나머지 색상은 금색이다. 그러므로 이 저항의 용량은 10,000Ω 즉 10kΩ이 된다.

**표 2.3** 그림 2.9 저항의 용량

| 순서 | 첫 번째 | 두 번째 | 세 번째(0의 개수) | 오차 | 저항값 |
|---|---|---|---|---|---|
| 색상 | 갈색 | 검정 | 주황 | 금색 | 10kΩ |
| 값 | 1 | 0 | $10^3$ | 5%이내 | |

저항 띠가 4개씩 있는 것도 있다. 이 경우에는 세 번째 색상도 숫자를 나타내고 네 번째 색상 띠가 10의 배수를 나타낸다. 아래 그림 2.10도 마찬가지로 10kΩ이 된다.

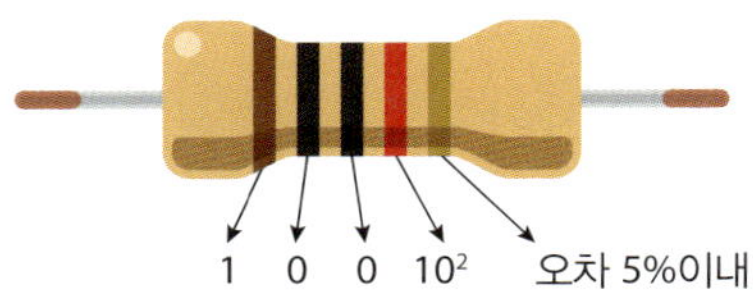


**그림 2.10** 띠가 네 개인 경우

**표 2.4** 그림 2.10 저항의 용량

| 순서 | 첫 번째 | 두 번째 | 세 번째 | 네 번째 | 저항값 |
|---|---|---|---|---|---|
| 색상 | 갈색 | 검정 | 검정 | 빨강 | 10kΩ |
| 값 | 1 | 0 | 0 | $10^2$ | |

LED와 함께 사용하는 저항은 220Ω을 사용한다. 220Ω은 저항 띠의 색깔이 '빨강, 빨강, 갈색' 저항을 찾으면 된다.

# 02 디지털 출력으로 LED 제어하기

아두이노는 디지털 출력과 아날로그 출력을 모두 사용할 수 있다. 디지털 출력은 마이크로 컨트롤러에서 전류를 외부로 내보내는 것이며 아두이노 스케치에서 5V를 내보내는 것은 HIGH로 설정되고 0V를 내보내는 것은 LOW로 설정된다.

디지털 출력을 담당하는 핀은 0번부터 13번까지이다. 이 장에서는 아두이노에 LED를 연결하여 디지털 출력을 실습해보자.

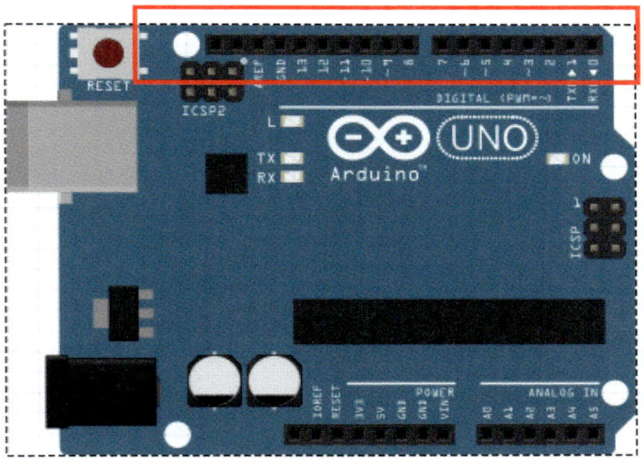


**그림 2.11** 아두이노 디지털 입력 출력 핀

**준 | 비 | 물**

아두이노, 브레드보드, 저항(220Ω), LED

## 회로 만들기

먼저 브레드보드에 LED와 저항을 연결한다. LED는 양극과 음극이 있으므로 반드시 확인하여 회로를 만든다. 아두이노의 13번 핀에 LED의 (+)극인 긴 다리를 연결하고 아두이노의 GND가 LED의 (−) 극인 짧은 다리에 연결한다. 그림 2.13과 같이 회로를 구성한다.

그림 2.12 LED 제어 배선도

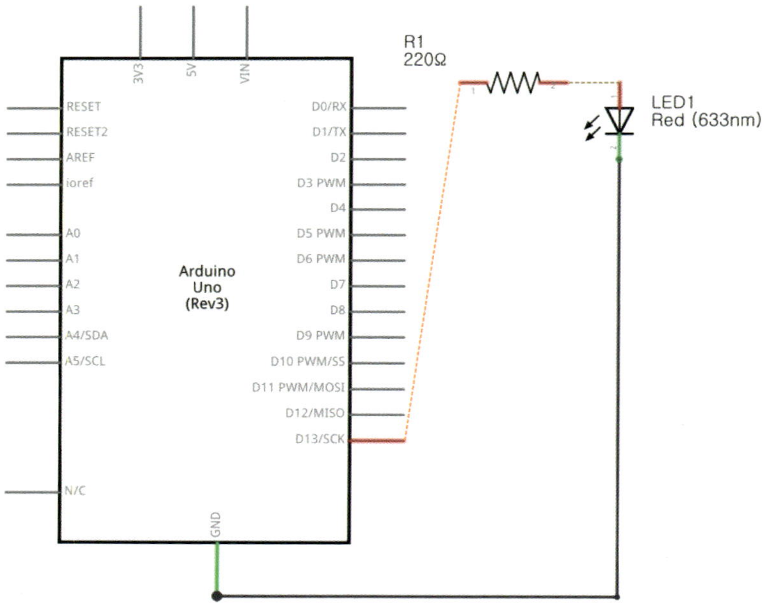


그림 2.13 LED 제어 회로도

## 스케치 작성하기

LED를 제어하는 스케치를 작성한다. 아두이노 IDE를 실행시키고 편집 화면의 메뉴에서 '[파일] - [예제] - [01.Basic] -[Blink]'를 선택한다.

**스케치 2-1** 01.BasicBlink.pde LED 깜박이기

```
// the setup function runs once when you press reset or power the board
void setup() {
    // initialize digital pin LED_BUILTIN as an output.
    pinMode(LED_BUILTIN, OUTPUT);
}

// the loop function runs over and over again forever
void loop() {
    digitalWrite(LED_BUILTIN, HIGH);
// turn the LED on (HIGH is the voltage level)
    delay(1000);        // wait for a second
    digitalWrite(LED_BUILTIN, LOW);
// turn the LED off by making the voltage LOW
    delay(1000);        // wait for a second
}
```

### [스케치 설명]

**'//'**

- 문장의 제일 앞에 '//'로 표시된 부분은 설명문으로 스케치를 설명하는 역할이다. 이 부분은 코드가 실행되지 않는다.

**`void setup() { }`**

- 프로그램 실행 초기에 한 번만 실행하는 부분이다. 일반적으로 핀 모드 설정이나 시리얼 통신 설정 등을 이곳에 입력한다.

**`void loop() { }`**

- 프로그램의 메인 코드를 입력하는 부분이다. 계속 반복하는 명령을 입력한다.

**`pinMode(LED_BUILTIN, OUTPUT);`**

- pinMode(핀 번호, 모드)는 아두이노 핀의 모드를 설정한다.
- 'LED_BUILTIN'는 아두이노 보드에 기본으로 설정된 핀 번호인 13번 핀을 의미한다. 이 부분은 13으로 고쳐 적어도 된다.
- 'OUTPUT'은 핀의 모드를 출력으로 설정한다는 의미이다. 즉 기본 설정 핀 13번의 모드를 출력으로 설정한다는 뜻이다.
- 세미콜론(;)은 스케치를 작성할 때 한 문장이 마칠 때마다 반드시 적어주어야 한다. 한글을 적을 때도 문장이 끝나면 마침표(.)를 적어주는 것처럼 하나의 코드가 마치는 것을 알리기 위해 세미콜론을 적는다. 세미콜론을 적지 않으면 스케치를 업로드 하거나 실행시킬 때 오류가 발생된다.

```
digitalWrite(LED_BUILTIN, HIGH);
```

- digitalWrite(핀 번호, 값);
- 핀 모드가 설정되는 전류를 공급하여 디지털 데이터를 전달한다.
- LED_BUILTIN는 기본 설정 핀 번호 13번을 말한다.
- 값은 HIGH 또는 LOW를 설정할 수 있다. HIGH는 5V를 공급하여 LED가 빛이나게 하고 LOW는 0V를 전달하여 LED의 빛이 꺼지게 한다.

```
delay(1000);
```

- delay(시간);
- 괄호 안의 숫자 시간만큼 프로그램을 멈춘다. 매개변수의 숫자는 밀리세컨드(ms) 단위이므로 1000이면 1초이다. delay(500)이면 0.5초 동안 프로그램을 멈춘다. 스케치 2-1은 1초 동안 LED를 켠 다음 1초 동안 LED를 끄는 결과가 된다. 만약 delay() 함수를 사용하지 않으면 명령어 실행이 너무 빨리 지나가서 정확한 결과를 확인하기 힘들다.

앞의 스케치는 다음과 같이 간단하게 작성할 수도 있다. 주석 부분을 지우고 LED_BUILTIN을 13으로 적으면 된다. 핀 번호를 다르게 하고 싶으면 LED의 양극 핀을 아두이노에 연결한 번호를 적으면 된다.

**스케치 2-2** **LED 깜박이기**

```
void setup() {
    pinMode(13, OUTPUT);          // 핀 모드 출력으로 설정
}
void loop() {
    digitalWrite(13, HIGH);       // LED 켜기
    delay(1000);                  // 1초간 기다리기
    digitalWrite(13, LOW);        // LED 끄기
    delay(1000);                  // 1초간 기다리기
}
```

### 컴파일하기

완성한 스케치를 업로드하기 전에 먼저 컴파일을 한다. 컴파일은 작성한 코드를 컴퓨터가 실행할 수 있는 실행 파일로 변환하는 과정이다. 이 때 문법적인 오류(Syntax error)가 있으면 아두이노 편집 창 아래의 결과 확인 창에 주황색으로 오류가 표시된다.

참고로 스케치의 코드를 정렬하는 단축키는 'Ctrl + t'이다.

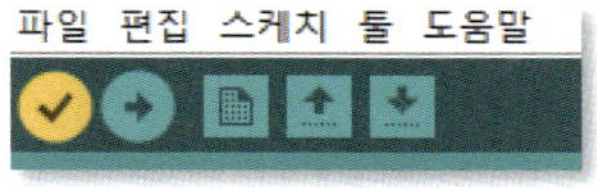


그림 2.14 컴파일 버튼

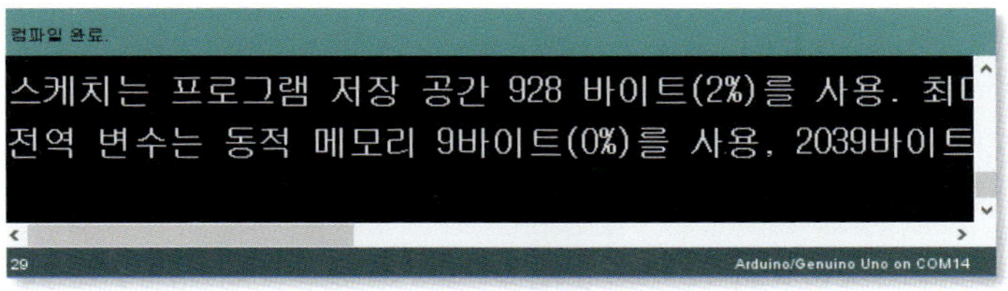


그림 2.15 컴파일 완료된 화면

## 보드와 포트 확인하기

컴파일한 다음 스케치를 아두이노에 업로드 하기 위해 보드의 종류와 컴포트를 반드시 확인한다. 메뉴에서 '[툴] - [보드] - [Arduino/Genuino Uno]'가 선택되었는지 확인한다.

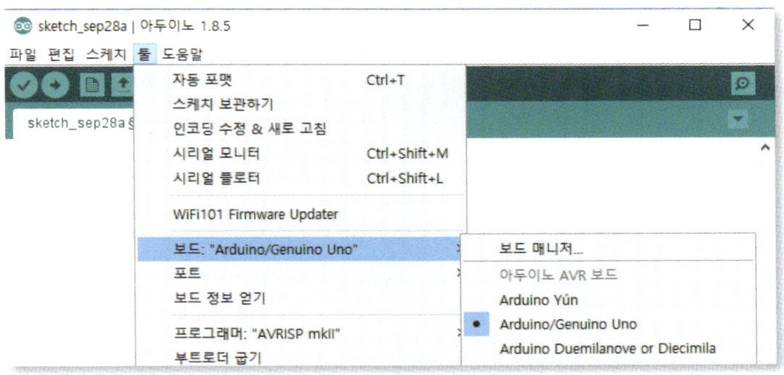


그림 2.16 보드 확인하기

그리고 포트를 확인한다. 메뉴에서 '[툴] - [포트] - [COM번호]'를 선택한다. 컴포트 번호는 컴퓨터마다 숫자가 다르다. 데스크톱 컴퓨터면 'COM1'번과 'COM2'번을 제외한 높은 숫자의 번호를 선택하면 되고 노트북 컴퓨터면 'COM1'이 할당될 수도 있다. 최근 버전에서는 'COM16(Arduino/Genuino Uno)'과 같이 표시되기 때문에 선택이 좀 더 쉽다.

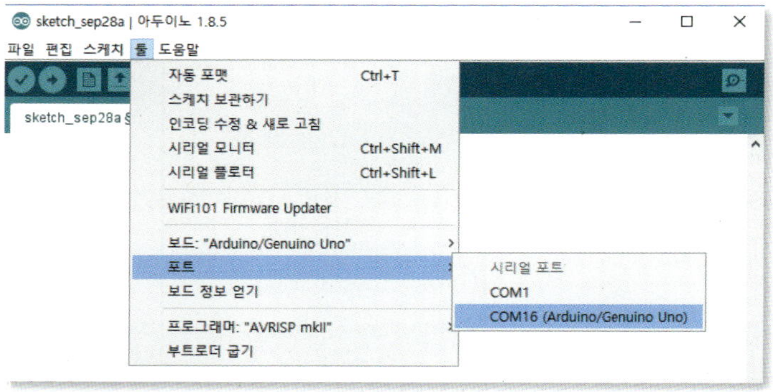


**그림 2.17** 포트 확인하기

## 업로드 하기

아두이노 메뉴의 툴에서 보드와 포트 확인을 마쳤으면 오른쪽 화살표 아이콘으로 표시된 업로드 버튼을 클릭하여 작성한 스케치를 아두이노에 업로드 한다.

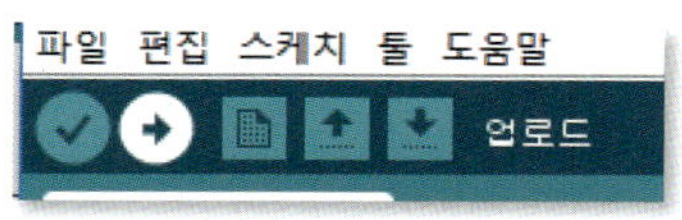


**그림 2.18** 업로드 버튼

## 동작 확인하기

업로드가 완료되었으면 아두이노에 연결된 LED가 1초에 한 번씩 깜박이는지 확인한다. 혹시 동작이 안 된다면 LED의 (+)와 (−)극이 바르게 연결되었는지 확인하고 다른 오류가 있는지 확인한다.

**그림 2.19** LED 깜박이는 모습

# 03 LED 여러 개 깜박이기

LED를 하나 깜박이는 데 성공했으면 이번에는 LED를 여러 개 깜박이는 것을 시도해보자.

**준 | 비 | 물**

아두이노, 브레드보드, LED 여러 개, 저항 여러 개, 점퍼선 여러 개

## 회로 만들기

**그림 2.20** LED를 세 개 연결한 모습

## 스케치 작성하기

LED가 여러 개 연결되어있는 경우 LED를 연결한 아두이노의 핀 모드 설정과 동작을 각각 제어해야 한다. LED는 2, 4, 6번에 연결되어 있다.

**스케치 2-3** LED 여러 개 연결하기

```
int led1 = 2, led2 = 4, led3 = 6;
void setup() {
    pinMode(led1, OUTPUT);          // 핀 모드 출력으로 설정
    pinMode(led2, OUTPUT);
    pinMode(led3, OUTPUT);
```

```
}
void loop() {
    digitalWrite(led1, HIGH);       // LED에 5V 공급
    digitalWrite(led2, HIGH);
    digitalWrite(led3, HIGH);
    delay(1000);
    digitalWrite(led1, LOW);        // LED에 0V 공급
    digitalWrite(led2, LOW);
    digitalWrite(led3, LOW);
    delay(1000);
}
```

### [스케치 설명]

LED를 여러 개 연결할 때 핀 모드를 각각 설정해주어야 한다.

```
int led1 = 2;
```

- 브레드보드에 여러 개의 LED를 연결할 때 핀 번호를 변수(variable)로 지정하면 같은 번호가 반복될 때 편리하게 사용할 수 있다. 이 스케치에서는 아두이노에 연결되는 핀 번호를 변수로 지정하였다. 변수는 특정한 값을 저장하는 메모리 공간을 말한다. 변수에는 값의 형식, 변수 이름, 저장된 값이 지정된다.

int led1 = 2;

변수형 변수 이름 저장 값

- 'int': 저장된 변숫값이 정수라는 의미이다. 정수는 1, 2, 3, 4와 같은 소수점이 없는 숫자이다. 소수점이 있는 숫자를 사용하려면 float(플로트)를 사용한다.
- 'led1': 변수의 이름이다. 이름을 만들 때는 영문 소문자로 시작하고 띄어쓰기는 하지 않는다.
- '2': 변수에 저장된 값이다. 변수형이 정수형이므로 정수만 저장할 수 있다. 소수점이 있거나 문자는 값으로 저장할 수 없다.

### 실행 결과

**그림 2.21** LED 3개를 연결해서 실습하는 모습

배열과 for문을 이용하여 LED를 제어해보자.

**스케치 2-4** for문을 이용한 LED 제어하기

```
int myLed[] = {2, 4, 6};            // LED 번호를 배열로 지정
void setup() {
    for (int i = 0; i < 3; i++) {
        pinMode(myLed[i], OUTPUT);    // pinMode 설정
    }
}
void loop() {
    for (int i = 0; i < 3; i++) {
        digitalWrite(myLed[i], HIGH);
        delay(500);
        digitalWrite(myLed[i], LOW);
        delay(500);
    }
}
```

## [프로그램 문법 설명]

### 배열

배열은 인덱스(index) 번호로 접근이 되는 변수들의 모임이다. 배열을 이용하면 복잡해질 수 있는 자료의 표현을 단순하게 할 수 있다. 아래 코드는 배열의 형태는 정수이며 이 경우 정수만 사용할 수 있다. 배열의 이름은 'myLed'이다. 배열은 초기화 크기를 지정할 수도 있고 지정하지 않을 수도 있다.

배열이 int myLed[] = {led1, led2, led3}; 인 경우 "led1, led2, led3"은 배열 순서대로 각각 myLed[0], myLed[1], myLed[2]가 된다.

| 핀 번호 | 2 | 4 | 6 |
|---|---|---|---|
| 배열 번호 | myLed[0] | myLed[1] | myLed[2] |

int myLed[] = {led1, led2, led3}

배열형 (int) / 배열 이름 (myLed) / 초기화 ([]) / 저장 값 (led1, led2, led3)

```
int myLed[ ] = {led1, led2, led3};
int myLed[3] = {led1, led2, led3}; // 두 형식 모두 가능하다.
```

### for 반복문

'for' 문은 중괄호로 싸인 블록을 반복할 때 사용한다. 배열에 저장된 데이터를 사용할 때 for 반복문을 이용한다.

```
for(int i = 0; i < 3; i++)
```

초기화 / 조건 / 증가

초기화는 처음에 한 번만 실행되며 조건부에서 조건이 실행되고, 실행이 True이면 증가 부분이 실행된다. 조건이 끝날 때(false)까지 반복한 후 끝난다.

### [스케치 설명]

```
void setup() {
    for (int i = 0; i < 3; i++) {
        pinMode(myLed[i], OUTPUT);
    }
```

초깃값이 i= 0이고 i가 0부터 3보다 작을 때까지 반복하므로 i는 0, 1, 2가 되고 myLed[i]는 myLed[0], myLed[1], myLed[2]와 같이 차례로 핀 모드 설정이 실행된다.

void loop() 부분도 for문을 이용하여 led 깜박이는 것을 반복한다.

```
for (int i = 0; i < 3; i++) {
    digitalWrite(myLed[i], HIGH);
    delay(500);
    digitalWrite(myLed[i], LOW);
    delay(500);
}
```

# 04 시리얼 모니터로 LED 제어하기

시리얼 통신은 아두이노와 컴퓨터 사이에 통신할 때 사용하는 방법이다. 모든 아두이노 보드는 시리얼 포트(UART)가 최소 한 개 이상 있다. 시리얼 통신을 하면 아두이노의 디지털 핀 '0'번은 'RX', '1'번은 'TX'를 담당하여 데이터를 전송 및 수신한다. 시리얼 통신을 하기 위해서 시리얼 설정을 먼저 해야 한다.

```
Serial.begin(9600);
```

시리얼 통신을 시작한다는 의미이고 9600은 통신속도이며 단위는 bps이다. 통신속도를 다르게 할 수 있으며 이번 예제에서는 기본 9600으로 테스트한다.

시리얼 모니터에 숫자 '1'을 입력하면 LED가 켜지고 숫자 '0'을 입력하면 LED가 꺼지는 스케치를 작성해보자.

**스케치 2-5** 시리얼 통신으로 LED 제어하기

```
void setup() {
    Serial.begin(9600);
    pinMode(13, OUTPUT);
}
int i;
void loop() {
    if (Serial.available() > 0) {
        i = Serial.read();
        Serial.println(i);
        if (i == '1') digitalWrite(13, HIGH);
        if (i == '0') digitalWrite(13, LOW);
    }
}
```

**[스케치 설명]**

```
Serial.begin(9600);
```

- Serial.begin(속도);
- 시리얼 통신을 선언하고 속도를 설정한다.

```
if (Serial.available() > 0) { }
```

- if(조건문)은 시리얼 통신이 가능한지를 확인하기 위해 사용한다. 조건이 참(True)이면 뒤에 나오는 문장을 실행한다. 조건문을 실행시키는 블록을 중괄호로 감싼다.

```
Serial.read();
```

- 시리얼 케이블로 들어오는 시리얼 데이터를 읽는다.

```
if (i == '1') digitalWrite(13, HIGH);
```

- 입력 값이 '1'이면 뒤에 나오는 코드를 실행시킨다.

```
Serial.println(i);
```

- 입력 값을 확인하기 위해 시리얼 모니터에 값을 나타내는 명령어다. println은 값을 표시하고 '새 줄(newline)'에 다음 라인을 표시하는데 ASCII 값 10을 넣는다.

시리얼 모니터를 열고 값을 1 또는 0을 입력해본다. 아두이노의 LED가 깜박이는지 확인한다.

그림 2.22 시리얼 모니터 버튼

시리얼 모니터에 아래와 같이 1을 입력하면 49가 나타나고 0을 입력하면 48이 나타나는 것을 볼 수 있다. 이 경우는 정수 값이 시리얼 모니터에 표현될 때 ASCII 코드 방식으로 표현되기 때문이다. ASCII 방식은 '0'이 48에 할당되어 있고 '1'이 49에 할당되어 있다.

그림 2.23 시리얼 모니터에 값 표시

# 05 디지털 입력: 버튼을 이용한 디지털 제어

아두이노 보드의 디지털 핀에서 디지털 값을 입력받을 수 있다. 디지털 입력 값은 '0' 또는 '1' 값으로 표현되는데 스위치를 이용하여 알아보자. 스위치를 만들 때 용도에 따라 풀업 저항 스위치 또는 풀다운 저항 스위치를 만들 수 있는데 먼저 풀업/풀다운 저항에 대해 알아보자.

### 풀업 / 풀다운 저항

아두이노에서 스위치를 만들면 다음 그림 2.24와 같이 만들어 볼 수 있다. 버튼을 누르면 전류가 흐르게 되고 입력 전류가 5V가 되므로 HIGH 상태가 된다. 그러나 스위치가 연결되지 않으면 전류가 흐르는지 아닌지 알 수 없는 상태가 되는데 이 때를 플로팅(floating) 현상이라고 한다. 즉 입력 값이 0V인지 5V인지 인식할 수 없다. 이와 같은 플로팅 현상을 막기 위해 풀업 또는 풀다운 저항을 연결하여 안정된 입력 값을 얻을 수 있다.

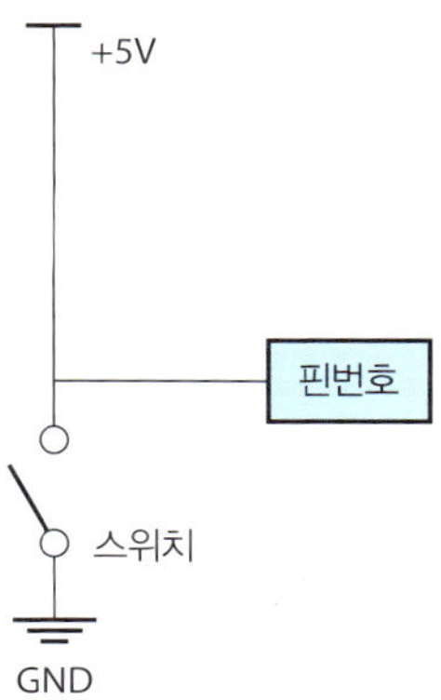


그림 2.24 버튼 연결 회로

풀업 저항은 저항이 5V쪽에 연결된 상태이다. 풀업 저항은 스위치가 열린 상태에서는 입력 핀에 5V의 전류가 흐르고 입력 값은 HIGH가 된다. 스위치가 닫힌 상태에서는 입력 핀에 전류가 흐르지 않는 상태가 되어 0V 전압이 된다. 이 때 입력 값은 LOW이다.

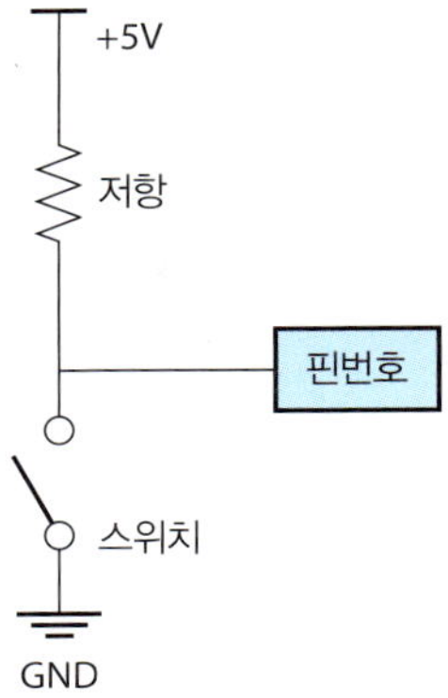


**그림 2.25** 풀업 스위치 회로

풀다운 저항은 저항이 GND 쪽에 연결되어 있는 상태이다. 풀다운 저항은 스위치가 열린 상태에서는 입력 핀에 0V 전압이 걸리게 되어 입력 값은 LOW가 된다. 반대로 스위치가 닫힌 상태에서는 입력 핀에 5V 전압이 걸리고 입력 값은 HIGH가 된다.

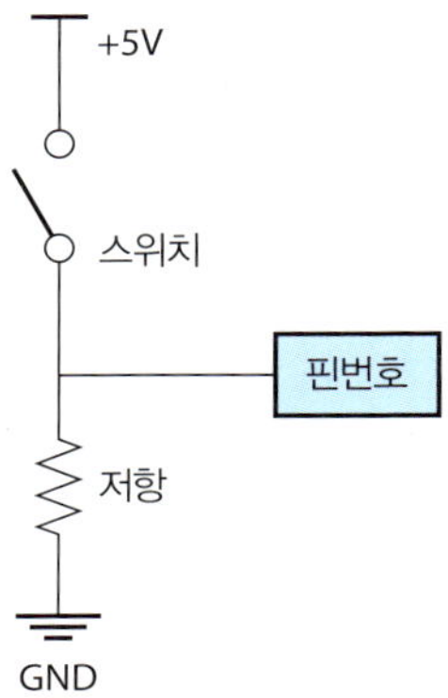


**그림 2.26** 풀다운 스위치 회로

**표 2.5** 각 저항의 스위치 입력 값

| 풀업/풀다운 저항 | 스위치 닫힘(ON) | 스위치 열림(OFF) |
|---|---|---|
| 사용 안 함 | 5V | 플로팅 |
| 풀업(PULL-UP) 저항 값 | 0V | 5V |
| 풀다운(PULL-DOWN) 저항 값 | 5V | 0V |

### 풀다운 저항 스위치 만들기

이번 예제에서는 누르면 스위치가 연결되는 푸시버튼을 사용한다.

**준 | 비 | 물**

푸시버튼, 저항 10kΩ(갈색, 검정, 주황), 아두이노, 브레드보드, 케이블, 점퍼선

**풀다운 스위치 회로**

스위치가 열린 상태에서는 핀 번호에 0V가 전달되어 값이 '0'이 된다. 버튼을 누르면 핀 번호에 5V가 전달되어 값이 '1'이 된다. 이 방식은 평소에 전원 공급을 하지 않다가 버튼을 누를 때만 전원을 공급해야 하는 전원 장치에 적용할 수 있는 방법이다.

풀다운 저항 스위치는 버튼의 가장 바깥 쪽 선을 5V와 연결한다. 그리고 저항을 연결한 쪽을 GND에 연결한다.

저항과 버튼이 겹치는 선을 핀 번호 '4번'에 연결한다.

**그림 2.27** 풀다운 스위치 연결 모습

**풀업 스위치 회로**

풀업 저항 스위치는 스위치가 열린 상태에서는 핀 번호에 5V가 전달되어 값이 '1'이 되고 버튼을 누르면 0V가 전달되어 값이 '0'이 된다. 풀업 스위치 방식은 평소에 전원을 계속 공급하다가 스위치를 누를 때만 전원을 멈추는 전원 장치에 적용할 수 있다. 이전 실습에서 풀다운 스위치를 완성하였으면 GND선과 5V선을 서로 바꾸어 연결만 해도 풀업 저항 스위치 회로가 된다. 버튼의 바깥쪽에 GND를 연결하고 저항의 바깥쪽에 5V를 연결한다. 저항과 버튼이 겹치는 선을 핀 번호 '4번'에 연결한다.

그림 2.28 풀업 스위치 연결 모습

### 스케치 작성하기(풀다운 스위치)

이번 예제는 풀다운 스위치에 적용해본다. 버튼을 누를 때 입력 값을 시리얼 모니터에서 확인해보는 스케치를 만든다.

**스케치 2-6 버튼 입력 스케치**

```
int inPin = 4;                  // 푸시버튼은 디지털 핀 4에 연결됨
int val = 0;                    // 읽은 값을 저장할 변수

void setup() {
    Serial.begin(9600);
    pinMode(inPin, INPUT);      // 디지털 4번 핀을 입력으로 설정
}
void loop(){
    val=digitalRead(inPin);
    Serial.println(val);
    delay(100);
}
```

#### [스케치 설명]

```
Serial.begin(9600);
```

- 시리얼 통신을 선언한다.
- 디지털 입력 값은 시리얼 모니터로 확인할 수 있게 해야 하기 때문에 시리얼 통신을 이용한다.

```
pinMode(inPin, INPUT);
```

- pinMode(핀 번호, 모드);
- 핀 번호의 모드를 입력 'INPUT'으로 설정한다.

```
val=digitalRead(inPin);
```

- 입력 모드로 설정된 핀의 디지털 입력 값을 읽는다.

```
Serial.println(val);
```

- 저장된 값을 시리얼 모니터에 나타낸다.

```
delay(100);
```

- 코드의 실행 속도를 0.1초 지연시킨다.

풀다운 저항과 풀업 저항 스위치를 작동시킨 후 시리얼 모니터를 열고 입력 값을 확인하면 그림 2.29와 그림 2.30과 같은 결과가 나타난다.

풀다운 저항 회로에서는 버튼을 누르지 않으면 '0'이 입력되고 버튼을 누르면 '1'이 입력된다. 반대로 풀업 저항 회로에서는 버튼을 누르지 않을 때 '1'이 표시되고 버튼을 누르면 '0'이 표시된다. 이와 같이 저항의 위치에 따라 버튼을 누를 때와 누르지 않을 때 값이 달라진다. 이와 같은 특징을 이용하여 가전제품의 전원이 계속 들어오게 할 것인지 아니면 버튼을 누를 때만 전원이 들어오게 할 것인지에 따라 풀업 저항 회로 또는 풀다운 저항 회로를 적용할 수 있다.

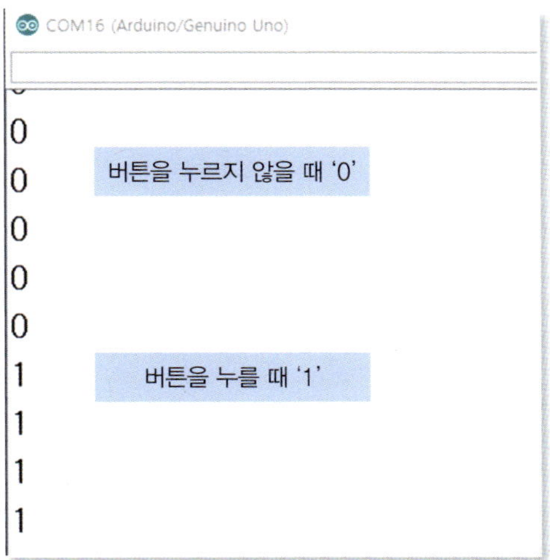


그림 2.29 풀다운 저항 스위치 실습 결과

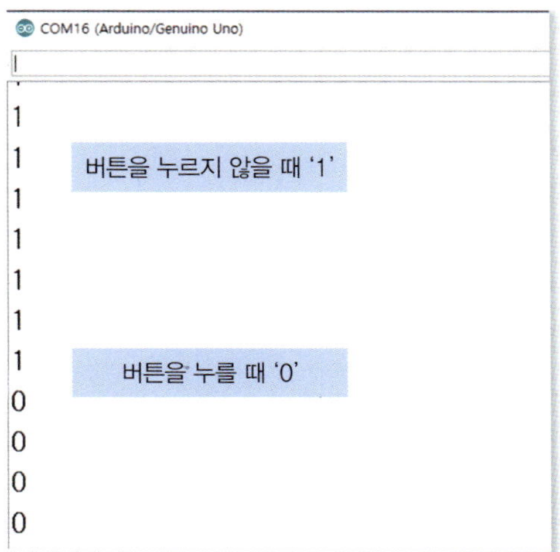


그림 2.30 풀업 저항 스위치 실습 결과

## [실습] 버튼을 이용하여 LED 제어하기

### 회로 만들기(풀다운 스위치 회로)

버튼 회로를 만들 때 버튼은 그림 2.31과 같이 풀다운 회로로 만들고 LED는 13번에 연결한다. 스위치의 저항은 10kΩ(갈색, 검정, 주황)을 사용하고 LED에 연결하는 저항은 220Ω(빨강, 빨강, 갈색)을 사용한다.

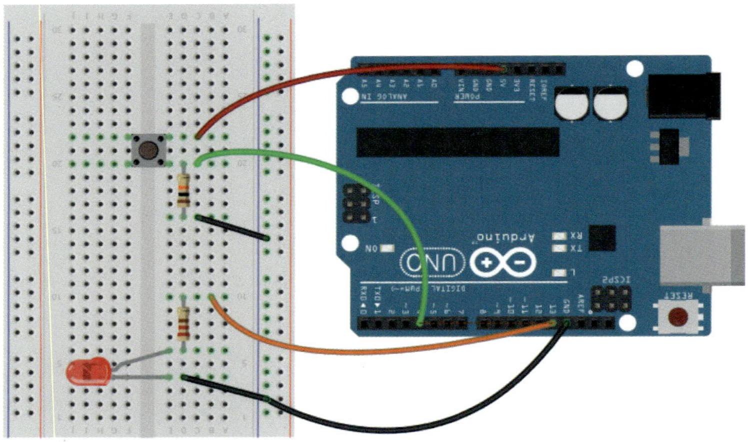

**그림 2.31** 버튼과 LED를 연결한 회로

**스케치 2-7** 버튼 테스트 스케치

```
int buttonPin = 4;                          // 푸시버튼이 연결된 번호
int ledPin = 13;                            // LED가 사용하는 핀 번호
int buttonState = 0;                        // 입력 핀의 상태를 저장
void setup() {
    pinMode(ledPin, OUTPUT);                // LED는 출력으로 설정
    pinMode(buttonPin, INPUT);              // 푸시버튼은 입력으로 설정
}
void loop(){
    buttonState = digitalRead(buttonPin);   // 입력 값을 읽고 저장
    // 버튼이 눌렸는지 확인, 버튼이 눌렸으면 입력 핀의 상태는 HIGH가 됨
    if (buttonState == HIGH) {
        digitalWrite(ledPin, HIGH);         // LED 켬
    }
    else {
        digitalWrite(ledPin, LOW);          // LED 끔
    }
}
```

### [스케치 설명]

```
int buttonState = 0;
```

- 입력 핀의 상태를 저장하기 위해 정수 변수 'buttonState'를 만든다.

```
buttonState = digitalRead(buttonPin);
```

- 버튼 입력 값을 저장한다.

```
digitalWrite(ledPin, HIGH);
```

- 디지털 핀의 데이터를 저장한다. 핀 값은 HIGH 또는 LOW 값을 리턴한다.

```
if (buttonState == HIGH)
```

- 버튼 입력 값이 HIGH이면 참(True)이 된다. HIGH는 '1'과 같은 의미이다. 즉 입력 값이 '1' 이다. if()문에서 두 변수의 값이 같은지를 비교할 때는 '=='를 사용한다.

# [요약]



- 아날로그 신호는 소리, 빛, 음파 등 자연의 신호이고 시간에 따라 연속적으로 표현된다.
- 디지털 신호는 컴퓨터와 스마트폰과 같은 디지털 기기에서 사용되는 신호이다.
- 디지털 신호는 아날로그 신호를 시간에 따라 숫자로 표현한 것이며 비연속인 데이터이다.
- 저항은 전류의 흐름을 방해하는 부품이며 전자 부품에 일정량의 전류를 흐르게 할 수 있다.
- 저항의 크기는 저항 표면의 색상 띠로 알 수 있다.
- 아두이노는 아두이노 프로그램으로 스케치를 작성한다.
- 작성한 스케치는 컴파일을 하고 업로드 한다.
- 변수는 어떤 값을 저장하는 저장 공간이고 이름을 지정한다.
- 변수를 사용하기 위해서는 변수 선언을 해야 한다.
- 배열은 같은 자료형인 여러 개의 데이터를 하나의 변수에 담아서 저장하는 공간이다.
- 시리얼 통신은 아두이노와 컴퓨터 사이에 통신할 때 사용하는 방법이다.
- 스위치는 저항의 위치에 따라 풀업 저항 스위치와 풀다운 저항 스위치가 있다.
- 풀업 저항 스위치는 버튼을 누르지 않을 때 HIGH가 된다.

# [연습문제]

**01.** (참/거짓) 아두이노 우노 보드에서는 디지털 데이터 입력과 출력 처리만 가능하다.

**02.** (참/거짓) 디지털 신호는 어떤 신호를 비연속적인 숫자로 표현하는 신호이다.

**03.** (참/거짓) 변수는 어떤 값을 저장하는 공간이고 이름은 숫자로만 만들 수 있다.

**04.** 다음 디지털 신호와 아날로그 신호의 설명으로 잘못된 것을 하나만 고르시오.

❶ 디지털 신호는 특정 값으로 표현 되므로 자료의 변형 없이 저장, 복제 등 편집이 가능하다.

❷ 아날로그 신호는 자료를 연속적인 물리량으로 나타낸 것을 말한다.

❸ 아날로그 신호는 빛의 밝기 정도, 소리의 세기를 표현한 값을 말한다.

❹ 아두이노 우노 보드에는 디지털 입출력 핀이 6개가 있다.

**05.** 다음 설명 중 잘못된 것은 무엇인가?

❶ LED는 일정 방향으로 전압을 가했을 때 빛을 발생하는 반도체 부품이다.

❷ 저항을 사용하면 전류의 양을 일정한 양만 흐르게 제어할 수 있다.

❸ LED는 양극과 음극의 방향에 관계없이 사용한다.

❹ 아두이노 스케치 작성에서 문장의 제일 앞에 '//'로 표시된 부분은 코드를 실행하지 않는다.

**06.** 다음 아두이노 스케치 설명 중 잘못된 것은?

❶ 시리얼 통신을 하려면 Serial.begin();을 선언해야 한다.

❷ '//'은 함수 선언 부분이다.

❸ analogRead()는 아두이노의 A0~A5핀에서 읽을 수 있는 값이다.

❹ void setup() 함수는 한 번만 실행되는 부분이다.

**07.** 다음 배열 변수 선언의 설명 중 잘못된 것은?

```
int i = 10;
```

❶ 변수는 정수형이다.

❷ 변수의 초기 값은 '10'이다.

❸ 변수의 이름은 'i'이다.

❹ 변수의 값은 항상 같은 값이다.

**08.** 저항의 색상 띠가 빨간색, 빨간색, 갈색으로 되어 있으면 저항의 크기는 얼마인가?

**09.** LED를 깜박이는 스케치를 작성할 때 LED를 켜려면 digitalWrite(13, ( ));의 괄호에 들어가야 하는 내용은 무엇인가?

**10.** LED 부품은 다리 길이가 서로 다르다. 그 이유는 무엇인가?

**11.** 아두이노 스케치에서 pinMode(13, OUTPUT); 이 어떤 의미인지 적으시오.

**12.** delay(500);은 어떤 의미인가?

**13.** 아두이노 프로그램에서 pinMode(13, OUTPUT);의 의미는 무엇인가?

**14.** 변수를 선언할 때 'int'는 어떤 의미인가?

**15.** 아두이노 보드에 LED 3개를 연결하여 하나씩 켜졌다가 다시 하나씩 꺼지게 하는 스케치를 완성하시오.

03

# 아날로그 입출력

**학습목표**

- 아두이노에서 아날로그 데이터를 입력받을 수 있다.
- 조도센서를 이용하여 방 안의 밝기 값을 읽을 수 있다.
- 조도에 따라 LED를 제어할 수 있다.
- LED 밝기를 아날로그 출력으로 설정할 수 있다.
- 가변저항기를 이용하여 LED의 밝기를 제어할 수 있다.

**학습내용**

- 아날로그 데이터 출력하기
- PWM으로 LED 밝기 제어하기
- 부저로 음악 연주하기(아날로그 출력)
- 가변저항기를 이용한 LED 블링크(Blink) 속도 제어(아날로그 입력)
- 조도센서(CDS)를 이용하여 조도 측정하기(아날로그 입력)

이 장에서는 아두이노의 아날로그 입출력에 대해서 설명한다. 아두이노 보드를 이용하여 아날로그 데이터의 입력과 출력을 사용할 수 있다. 우리 일상생활에서 발생하는 자연의 데이터는 연속적인 데이터 형태를 가지며 아날로그 신호라고 한다. 아두이노에서 아날로그 출력을 제어할 때는 PWM 방식을 이용하여 디지털 신호를 아날로그 신호처럼 만들어서 값을 조절할 수 있다. 이 장에서는 일상에서 간단하게 측정할 수 있는 빛의 밝기를 조도센서로 측정하여 아날로그 입력 실습을 하고 가변저항기를 이용하여 LED의 밝기 값을 아날로그 출력 값으로 제어해본다. 또한 주파수 값을 조절하여 음악을 연주해보는 실습도 한다.

# 01 아날로그 데이터 출력

아두이노에서 아날로그 데이터를 출력할 수 있다. 아날로그 신호는 자연환경에서 나오는 소리의 크기나 빛의 강도처럼 데이터가 연속적으로 연결되는 신호를 말하며 디지털 신호는 1과 0, On과 Off처럼 이산적인 신호를 말한다.

**그림 3.1** 디지털 신호와 아날로그 신호

그림 3.1에서 볼 수 있듯이 아날로그 신호는 다양한 값을 가질 수 있지만 디지털 신호는 0과 1의 값을 가질 수 있을 뿐이고 그 사이의 값이 존재하지 않는다. 따라서 LED를 디지털 출력으로 표현하면 On 또는 Off의 상태만 출력할 수 있다. 그렇다면 디지털 신호를 아날로그 신호로 바꾸어서 LED의 밝기를 조절할 수 있을까? 아두이노에서는 PWM(Pulse Width Modulation)을 이용하여 값을 조절할 수 있다. PWM은 펄스의 폭을 컨트롤하는 주기 제어 방법으로 디지털 신호를 아날로그 신호처럼 만들어 내는 기술이다. 출력되는 전압의 크기를 일정한 비율(Duty) 동안은 HIGH 상태를 유지하고 나머지는 LOW 상태를 만들어서 그림 3.2와 같은 사각파를 출력한다.

만약 LED가 1초에 한 번씩 On/Off의 상태가 교대로 반복된다면 우리는 이 LED가 깜박인다고 느낄 것이다. 하지만 LED가 0.001초에 한 번씩 On/Off의 상태가 교대로 반복된다면 우리는 LED의 깜박임을 인지하지 못하고 다만 조금 어둡다고 생각할 것이다. 또한 일정한 주기에서 LED의 On 상태의 비율(Duty Cycle)을 다르게 조정하면 우리는 LED의 밝기가 변한다고 느낄 것이다. 아두이노에서는 analogWrite(pin, value) 함수를 이용하여 LED를 다양한 밝기로 켤 수 있다.

```
analogWrite(pin, value) // pin: 핀 번호, value: Duty Cycle
```

analogWrite(pin, value) 함수에서 pin은 핀 번호이며 value는 일정 주기에 대한 5V(High) 상태의 비율을 나타내는 Duty Cycle이다. value가 가질 수 있는 값의 범위는 0에서 255까지의 정수이다. 따라서 아두이노에서 LED의 밝기를 256단계로 조절할 수 있다.

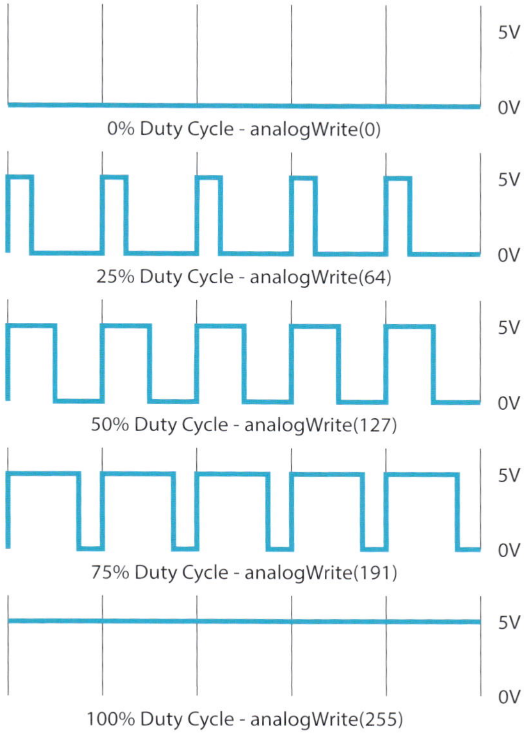


**그림 3.2** 아두이노의 PWM 주기

아두이노에서 PWM을 사용할 수 있는 핀 번호는 그림 3.3과 같이 번호 앞에 물결 모양(~)이 있는 번호이다. ~3, ~5, ~6, ~9, ~10, ~11번 핀을 PWM 핀으로 사용할 수 있다.

**그림 3.3** 아두이노 PWM 핀

# 02 LED 밝기 제어하기 실습

이번 실습에서는 아두이노에 두 개의 LED를 연결하고 서로 다른 밝기를 출력하는 프로그램을 작성해보자.

**준 | 비 | 물**

LED 2개, 저항 2개, 점퍼선 여러 개, 브레드보드, 아두이노, 케이블

### 회로 만들기

두 개의 LED의 양극(긴 다리)을 각각 PWM 출력이 가능한 아두이노의 5번과 11번에 연결한다. 두 LED의 음극(짧은 다리)에는 각각 220Ω의 저항을 연결한 다음 아두이노의 GND에 연결한다.

**그림 3.4** 아두이노와 두 개의 LED의 연결

## 스케치 작성하기

**스케치 3-1** **아날로그 값으로 LED 밝기 제어하기**

```
int led1 = 5;                   // LED를 PWM 5번에 연결
int led2 = 11;                  // LED를 PWM 11번에 연결

void setup() {
    pinMode(led1, OUTPUT);      // 핀을 출력으로 설정
    pinMode(led2, OUTPUT);      // 핀을 출력으로 설정
}

void loop() {
    analogWrite(led1, 50);      // analogWrite 값은 0부터 255까지
    analogWrite(led2, 255);     // analogWrite 값은 0부터 255까지
}
```

**[코드 설명]**

```
int led1 = 5; int led2 = 11;
```

- LED의 핀 번호를 변수로 지정한다.
- 변수의 형태는 정수이다.

```
analogWrite(led1, 50);
```

- analogWrite(핀 번호, 값);
- 아날로그 신호를 전달한다. 값은 아날로그 값을 0~255까지 입력 가능하고 PWM 출력 형태가 된다. 255인 경우 최대 밝기가 된다. 아날로그 값은 단계별로 제어가 가능하다.

## 컴파일하기

스케치가 완성되면 컴파일을 한 다음 아두이노 보드에 업로드한다. 그런데 컴파일 과정을 생략하고 바로 업로드를 진행하여도 아두이노 IDE는 자동으로 컴파일을 먼저 실행하고 코드에 오류가 없으면 작성한 스케치를 아두이노에 업로드 한다. 컴파일 과정에서 작성한 스케치의 오류를 발견하면 그림 3.6과 같이 아두이노 편집 창에 주황색으로 오류 메시지가 나타난다. 오류 메시지를 읽어보고 오류를 수정한 다음 다시 컴파일 후 업로드를 하면 된다. 그림 3.7은 작성한 스케치에 오류가 없어서 컴파일이 완료된 상태를 나타낸다.

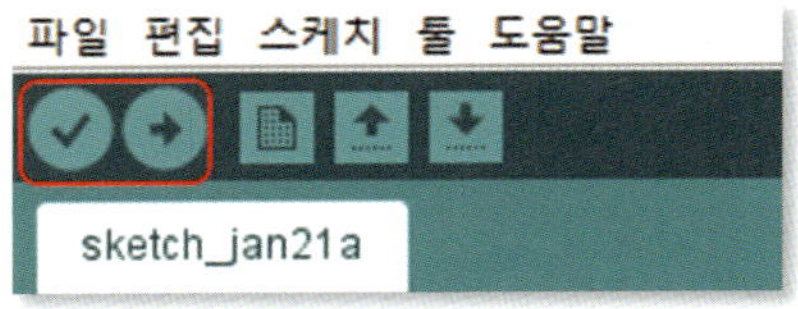


그림 3.5 컴파일 버튼과 업로드 버튼

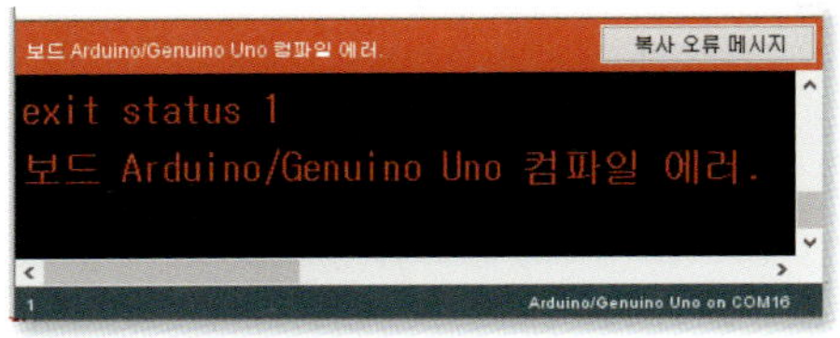


그림 3.6 컴파일 에러 메시지

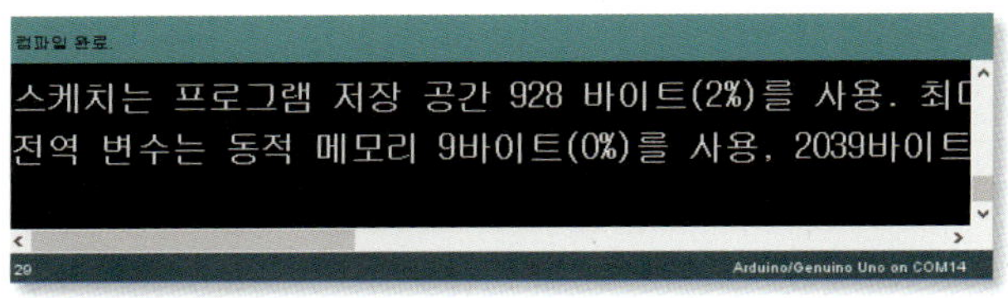


그림 3.7 컴파일 완료된 화면

컴파일이 완료되면 메뉴에서 사용하고 있는 아두이노 보드를 확인하고 포트의 번호를 확인한 다음 업로드 한다. 보드는 '[툴] - [보드] - [Arduino/Genuino Uno]'가 선택되었는지 확인한다.

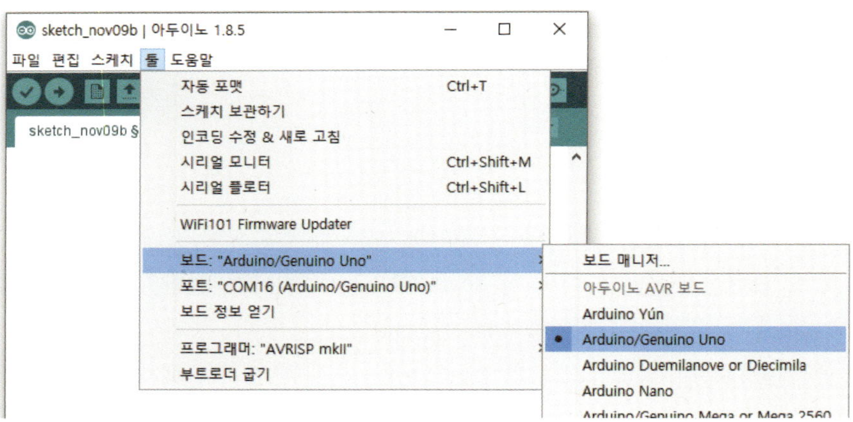


그림 3.8 보드 확인

아두이노 보드를 맞게 선택하였으면 포트를 선택해야 한다. 포트번호에 (Arduino/Genuino Uno) 표시가 된 것을 찾아서 클릭한다.

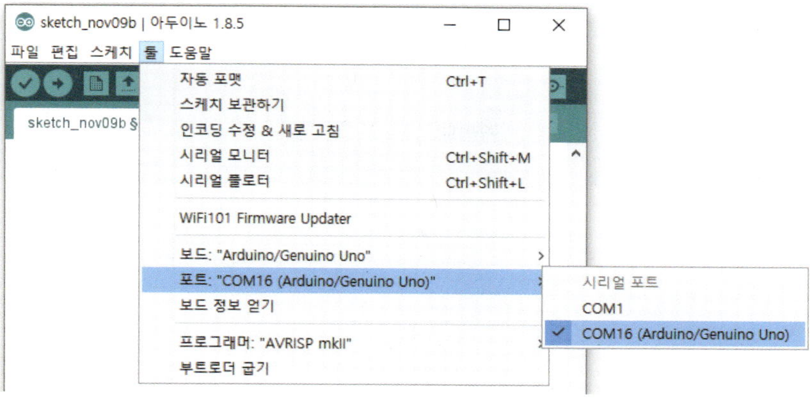


그림 3.9 포트 확인

## 업로드하기

아두이노의 보드 설정과 컴포트 확인을 마쳤으면 업로드 버튼을 클릭하여 작성한 스케치를 아두이노에 업로드 한다.

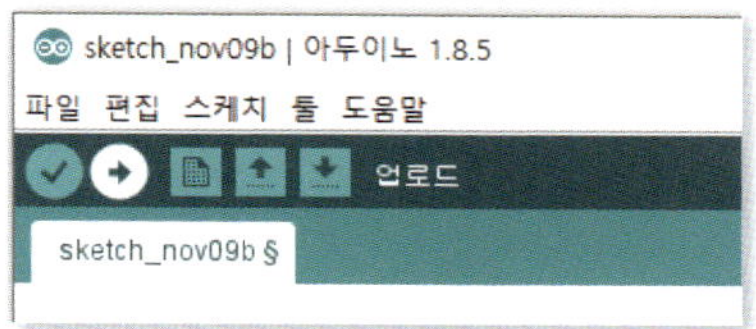


그림 3.10 업로드 버튼

## 테스트하기

스케치 업로드가 완료되면 각 LED의 밝기를 확인한다. 5번 핀에 연결된 LED가 11번 핀에 연결된 LED보다 조금 더 어둡다. analogWrite(핀 번호, 값); 함수에서 값을 변경하여 원하는 밝기의 PWM 출력을 실행할 수 있다.

그림 3.11 아날로그 출력 테스트

# 03 부저로 음악 연주하기

## [실습] 부저로 음악 연주하기

**준 | 비 | 물**

아두이노, 브레드보드, 수동 부저

전자제품을 동작시키면 신호음이 나오는 경우가 있다. 예를 들어 전자레인지의 버튼을 누르면 버튼이 눌려질 때마다 '삐'소리가 난다. 사용자는 자신이 버튼을 정상적으로 잘 눌렀다는 것을 '삐'소리를 통하여 확인할 수 있다. 또 다른 예로 세탁기가 세탁을 완료했을 때도 신호음을 내어 동작을 마친 것을 확인해 준다. 아두이노는 부저를 이용하여 소리를 낼 수 있다. 우리가 자주 사용하는 부저는 작고 동그란 모양이며 구조가 간단하다. 아두이노에서 자주 사용하는 부저에는 능동 부저와 수동 부저가 있다.

능동 부저는 내장된 회로가 있어 외부에서 전원을 연결하면 소리가 난다. 능동 부저는 HIGH/LOW만 제어할 수 있기 때문에 미리 설정되어 있는 '삐' 소리만 낼 수 있다. 수동 부저는 내장된 회로가 없어서 떨림판으로 소리를 낸다. 주파수(Frequency) 제어가 가능하여 'tone()'함수를 이용해 '도', '레', '미' 같이 음을 지정할 수 있다. 이번 실습에서는 수동 부저를 이용하여 음악을 만들어 보자.

그림 3.12 부저 종류

### 회로 만들기

부저의 (−)를 GND에 연결하고 부저의 (+)를 핀 번호에 연결한다. 저항을 사용하지 않아도 된다. 부저 기호는 그림 3.13과 같다. 다음 그림은 부저의 (+)를 핀 번호에 연결한 그림이다.

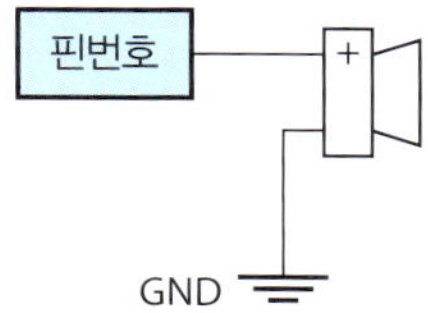


**그림 3.13** 부저 회로

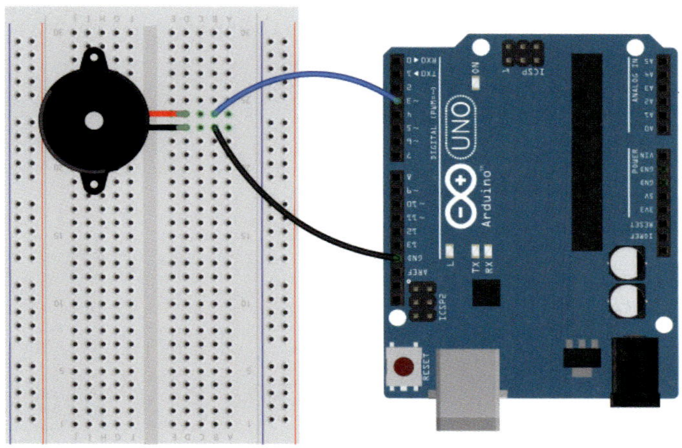


**그림 3.14** 부저를 아두이노에 연결한 모습

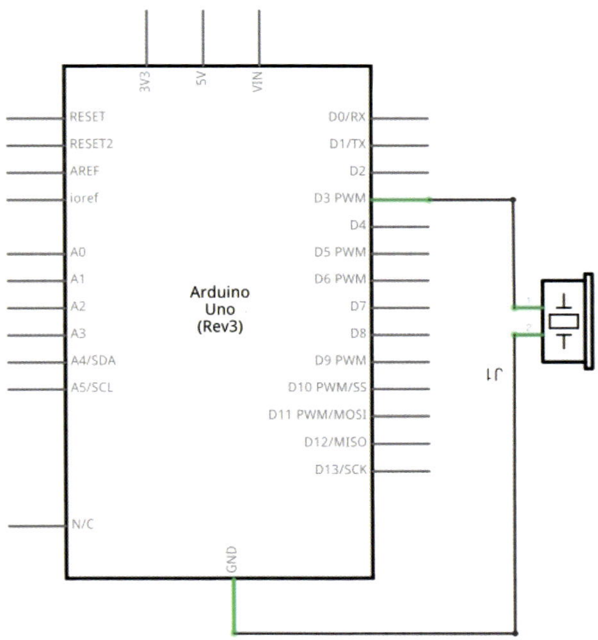


**그림 3.15** 부저 회로도

## 스케치 작성하기

**스케치 3-2** **주파수 이용해서 부저 소리내기**

```
// 주파수 이용해서 부저 소리내기
void setup(){
     tone(3, 523, 500);        // 523 주파수로 0.5초간 소리 냄
     delay(500);               // 소리가 끝날 때까지 기다림
}
     void loop(){              // 반복 구간, 빈 부분을 그대로 둠
}
```

### [코드 설명]

`tone(3, 523, 500);`

- tone(핀 번호, 주파수, 지속시간);
- 핀 번호는 아두이노에 연결하는 핀 번호이다.
- 주파수(frequency)는 소리의 주파수이며 단위는 헤르츠(Hertz)이다. 주파수로 '도', '레', '미' 같은 음을 표현할 수 있다. 유형은 unsigned int를 사용한다.
- 지속시간은 밀리초(ms) 단위로 소리의 지속시간이다. 데이터는 unsigned long을 사용한다.
- tone(핀 번호, 주파수)로 사용할 수도 있다. 이때 음의 길이는 delay()로 지정할 수 있다. tone()은 한 번에 하나의 tone() 만 실행된다. 다른 tone()이 연주되고 있으면 새로운 tone()을 불러도 실행되지 않는다.

`void loop(){    }`

- 소리를 계속 내지 않고 한 번만 내므로 반복문 구간에는 코드를 넣지 않는다. 반복문 구간에 코드가 없더라도 void loop()함수는 적어야 한다. 이 함수가 없으면 에러가 발생한다.

그림 3.16은 피아노 건반에 주파수를 표시한 그림이다. 보통 건반의 음표를 말할 때 '도, 레, 미, 파, 솔, 라, 시'라고 할 수도 있고 'C, D, E, F, G, A, B'라고 할 수도 있다. 다장조 음계인 경우 그림의 'C'는 '도'에 해당한다. 같은 '도'이어도 옥타브에 따라 음의 높이, 즉 주파수가 다르다. 'C5'와 'C6'은 같은 'C' 음이지만 한 옥타브 차이가 난다.

그림 3.16에서 아래쪽 숫자 523, 587 등은 흰 건반의 주파수 숫자이고 그 위의 554, 622 등은 검은 건반의 주파수 숫자이다.

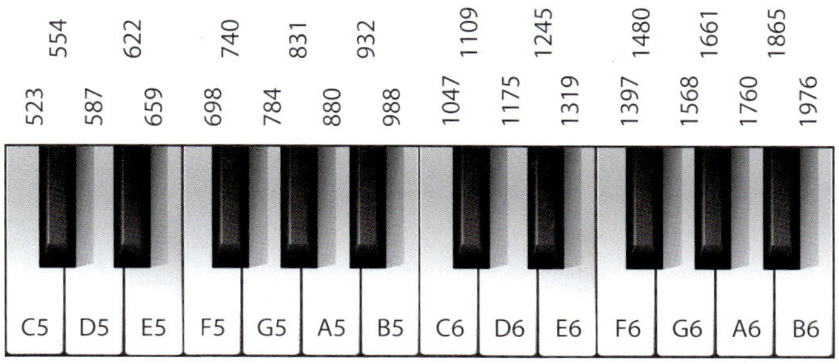


**그림 3.16** 피아노 건반 주파수

주파수를 이용하여 음을 만들어 보자. 다음은 '도, 레, 미, 파' 음을 만드는 예이다.

| 음 이름 | 도(C5) | 레(D5) | 미(E5) | 파(F5) |
|---|---|---|---|---|
| 주파수 | 523 | 587 | 659 | 698 |

본인이 만들고 싶은 음을 적고 주파수를 적어보자.

| 음 이름 | | | | |
|---|---|---|---|---|
| 주파수 | | | | |

다음 스케치를 완성해보자.

**스케치 3-3** toneDoReMi 스케치

```
// toneDoReMi
void setup(){
    tone(3, 523, 1000); delay(1000);     // 도
    tone(3, 587, 1000); delay(1000);     // 레
    tone(3, 659, 1000); delay(1000);     // 미
    tone(3, 698, 1000); delay(1000);     // 파
}
void loop(){
}
```

**[코드 설명]**

```
tone(3, 523, 1000);
```

- tone(핀 번호, 주파수, 지속시간);
- 주파수로 음을 표현할 수 있다. 523은 그림 3.16에서 'C5'음이고 일반적으로 '도' 음이다.

```
delay(1000);
```

- delay(지속시간); 은 다음 코드가 진행되기 전까지 코드를 지속시간만큼 지연시킨다. 이 예제에서는 소리가 나는 1초 동안 다음 코드를 지연시키는 것이다. 이 지속시간이 tone( )함수의 지속시간보다 짧으면 소리가 제대로 나지 않는 경우가 있다. 그리고 이 스케치에서 delay() 지속시간이 1000보다 길면 음과 음 사이에 소리가 잠시 끊어지는 현상이 일어난다.

## [실습] 주파수 이용하여 노래 만들기

주파수를 이용하여 권태호 작곡의 '봄나들이' 노래를 만들어 보자. 계명은 '솔미솔미솔라솔'이다. 이번 실습에는 같은 종류의 데이터가 여러 개 있으므로 배열을 사용하여 프로그램을 만들어 본다. 배열은 변수를 한 개 지정하고 여러 개의 데이터를 저장할 수 있는 데이터 형태(type)이다.

### 음표 정리하기

'봄나들이' 음의 계명과 주파수는 다음과 같다.

| 음 이름 | 솔(G5) | 미(E5) | 솔(G5) | 미(E5) | 솔(G5) | 라(A5) | 솔(G5) |
|---|---|---|---|---|---|---|---|
| 주파수 | 784 | 659 | 784 | 659 | 784 | 880 | 784 |
| 음 길이(박자) | 250 | 250 | 250 | 250 | 250 | 250 | 500 |

### 스케치 작성하기

음표를 참고하여 스케치를 작성해보자. 음의 주파수는 배열로 다음과 같이 정의할 수 있다.

```
int myNote[]={784, 659, 784, 659, 784, 880, 784};
```

배열 마지막에 세미콜론 ';'을 붙이는 것을 잊지 말자. 그리고 음의 길이는 한 음마다 250으로 지정하고 마지막 음은 500으로 지정한다.

```
int myDu[]={250, 250, 250, 250, 250, 250, 500};
```

'봄나들이' 음악의 음표는 8분음표, 4분음표로 되어 있는데 8분음표는 250으로 지정하고 4분음표는 500으로 지정하면 음악이 자연스럽게 연주될 수 있다. 다음 스케치를 입력해보자.

**스케치 3-4** **봄나들이 연주하기**

```
int myNote[]={784, 659, 784, 659, 784, 880, 784};      // 음 높이
int myDu[]={250, 250, 250, 250, 250, 250, 500};        // 음 길이
void setup() {
    for (int i = 0; i < 7; i++) {
        tone(3, myNote[i],  myDu[i]);                  // 핀 번호 확인
        delay(myDu[i]*1.3);
        noTone(3);
    }
}
void loop() {
}
```

## [코드 설명]

```
int myNote[]={784, 659, 784, 659, 784, 880, 784};
```

- 소리 음계를 데이터로 가진 배열을 정의한다.
- 음의 데이터는 정수형으로 지정하였다.
- 배열은 인덱스(index)로 접근되는 변수의 모임이므로 배열의 첫 번째 데이터의 인덱스는 '0'이 된다. 즉 myNote[0]=784이고 myNote[5]=880이다.
- 배열의 데이터를 읽기 위해서 for 루프를 사용하여 차례로 읽는 경우가 많다.

```
int myDu[]={250, 250, 250, 250, 250, 250, 500};
```

- 음의 길이를 데이터로 가진 배열을 정의한다.
- 음을 만들 때 4분음표의 길이는 500으로 지정하고 8분음표의 길이는 250으로 지정하였다. 숫자는 변경할 수 있다.

```
tone(3, myNote[i], myDu[i]);
```

- tone(핀 번호, 주파수, 음길이);
- 소리를 내려고 하는 음의 주파수를 입력하고 음의 길이를 '음길이'에 입력한다.

```
delay(myDu[i]*1.3);
```

- delay(지연시간*1.3);
- 음의 지연시간은 tone()에서의 음의 길이만큼 delay()에서 지연 시간을 동일하게 입력해 주는데 이 스케치에서는 지연시간을 1.3만큼 곱해 주었다. 그 이유는 이 스케치로 소리를 내면 연결 부분에 조금 간격을 주어 음이 또렷하게 들리기 때문이다. 1.3을 곱하는 것은 생략해도 된다.

```
for (int i = 0; i < 7; i++) { }
```

- for문은 중괄호로 싸인 블록을 반복하여 실행하고 배열의 요소를 인덱스로 읽는다.

## 스케치 업로드

스케치가 완성되었으면 아두이노에 업로드 한다. tone() 함수를 setup() 함수에 넣었기 때문에 소리가 한 번만 나고 멈춘다. 다시 듣고 싶으면 리셋(reset) 버튼을 누른다. 리셋 버튼의 위치는 아두이노 호환보드인 경우 조금씩 다를 수 있다. 리셋 버튼을 찾아서 누르면 프로그램이 처음부터 다시 시작된다. tone() 스케치를 loop() 함수에 입력하면 음악이 계속 나온다. tone() 함수를 테스트할 때는 setup() 함수에 넣어서 실습하는 것이 편리할 수도 있다.

**그림 3.17** 아두이노 리셋 버튼

# 04 아날로그 입력

PWM 방식으로 LED의 밝기를 점점 밝게 하거나 점점 어둡게 제어하는 것과 부저로 음악을 만드는 것은 아날로그 출력에 해당한다.

아날로그 데이터는 자연에서 발생하는 데이터로, 대부분의 센서 값은 연속형 데이터로 이루어진 아날로그 데이터이다. 조도센서, 온도센서는 대표적인 아날로그 값이다. 그러나 반도체 소자를 이용하여 디지털 값으로 변환하여 사용하는 센서도 있다. 이번 절에서는 가변저항기를 이용해서 아날로그 값을 입력하는 실습을 해보도록 하자.

가변저항기는 그림 3.18(a)와 같고 가변저항기의 내부 구조는 그림 3.18(b)와 같다. 가변저항기의 내부는 저항 물질이 둥글게 연결되어 있다. 가변저항기의 가운데 손잡이(와이퍼, wiper)를 돌려서 1~2번 사이가 가까워지면 2~3번 사이가 멀어지고 2~3번 사이의 저항 값이 증가한다. 이와 같이 저항 물질의 길이 변화에 따라 저항 값이 변한다.

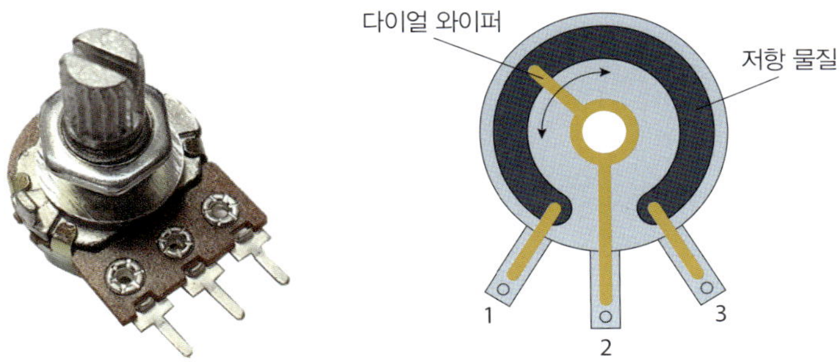


(a) 가변저항기 (b) 가변저항기 원리

**그림 3.18** 가변저항기와 원리

아두이노에서 아날로그 값을 읽는 함수는 analogRead()를 사용한다. 아두이노는 입력된 전압의 크기를 10비트, 즉 1~1023의 정수 값으로 대응시킨다. 전압의 크기가 5V이면 입력 값은 1023이 된다.

표 3.1 전압의 크기에 대응되는 정수 값

| 전압 | 아두이노 입력 값 |
|---|---|
| 0V | 0 |
| 5V | 1023 |

그림 3.19는 가변저항기의 손잡이를 돌릴 때 전압의 변화를 나타내는 그림이다. 가변저항기의 손잡이의 위치에 따라 전압이 달라지는 것을 볼 수 있다. 손잡이를 반시계 방향으로 돌리면 전압이 0V가 걸리게 되고 아두이노의 입력 값은 '0'이 된다. 반대로 손잡이를 시계 방향으로 돌리면 전압이 5V가 걸리게 되고 아두이노의 입력 값은 1023이 된다. 손잡이가 가운데 위치하면 전압에 따라 값이 달라지는 것을 알 수 있다. 가변저항기 값의 변화는 스케치를 업로드 한 후 시리얼 모니터를 열어서 볼 수 있다.

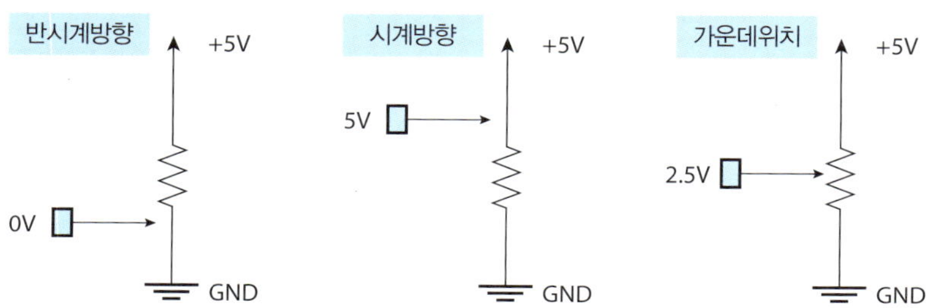


그림 3.19 손잡이의 위치에 따른 전압의 변화

아두이노에서 아날로그 입력 값을 읽을 수 있는 핀은 A0부터 A5까지 핀으로 정해져 있다. 아날로그 값을 입력 받기 위해서 ADC 기능을 사용한다. ADC(Analog to Digital Converter)는 아날로그 신호 값을 디지털로 변환하여 사용할 수 있게 하는 기능이다. 아날로그 입력 값은 연속적인 신호인데 이 신호를 디지털로 변환하여 MCU에서 사용하는 장치이다.

그림 3.20 아날로그 입력 핀

## 가변저항기 값 읽어오기

### 회로 만들기

가변저항기는 세 개의 다리가 있다. 가변저항기의 (+)와 (−)가 바뀌어도 값을 읽을 수 있다. (+)와 (−)를 반대로 연결해도 회로에 오류는 없고 숫자가 커지거나 작아지는 것이 반대로 나타난다. 이번 실습에서는 그림 3.18을 참고하여 가변저항기의 1번 다리는 아두이노의 5V에 연결하고 3번 다리는 아두이노의 GND에 연결한다. 나머지 가운데 다리는 A0에 연결한다. 가변저항기의 1번과 3번 다리의 위치가 바뀌어도 에러는 나지 않으나 값의 범위가 달라진다. 가운데 선만 A0에 정확하게 연결하면 테스트는 가능하다.

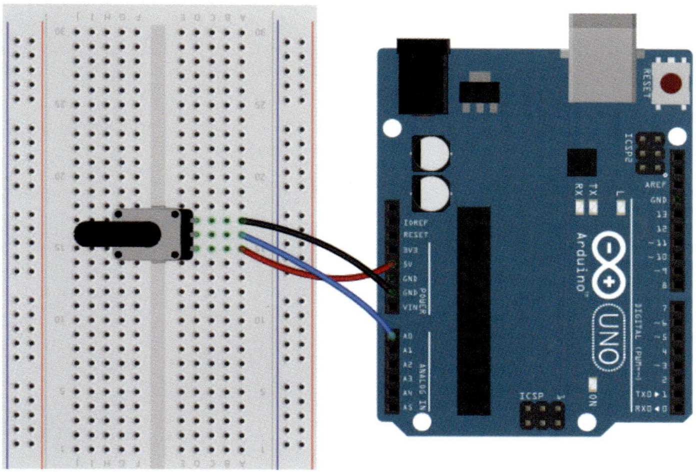


**그림 3.21** 가변저항기 연결 모습

### 스케치 작성하기

가변저항기로 입력되는 값은 시리얼 모니터로 확인해 볼 수 있다.

**스케치 3-5** 가변저항기 테스트

```
void setup() {
    Serial.begin(9600);        // 시리얼 통신 시작
}
void loop() {
    int a = analogRead(A0);    // A0에서 아날로그 값 읽기
    Serial.println(a);         // 시리얼 모니터에 출력
    delay(100);
}
```

**[스케치 설명]**

```
Serial.begin(9600);
```

- 시리얼 통신을 시작하고 통신속도는 9600bps로 설정한다.

```
analogRead(A0);
```

- analogRead(핀 번호);
- 지정한 아날로그 핀에서 입력 값을 읽는다. 아두이노 우노 보드는 6개의 핀을 사용할 수 있다. 10비트의 값을 읽는다. 0에서 5V 사이의 입력 전압을 0에서 1023 사이의 정수 값으로 대응시킨다.

```
Serial.println(a);
```

- 시리얼 모니터에서는 데이터가 ASCII 텍스트로 표시된다. Serial.println()은 값을 (ASCII 13 또는 '\ r')로 표시하므로 다음 줄에 표시된다.

### 스케치 업로드하기

스케치를 업로드 한 후 가변저항기를 이용하여 시리얼 모니터에 값을 읽어보자. 가변저항기를 올리면서 값이 변화하는 것을 살펴보자.

**그림 3.22** 시리얼 모니터 버튼

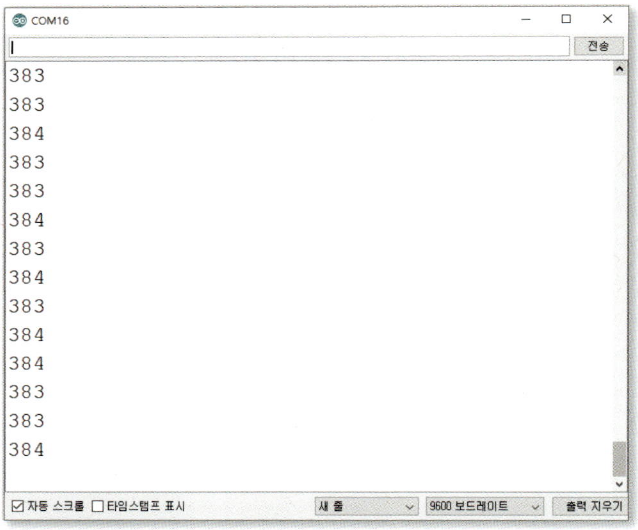


**그림 3.23** 시리얼 모니터에 표시된 값

그림 3.24 가변저항기 테스트 모습

### 가변저항기를 이용하여 LED 밝기 제어

가변저항(Potentiometer)을 연결하고 LED를 연결하여 밝기를 제어해보자.

#### 회로 만들기

그림 3.25와 같이 가변저항기 회로에 LED를 연결한다. 가변저항기는 A0에 연결하고 LED는 13번 핀에 연결한다.

그림 3.25 가변저항기와 LED 연결 모습

### 스케치 작성하기

가변저항기를 돌리면서 값이 변하면 delay() 값을 변화시켜 LED를 켰다 껐다 할 수 있는 스케치이다. LED를 켜고 끄는 시간을 조정하여 LED의 밝기를 제어하는 방법이다. 즉 delay()의 값이 커지면 LED가 어두워지고 delay() 값이 작아지면 LED가 밝아진다.

**스케치 3-6 가변저항기 값을 읽고 LED로 보내기**

```
int ledPin = 13;                // LED는 13번 핀에 연결
int val = 0;                    // 읽은 아날로그 값을 저장하는 변수
void setup() {
    pinMode(ledPin, OUTPUT);    // ledPin 핀을 OUTPUT으로
}
void loop() {
    val = analogRead(A0);       // A0에서 값을 읽음
    digitalWrite(ledPin, HIGH); // ledPin을 켬
    delay(val);                 // 잠시 프로그램을 중단
    digitalWrite(ledPin, LOW);  // ledPin을 끔
    delay(val);                 // 잠시 프로그램을 중단
}
```

#### [스케치 설명]

```
int ledPin = 13;
```

- LED를 13번 핀에 연결한다.

```
val = analogRead(A0);
```

- 변수 val에 analogRead(A0)로 읽은 값을 저장한다.

```
digitalWrite(ledPin, HIGH);
```

- 디지털 값으로 'HIGH'를 입력하여 LED를 켠다.

```
digitalWrite(ledPin, LOW);
```

- 디지털 값으로 'LOW'를 입력하여 LED를 끈다.

```
delay(val);
```

- val에 저장된 값을 delay 시간 값으로 적용한다. val값에 따라 LED의 밝기가 제어된다.

### 스케치를 업로드하고 테스트하기

스케치를 업로드하고 테스트 해보자.

**그림 3.26** 가변저항기 테스트 모습

## 조도센서(CDS)를 이용하여 조도 측정하기

빛의 밝기를 측정하는 센서를 이용하는 전자 장치는 우리 주변에서 자주 볼 수 있다. 도로의 가로등은 주변이 어두워지면 자동으로 켜지고 다시 새벽이 되어 거리가 밝아지면 꺼진다. 자동차의 전조등도 주변이 어두워지면 자동으로 켜지는 기능이 있다.

아두이노에서 빛을 측정하는 센서로 자주 사용하는 것은 CDS 조도센서이다. CDS는 cadmium sulfide(황화카드뮴)의 약자이며, 빛이 많이 들어오면 저항이 작아지고 빛이 적게 들어오면 저항이 커지는 성질이 있다. 이 저항 성질을 이용하여 조도를 측정하는 센서로 활용된다. 즉 CDS 조도센서는 빛의 양에 따라 저항의 크기가 달라지는 저항형 센서이다. 극성이 없어서 음극과 양극을 구별하지 않아도 되며 10kΩ 저항과 함께 사용한다.

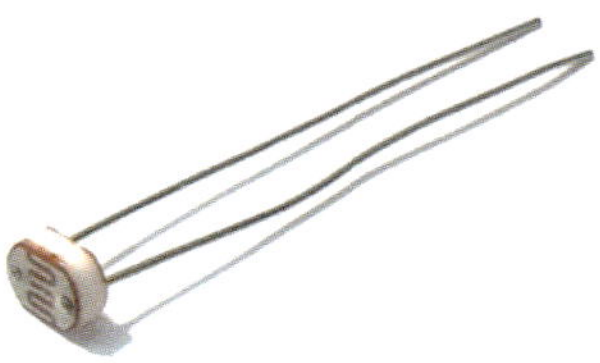

(a) CDS 조도센서

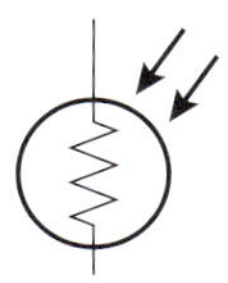

(b) 조도센서 기호

**그림 3.27** 조도센서

다음 예제에서는 방 안의 조도를 측정해본다.

### 회로 만들기

**준 | 비 | 물**

조도센서, 저항 10kΩ, 점퍼선, 아두이노

조도센서에서 입력되는 값은 아날로그 값이므로 센서의 입력 핀은 A0~A5를 사용한다. 이번 예제에서는 A0 핀을 사용한다. 조도센서는 극성이 없으므로 (+)극과 (−)극을 바꾸어 연결해도 오류가 나지 않는다. 다음 그림 3.28의 조도센서 회로를 보면 조도센서는 저항형 센서이고 10kΩ 저항과 함께 회로를 구성한다.

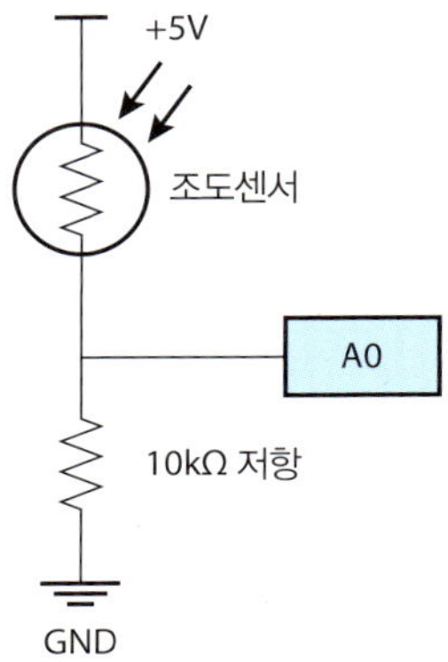


**그림 3.28** 조도센서 연결 회로도

A0 입력 핀에서 측정되는 전압은 다음 식으로 표현할 수 있다.

$$\text{A0 단자전압} = \frac{10\text{k}\Omega}{\text{광센서저항} + 10\text{k}\Omega} \times 5\text{V}$$

조도센서와 10kΩ 저항의 비율에 따라 분배된 전압이 A0 핀에 걸리는 전압이다. 이 전압의 크기에 따라 'A0' 입력 핀에 입력되는 값이 달라진다. 예를 들어 빛이 너무 밝아서 저항이 거의 없으면 'A0'에 5V 전압이 걸리게 되고 값은 '1023'이 된다. 반대로 너무 어두워 저항이 너무 크면 'A0'에 0V 전압이 걸리게 되고 값은 '0'이 된다. 조도센서의 회로는 그림 3.29와 같다.

조도센서의 한쪽 다리에 저항을 연결하고 GND에 연결한다. 조도센서의 나머지 다리는 5V에 연결한다. 가운데 부분은 A0에 연결하고 데이터를 입력 받는 핀이 된다.

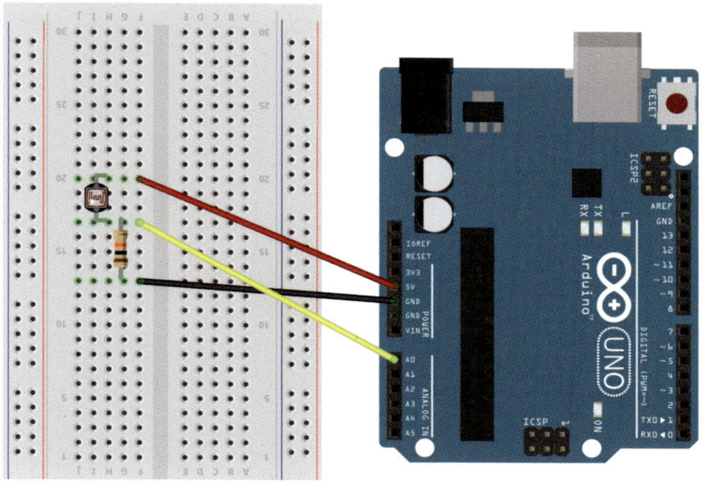


**그림 3.29** 조도센서와 아두이노의 연결 모습

### 스케치 작성하기

조도센서로 빛의 밝기를 읽을 때는 analogRead() 함수를 사용한다. 그리고 시리얼 모니터에서 입력한 값을 읽기 위해서 Serial.begin()을 setup() 함수에 입력한다. Serial.begin() 함수는 주로 Serial.begin(baud)와 같이 시리얼 통신속도를 나타내는 정수값(baud)을 인자로 갖는데, 아두이노에서 시리얼 통신속도는 주로 9600baud를 사용한다. baud는 '보드' 또는 '보드레이트'라고 읽으며, 9600baud는 1초에 9600 비트의 데이터를 주고받을 수 있는 통신속도라는 뜻이다.

**스케치 3-7** 조도센서 값 읽기

```
void setup() {
    Serial.begin(9600);                      // 9600보드레이트로 시리얼 통신 시작
}
void loop() {
    int sensorValue = analogRead(A0);        // 아날로그 값 읽기
    Serial.println(sensorValue);             // 시리얼 포트로 출력
    delay(200);                              // 0.2초 동안 기다림
}
```

### [스케치 설명]

```
Serial.begin(9600);
```

- 9600 보드레이트(Baud Rate) 속도로 시리얼 통신을 시작한다. 9600 보드레이트는 1초에 9600 비트를 주고받겠다는 뜻이다.

```
int sensorValue
```

- 아날로그 입력 값을 저장하기 위한 정수형 변수를 선언한다.

```
int sensorValue = analogRead(A0);
```

- A0 핀에서 읽은 값을 변수 'sensorValue'에 저장한다.

```
Serial.println(sensorValue);
```

- 입력 핀에서 읽은 값을 저장한 sensorValue 값을 시리얼 모니터에 표시한다.

### 업로드하고 시리얼 모니터 열기

스케치가 완성되면 아두이노에 업로드한 다음 시리얼 모니터를 연다.

그림 3.30 시리얼 모니터 버튼

### 테스트 확인하기

스케치를 업로드하고 시리얼 모니터에서 조도 값을 확인해보자. 손으로 조도센서를 가리고 값이 변하는지 확인해보자.

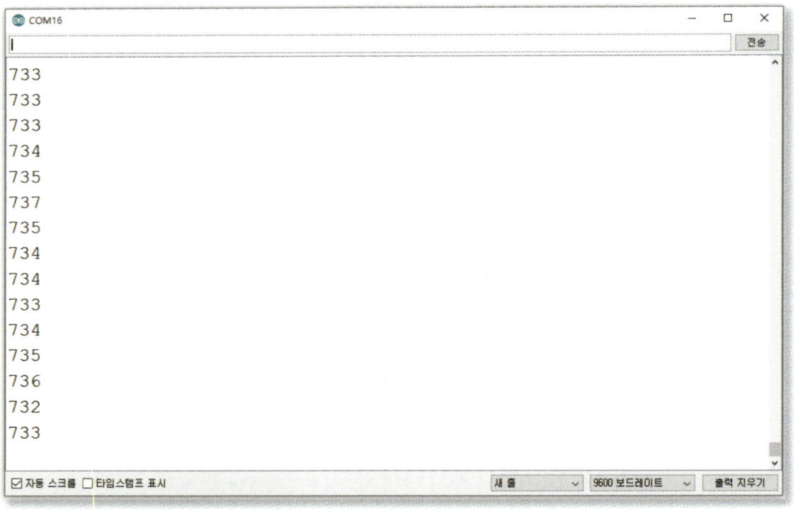


그림 3.31 조도센서 값을 시리얼 모니터에 표시

**그림 3.32** 조도센서 테스트 모습

### [실습] 조도에 따라 LED 제어하기

거리의 가로등은 어두운 밤에는 자동으로 켜지고 날이 밝으면 자동으로 꺼진다. 조도센서를 이용하여 가로등을 만들어 보자.

#### 회로 만들기

> **준 | 비 | 물**
>
> 조도센서, 저항 10kΩ, LED, 점퍼선, 아두이노

조도센서 연결 방법은 앞의 실습과 동일하게 만들면 된다. LED 연결은 저항 220Ω을 사용하여 GND와 핀 번호에 연결한다. 이번 실습에서는 LED 출력 핀을 4번에 연결하였다. 그림 3.33은 조도센서와 LED를 연결한 회로이다.

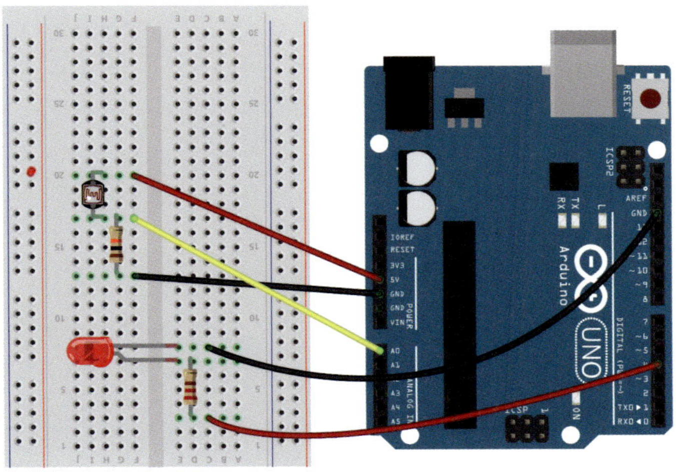


**그림 3.33** 조도센서와 LED 회로

### 스케치 작성하기

조도센서로 빛의 밝기를 읽을 때는 analogRead() 함수를 사용하고 LED를 제어할 때는 digitalWrite()를 사용한다. 시리얼 모니터와 통신하기 위하여 Serial.begin()을 setup() 함수에 입력한다.

LED를 제어하기 위해서 조도센서의 값이 얼마일 때 LED를 켜거나 끌 것인지 결정해야 한다. 이번 실습에서는 조도 값을 결정하기 위해서 조도센서가 밝을 때와 어두울 때 값을 측정한 후 평균값으로 정하였다.

**스케치 3-8 조도 값에 따라 LED 제어하기**

```
void setup() {
    Serial.begin(9600);                    // 9600보드레이트로 시리얼 통신 시작
    pinMode(4, OUTPUT);
}
    void loop() {
        int sensorValue = analogRead(A0);          // 아날로그 값 읽기
        Serial.println(sensorValue);               // 시리얼 포트로 출력
        if (sensorValue > 700) digitalWrite(4, LOW);
        else digitalWrite(4, HIGH);
        delay(200);                                // 0.2초 동안 기다림
}
```

### [스케치 설명]

`Serial.begin(9600);`

- 시리얼 통신으로 데이터를 읽기 위해 Serial.begin(9600);에서 통신속도를 설정한다.

`int sensorValue;`

- 아날로그 입력 값을 저장하기 위해 정수형 변수를 선언한다.

`if (sensorValue > 제어 값)`

- sensorValue의 값이 제어 값 보다 클 때 다음 명령을 실행하는 의미이다. 제어 값의 숫자는 테스트 과정에서 밝을 때와 어두울 때를 측정하여 계산한 평균값을 사용하였다. 이 값은 설계에 따라 변경될 수 있다.

`else`

- if() 값이 참이 아닐 때 실행하는 명령어이다.

`//delay(200);`

- '//'는 주석문이기 때문에 실행되지 않는다. 프로그램 작성 중 실행시키지 않을 부분은 '//'으로 실행을 중단 시킬 수 있다.

### 스케치를 업로드하고 테스트하기

조도센서를 손으로 가려서 LED가 켜지고 꺼지는지 확인해본다.

**그림 3.34** 조도센서와 LED 테스트 모습

# [요약]

- 아두이노에서는 PWM 방식을 이용하여 아날로그 출력 값을 제어할 수 있다.
- LED의 밝기를 PWM 펄스 폭을 조절하여 제어할 수 있다.
- LED의 밝기를 256단계로 조절할 수 있다.
- 아두이노에서 PWM을 사용할 수 있는 번호는 ~3, ~5, ~6, ~9, ~10, ~11번이다.
- 수동 부저는 내장된 회로가 없어 주파수 제어가 가능하다.
- 수동 부저를 이용하여 '도', '레', '미'와 같은 음을 만들 수 있다.
- tone() 함수를 이용하여 부저 소리를 낼 수 있다.
- tone() 함수를 void loop() 함수에 입력하면 반복해서 소리가 계속 난다.
- 아두이노의 리셋 버튼을 누르면 프로그램이 처음부터 다시 작동된다.
- 아날로그 데이터는 자연에서 발생하는 데이터이다.
- 조도센서, 온도센서는 아날로그 값을 읽는 센서이다.
- 가변저항기는 가운데 손잡이를 돌려 저항 값을 증가키시거나 감소시킨다.
- 아날로그 값을 읽는 함수는 analogRead()이다.
- 아두이노에서 입력된 아날로그 값을 읽으려면 시리얼 모니터를 이용한다.
- 가변저항기의 입력 값을 delay() 값으로 저장하여 LED 밝기를 제어할 수 있다.
- CDS 조도센서는 빛이 많이 들어오면 저항이 작아지는 성질을 이용한 센서이다.
- CDS 조도센서와 LED를 이용하여 어두울 때 자동으로 켜지는 가로등을 만들 수 있다.

# [연습문제]

**01.** (참/거짓) 아두이노 우노 보드의 아날로그 데이터 입력 핀은 A0부터 A5까지 6개이다.

**02.** (참/거짓) 아두이노에서 PWM 방식으로 디지털 신호를 아날로그 신호로 만들어낸다.

**03.** (참/거짓) tone() 함수는 항상 loop() 함수 내에 입력해야 한다.

**04.** 다음 설명 중 잘못된 것은?

❶ 아두이노에서 PWM 방식으로 LED의 밝기를 제어할 수 있다.

❷ PWM 방식은 아날로그 입력 데이터이다.

❸ CDS 조도센서는 빛이 많이 들어오면 저항이 커지는 성질을 이용한 센서이다.

❹ CDS 센서는 10kΩ 저항을 사용한다.

**05.** 아날로그 입출력 설명 중 잘못된 것은 무엇인지 하나만 고르시오.

❶ analogWrite(13, 255)에서 255는 0에서 255까지 정수로 설정할 수 있다는 의미이다.

❷ 아두이노에서 PWM을 사용할 수 있는 핀은 13개가 있다.

❸ analogWrite(13, 127)은 출력되는 5V 전압의 펄스 간격이 50%인 경우이다.

❹ 아두이노에서 아날로그 입력 값은 10비트 크기를 정수값으로 읽는다.

**06.** 다음 설명 중 잘못된 것을 하나만 고르시오.

❶ 아두이노에서 아날로그 입력 값은 시리얼 모니터에서 확인할 수 있다.

❷ 가변저항기의 손잡이를 돌릴 때 전류의 변화에 따라 값이 달라진다.

❸ 조도센서의 밝기에 따라 LED를 제어할 때 if()문을 이용하면 반복하여 명령을 실행할 수 있다.

❹ tone() 함수를 이용하여 부저의 주파수 제어가 가능하다.

07. 다음 가변저항기의 입력 값을 나타낸 표이다 (1)번과 (2)번에 들어갈 값은?

| 전압 | 아두이노 입력 값 |
|---|---|
| 0V | (1) |
| 5V | (2) |

08. 아두이노에서 PWM은 어떤 뜻인지 설명하시오.

09. 능동 부저와 수동 부저의 차이점은 무엇인가?

10. 아두이노에서 PWM을 사용할 수 있는 핀 번호는 무엇인가?

11. 아두이노에서 프로그램을 처음부터 다시 실행시키는 방법은?

12. 조도센서에서 측정한 값을 읽는 방법은?

13. 가변저항기의 손잡이를 돌리면 입력 값이 달라진다. 가변저항기의 입력 값에 따라 부저의 주파수를 변화하는 스케치를 작성하시오.

04

# 센서 제어하기

**학습목표**

- 아날로그 온도센서(LM35)의 회로를 구성하여 실내 온도를 측정할 수 있다.
- 디지털 온습도 측정을 위한 라이브러리를 설치하고 예제를 사용할 수 있다.
- 초음파(ultrasound)센서를 이용하여 가까운 거리를 측정할 수 있다.
- 적외선 리모컨 신호에 따라 LED를 제어할 수 있다.

**학습내용**

- 아날로그 온도센서(LM35)
- 디지털 온습도센서(DHT11) - DHT11 라이브러리 설치
- 아날로그 초음파센서
- 적외선 리모컨 송수신

이 장에서는 센서 제어에 대해서 설명한다. 자연에서 생성되는 대부분의 신호는 아날로그 형태의 신호이다. 자연의 데이터를 센서를 이용하여 측정할 수 있으며 방 안의 온도를 측정하는 것도 간단한 온도센서로 가능하다. 이 장에서는 아날로그 온도센서와 디지털 온도센서를 이용하여 방 안의 온도를 측정하는 실습을 한다. 그리고 초음파센서로 거리를 측정하는 실습을 하고 적외선 리모콘 송수신을 이용하여 적외선 신호에 따라 LED를 제어하는 실습을 한다.

# 01 아날로그 온도센서(LM35)

아두이노는 디지털 입력과 출력을 제어할 수 있으며, 아날로그 입력과 출력도 제어할 수 있다. 그래서 다양한 센서들을 사용할 수 있다. 디지털 입력 신호뿐만 아니라 아날로그 입력 신호도 쉽게 처리할 수 있다. 디지털 입력 값은 digitalRead() 함수를 이용해서 값을 읽는다. 그리고 아날로그 입력은 analogRead() 함수를 이용하여 아날로그 입력 신호를 처리한다. 이번 실습은 여러 가지 센서들을 이용하여 센서 입력 데이터를 처리하는 방법을 실습한다.

아날로그 온도센서 LM35는 브레드보드에 저항 연결 없이 바로 사용할 수 있는 온도센서이다. 아두이노의 아날로그 입력 핀에 연결하여 온도를 측정(−55°에서 150°까지 측정 가능)하고, 아두이노 시리얼 모니터에 입력된 온도를 나타낼 수 있다. 그리고 4~20V 전압에서 제어할 수 있다. 아두이노는 작동 공급 전압이 5V이므로 온도센서의 출력값을 읽을 수 있다.

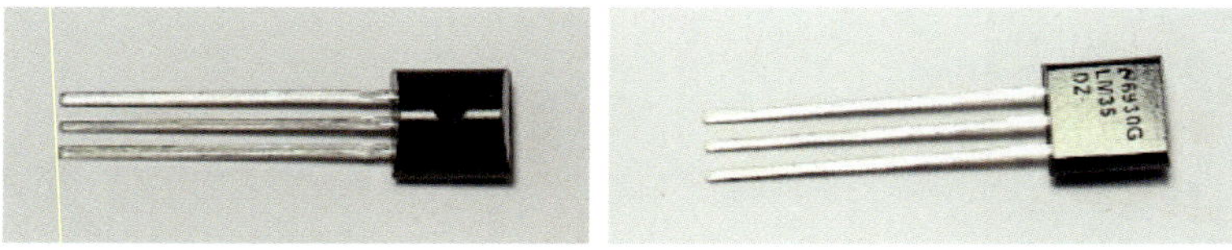


그림 4.1 LM35 온도센서의 앞면과 뒷면

## 회로 만들기

LM35는 내부에 저항을 따로 연결하지 않고 선을 바로 연결하면 된다. LM35의 오른쪽 다리는 아두이노의 GND에 연결하고 왼쪽 다리는 아두이노의 5V에 연결한다. 가운데 신호선은 아날로그 입력 핀 중 A0에 연결한다. A0부터 A5까지 다른 핀에 연결해도 된다.

그림 4.2 LM35 연결 핀 설명

아래 그림 4.3은 아두이노와 연결된 모습이고 그림 4.4는 이를 회로도로 나타낸 것이다.

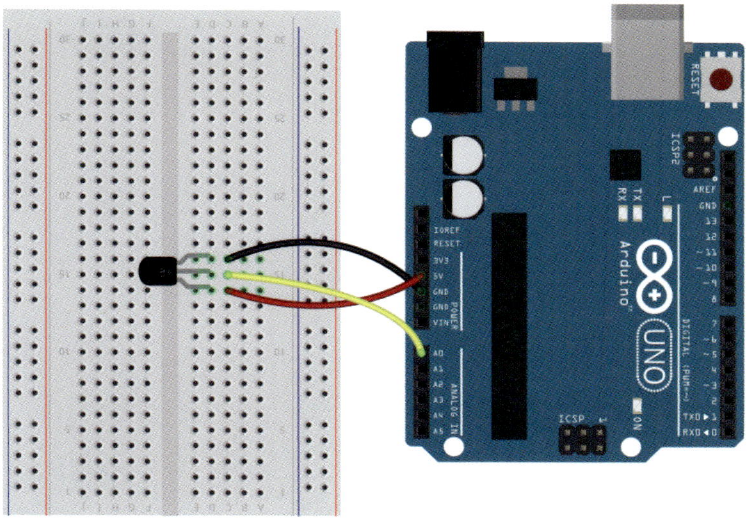


그림 4.3 LM35 연결 모습

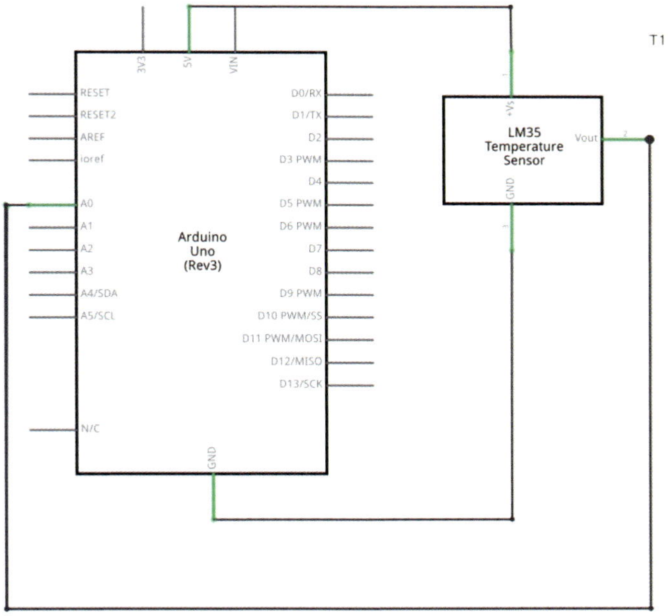


그림 4.4 LM35를 연결한 회로도

## 스케치 작성하기

**스케치 4-1** **온도 측정하기**

```
// LM35 온도 측정
int Pin = A0; // 입력 핀
int reading;
float tempC;

void setup() {
    Serial.begin(9600);          // 시리얼 통신속도 설정
}

void loop() {
    reading = analogRead(Pin);   // 센서 값을 읽어옴
    tempC = (5.0*reading*100.0)/1024.0;
    Serial.print(tempC);         // 센서 값을 섭씨온도로 변환(LM35 계산 공식에 의함)
    Serial.println(" 도");
    delay(1000);                 // 온도 측정 간격 설정(1000은 1초)
}
```

아래 수식은 LM35 온도 계산 공식이다.

$$\mathrm{tempC} = \frac{5.0 \times \mathrm{analogRead(Pin)} \times 100.0}{1024}$$

스케치를 완성하고 아두이노에 업로드한 후 시리얼 모니터에서 온도 값을 확인해보자.

그림 4.5 LM35 테스트 모습

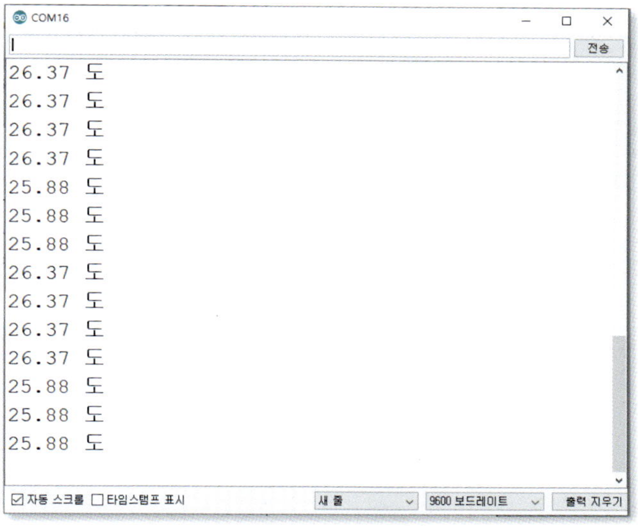


**그림 4.6** LM35 온도센서 특정 값이 시리얼 모니터에 표시된 모습

# 02 디지털 온습도센서

**준 | 비 | 물**

DHT11 온습도센서 모듈, 점퍼선, 브레드보드, 아두이노 우노

일상에서 온도와 습도는 다양한 곳에서 필요한 기능이다. 가정 내에서도 실내의 온도와 습도 조절이 필요하고 식물원, 농장 등에서도 온도와 습도 측정을 하는 것이 중요하다.

DHT11 센서를 이용하여 온도와 습도를 한꺼번에 측정해보자. DHT11 온습도센서는 공기 중의 수분의 양을 측정한다. 공기와 닿는 부분이 구멍이 있어 미세한 수분에 따라 전류의 흐름의 변화로 저항값을 이용하여 습도를 측정한다. 그리고 온도의 변화에 따라 저항값이 변하는 온도센서가 내부에 들어 있어 온도도 한꺼번에 측정할 수 있다.

**DHT11 사양(Specification)**

- 주변 온습도 측정가능
- 온도 측정 범위: 0~50°C
- 습도 측정 범위: 20~90% RH (25°C)

**그림 4.7** DHT11 센서

## 회로 만들기

DHT11 센서는 신호선, 5V, GND에 그림 4.8과 같이 연결하면 된다.

**그림 4.8** 온습도센서 연결 모습

## 스케치 작성하기

DHT11 센서는 소스코드를 사용하기 위해 라이브러리를 설치하여 사용한다. 라이브러리를 설치하기 위해 아두이노 IDE의 메뉴에서 [스케치] → [라이브러리 포함하기] → [라이브러리 관리]를 선택한다.

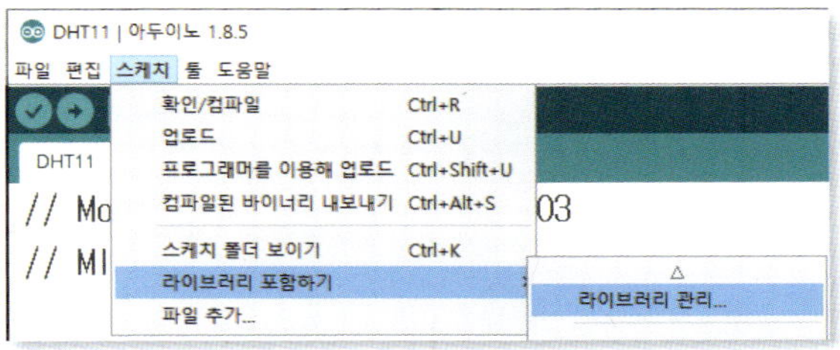


**그림 4.9** 스케치 메뉴에서 라이브러리 포함하기

라이브러리 매니저 창이 나타나면 검색창에서 'dht11'을 입력한다. 라이브러리에서 'DHT11'이 나타나면 '설치'를 클릭하여 라이브러리를 설치한다.

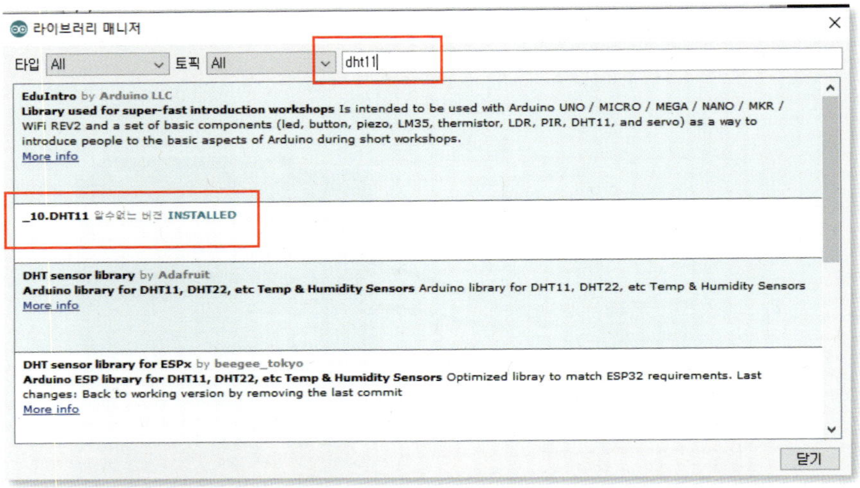


**그림 4.10** 라이브러리 매니저에서 _10.DHT11 추가하기

라이브러리 설치가 완성되면 예제에서 소스코드를 사용할 수 있다. [파일] → [예제] → [_10.DHT11]을 클릭하면 소스코드가 나타난다.

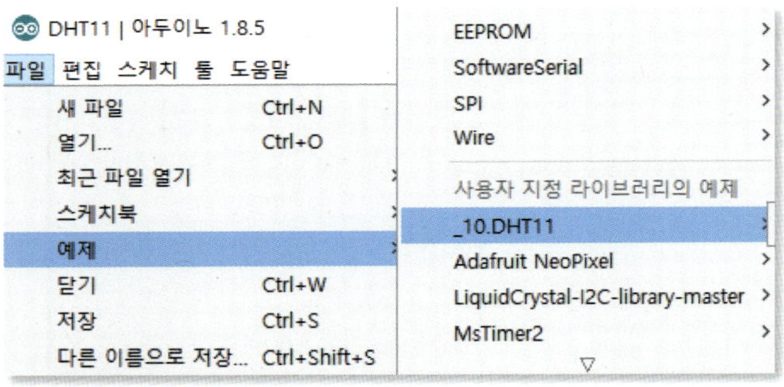


**그림 4.11** 예제 _10.DHT11 선택하기

이 소스코드를 이용하여 DHT11 센서로 입력되는 온도와 습도를 측정할 수 있다. 측정값은 시리얼 모니터에서 확인해볼 수 있다. 예제 스케치는 다음과 같다.

**스케치 4-2** 10.DHT11 스케치

```
Modified by John 2015 11 03
// MIT license

#include "DHT.h"
#define DHTPIN 2
#define DHTTYPE DHT11
```

```
DHT dht(DHTPIN, DHTTYPE);

void setup() {
    Serial.begin(9600);
}
void loop() {
    delay(2000);
    int h = dht.readHumidity();
    int t = dht.readTemperature();
    Serial.print("Humidity: ");
    Serial.print(h);
    Serial.print(" %\t");
    Serial.print("Temperature: ");
    Serial.print(t);
    Serial.println(" C");
}
```

그림 4.12 DHT 센서 테스트 모습

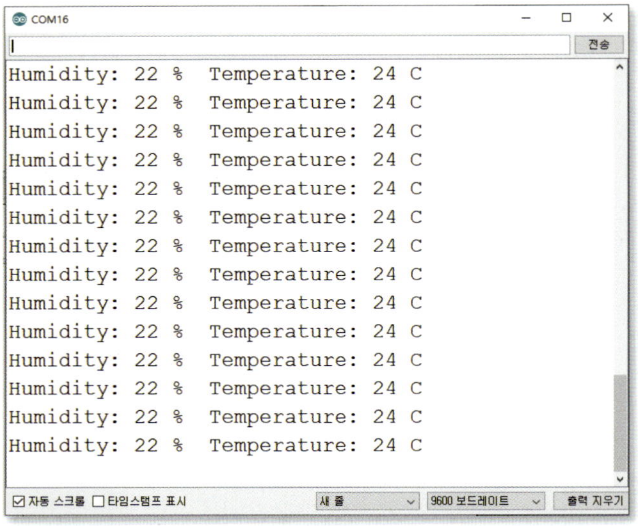


**그림 4.13** 시리얼 창에서 습도와 온도를 확인

# 03 아날로그 초음파센서

초음파(ultrasound)센서는 우리 일상에서 생각보다 자주 볼 수 있다. 병원에서 초음파 진단기로 질병을 진단하고 초음파를 이용하여 세척을 하기도 한다. 그리고 바다에서 고기잡이를 하기 위해 수중 초음파 장비를 사용하기도 한다. 그리고 의료용으로 초음파를 이용하여 신체의 근육, 내부 장기 등을 촬영하여 환자 치료에 도움을 준다. 초음파는 인간이 들을 수 없는 범위의 주파수로 20KHz 이상인 음파를 말한다. 주파수대별 음파의 종류는 그림 4.14와 같다. 사람이 들을 수 있는 주파수 범위는 일반적으로 16Hz에서 20KHz 사이이다. 그 범위를 벗어난 영역 중에 20KHz 이상인 주파수가 큰 쪽은 초음파 범위이고 20Hz 이하의 낮은 쪽은 초저주파 범위이다.

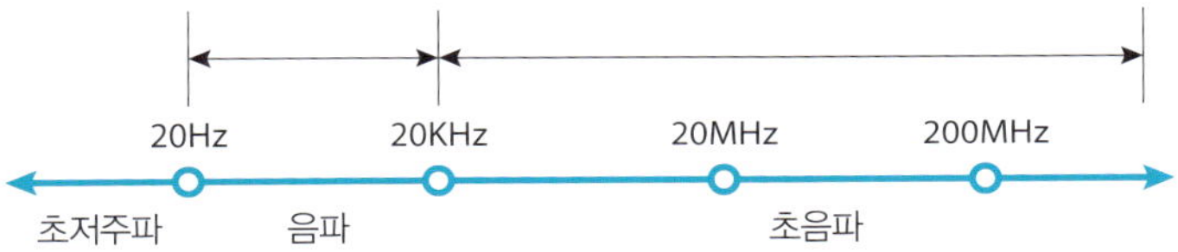


그림 4.14 주파수별 음파의 종류

초음파센서는 신호를 보내는 발신부와 물체에 반사되어 돌아오는 신호를 받는 수신부가 분리되어 있다. 발신부에서 신호를 보내고 반사되어 돌아오기까지 시간을 계산하여 거리를 측정한다. 신호를 보내는 부분이 Trig이고 받는 부분이 Echo 부분이다.

그림 4.15 초음파센서 핀 설명

이 실습에서 사용하는 초음파센서는 HC-SR04 센서이고 송신부와 수신부가 분리되어 있다. 이 센서의 사양은 동작 전압은 5V, 발생한 주파수는 40kHz이다. 측정 거리는 2~400cm 정도 된다. 초음파센서의 감지 거리가 장애물이 있는 경우 더 짧아질 수 있다. 핀은 4개가 있고 5V, GND, Trig, 핀 번호에 연결한다.

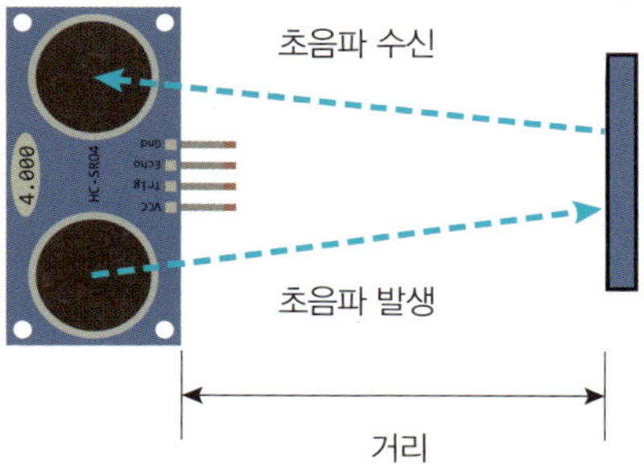


**그림 4.16** 초음파 거리 측정

## 회로 만들기

초음파센서는 4개의 핀이 있다. VCC 부분은 아두이노의 5V에 연결한다. Trig는 2번 핀, Echo는 3번 핀, GND는 GND에 연결한다.

**그림 4.17** 아두이노와 초음파센서의 연결도

## 스케치 작성하기

**스케치 4-3** **초음파센서 스케치**

```
// 출력 핀(trig)과 입력 핀(echo) 연결 설정, 다른 핀을 연결해도 됨

int trigPin = 2;
```

```
int echoPin = 3;

// 시리얼 속도 설정, trigPin을 출력, echoPin을 입력으로 설정

void setup() {
    Serial.begin(9600);
    pinMode(trigPin, OUTPUT);       // 출력 핀으로 설정
    pinMode(echoPin, INPUT);        // 신호를 받는 핀 입력 설정
}
void loop() {
    float duration, distance;
    digitalWrite(trigPin, HIGH);
    delay(10);
    digitalWrite(trigPin, LOW);
    // echoPin이 HIGH를 유지한 시간을 저장
    duration = pulseIn(echoPin, HIGH);
    // HIGH일 때 초음파를 보냈다가 돌아오는 시간을 가지고 거리를 계산
    // 340은 초당 소리의 속도이고 10000은 밀리세컨드를 세컨드로, 왕복 거리이므로 2로 나눔
    distance = ((float)(340 * duration) / 10000) / 2;
    // 시리얼 모니터에 Echo가 HIGH인 시간 및 거리를 표시함
    Serial.print("Duration:");
    Serial.print(duration);
    Serial.print("\nDistance:");
    Serial.print(distance);
    Serial.println("cm\n");
    delay(500);
    }
```

**[스케치 설명]**

```
int trigPin = 2;
int echoPin = 3;
```

- 트리거 핀과 에코 핀 번호를 설정한다.

```
Serial.begin(9600);
```

- 초음파센서의 거리 측정 결과를 시리얼 모니터에 출력하기 위해 시리얼 통신속도를 선언한다.

```
pinMode(trigPin, OUTPUT);
```

- 초음파 트리거 핀을 출력(OUTPUT)으로 설정한다.

```
pinMode(echoPin, INPUT);
```

- 초음파 에코 핀을 입력(INPUT)으로 설정한다.

```
digitalWrite(trigPin, HIGH);
```

- 트리거 신호를 발생시키는 신호이다.

```
duration = pulseIn(echoPin, HIGH);
```

- 에코 핀 포트가 HIGH가 될 때까지의 시간을 측정해준다. 단위는 microseconds이다.

### 초음파로 거리 측정한 결과 보기

스케치를 업로드하고 시리얼 모니터를 실행시킨다.

**그림 4.18** 시리얼 모니터 열기 버튼

앞의 스케치 4-3을 실행하면 다음과 같은 결과가 나타난다.

- Duration: 에코 핀 포트가 HIGH가 될 때까지의 시간을 측정한 값이다. 단위는 microseconds이다.
- Distance: 초음파 측정 거리 결과이다.

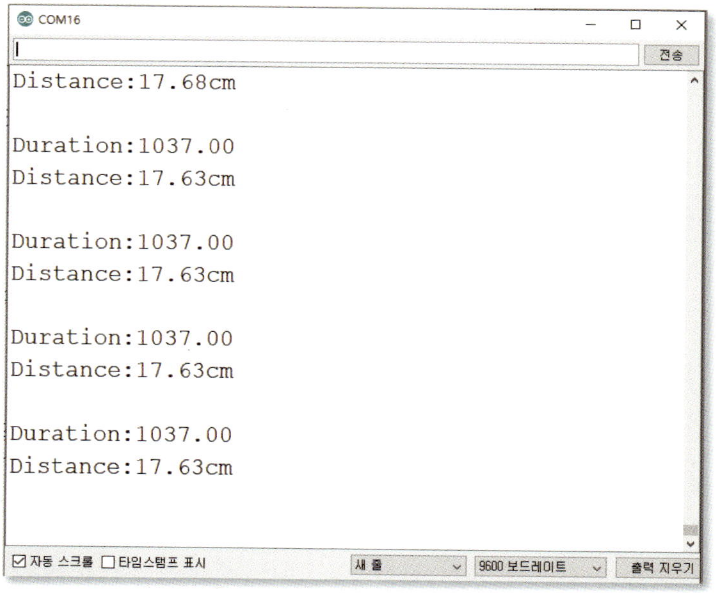


**그림 4.19** 초음파 측정 값 시리얼 모니터 출력 결과

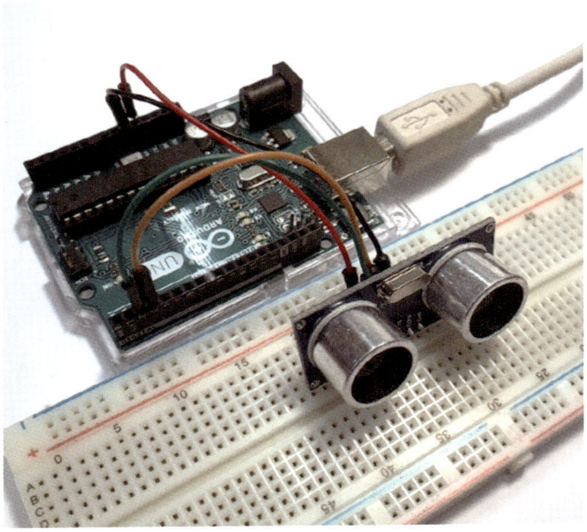

**그림 4.20** 초음파 테스트 모습

# 04 적외선 리모컨 송수신

**준 | 비 | 물**

적외선 리모컨, 리시버 모듈, 3p 듀폰라인

적외선(Infrared Ray Communication) 리모컨(Remote Control)은 일상생활에서 자주 사용하고 있는 전자제품이다. TV를 켜고 끄거나 채널을 바꿀 때 사용하는 리모컨도 적외선 리모컨이고 가정에서 사용하는 에어컨이나 다른 전자 기기를 제어할 때도 적외선 리모컨을 사용하고 있다. 적외선 리모컨은 전자기파를 이용하며 제품마다 고유의 값으로 통신하고 있어 중복되지 않게 사용할 수 있다. 적외선은 사람 눈에 보이지 않으나 적외선을 발생할 때 LED를 켜서 눈으로 보이는 것처럼 만들 수도 있다.

적외선 통신의 특징은 근거리 통신용이며 주파수는 38kHz를 사용한다는 것이다. 적외선 리모컨은 적외선 신호를 만들어 내는 발광 다이오드(Light Emitting Diode)와 적외선 신호를 받아들이는 수광 다이오드(受光素子, Photodiode)가 한 쌍으로 작동한다.

## 적외선 리모컨으로 신호 받기

적외선 리모컨을 이용하여 LED를 제어하는 실습을 해본다. 적외선 리모컨의 버튼을 누르면 LED가 켜지게 하기 위해 먼저 신호 받는 실습을 해보자.

**준 | 비 | 물**

아두이노 보드, 적외선 리시브 센서, 점퍼선, LED

리모컨을 이용하여 적외선 신호를 받아본다. 그리고 신호의 값을 시리얼 모니터에서 확인한다.

### 회로 만들기

리모컨 수신부 회로는 IR 수신 센서를 아두이노에 연결한다. 수신부의 VCC는 아두이노의 5V에 연결하고 GND는 GND에 연결하며 OUT 핀은 11번에 연결한다. 그리고 LED를 연결한다. LED는 리모컨 테스트를 마치고 연결해도 된다.

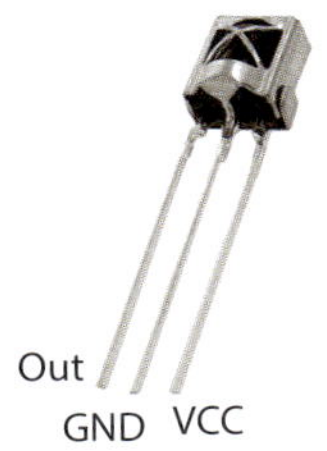


**그림 4.21** 적외선 수신부 센서

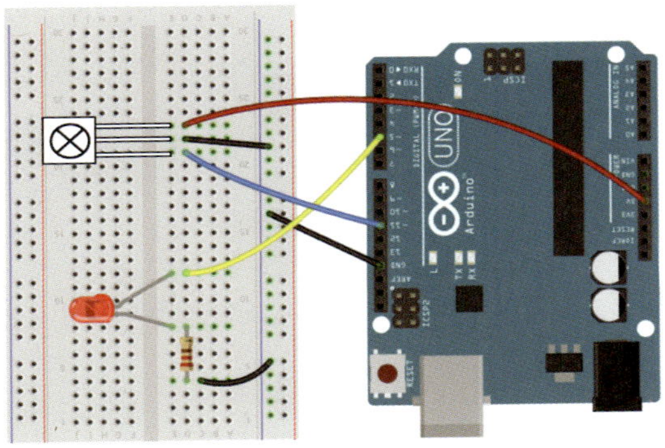


**그림 4.22** 아두이노와 적외선 수신부 연결도

스케치 작성하기

IR 리모컨으로 신호를 보내면 IR 리시버에서 신호를 받아 시리얼 모니터에 표시한다. IRremote 라이브러리를 설치한다. 라이브러리를 설치하면 예제를 바로 사용할 수 있기 때문에 스케치 작성이 편리하다.

메뉴에서 [스케치] → [라이브러리 포함하기] → [라이브러리 관리]를 클릭한다. 라이브러리 매니저 창에서 검색창에 'irremote'를 입력한다. 'IRremote by shirriff' 라이브러리가 나타나면 '설치'를 클릭한다. 그리고나서 라이브러리 창을 닫는다.

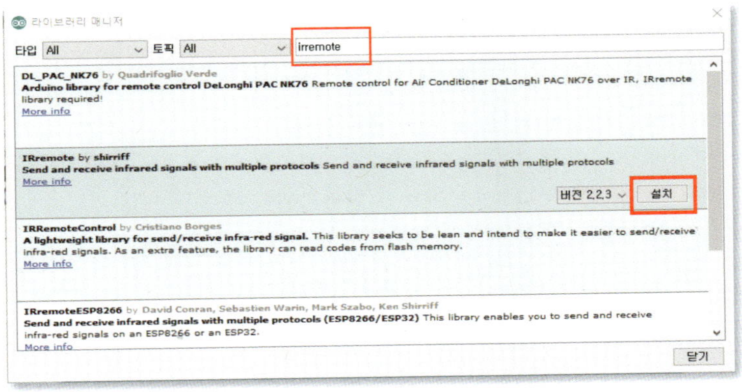


**그림 4.23** IRremote 라이브러리 추가하기

라이브러리 창을 닫고 [파일] → [예제] → [IRremote] → [IRrecvDemo]를 클릭한다.

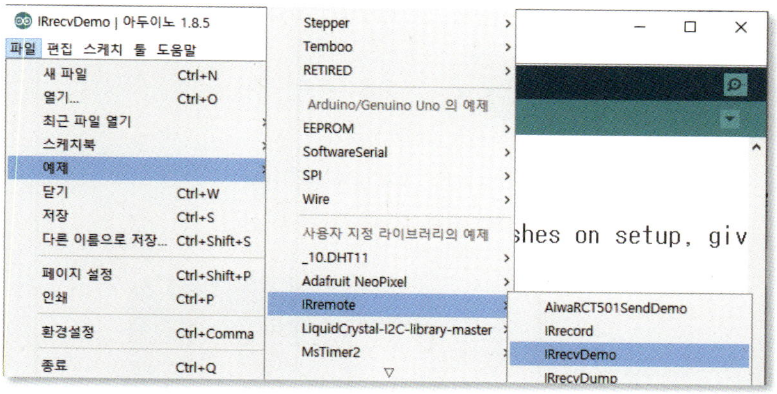


**그림 4.24** IR 예제 열기

다음과 같은 예제가 나타난다. 스케치를 업로드하고 리모컨을 테스트해보자.

**스케치 4-4** **리모트 컨트롤 테스트 예제**

```
/*
 * IRremote: IRrecvDemo - demonstrates receiving IR codes with IRrecv
 * An IR detector/demodulator must be connected to the input RECV_PIN.
 * Version 0.1 July, 2009
 * Copyright 2009 Ken Shirriff
 * http://arcfn.com
 */
#include <IRremote.h>
int RECV_PIN = 11;
IRrecv irrecv(RECV_PIN);
decode_results results;
void setup()
{
    Serial.begin(9600);
    // In case the interrupt driver crashes on setup, give a clue
    // to the user what's going on.
    Serial.println("Enabling IRin");
    irrecv.enableIRIn(); // Start the receiver
    Serial.println("Enabled IRin");
}
void loop() {
    if (irrecv.decode(&results)) {
        Serial.println(results.value, HEX);
```

```
        irrecv.resume(); // Receive the next value
    }
    delay(100);
}
```

**[스케치 설명]**

```
#include <IRremote.h>
```

- 헤더파일 <IRremote.h>을 포함시킨다.

```
int RECV_PIN = 11;
```

- IR 리시버의 핀 번호를 설정한다.

```
IRrecv irrecv(RECV_PIN);
```

- 적외선 수신기 클래스를 선언한다.
- IRrecv: 적외선 수신기 클래스이다.
- RECV_PIN: 적외선 수신기 핀 번호(아두이노와 연결된 핀)이다.

```
decode_results results;
```

- 수신기에서 받은 리모컨의 데이터를 저장하는 클래스이다.

```
irrecv.decode(&results)
```

- 수신기에서 받은 데이터를 주소 값으로 저장한다.

```
Serial.println(results.value, HEX);
```

- 적외선 수신기가 받은 결과 값을 16진수(HEX)로 표시한다.

### 시리얼 모니터에서 결과 값 확인

스케치를 업로드하고 업로드가 완료되면 시리얼 모니터 창을 연다. 시리얼 모니터 창에서 신호가 전달되면 처음에 'Enabling IRin'이 나타난다. 그리고 리모컨의 번호 '1'을 누르면 'FF30CF'가 표시되고 2를 누르면 'FF18E7'이 표시된다. 리모컨에 따라서 번호가 다르게 나타날 수 있기 때문에 리모컨의 결과 값을 확인한 다음 LED 제어 프로그램을 작성한다. 리모컨 번호를 계속 누르고 있으면 'FFFFFF' 값이 나타날 수 있으므로 참고한다.

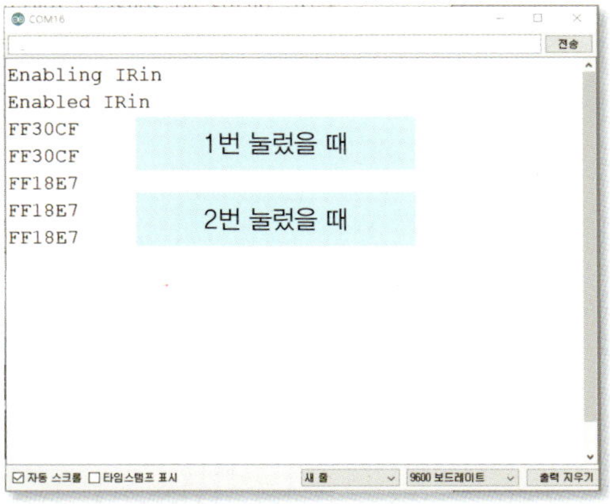


**그림 4.25** 적외선 리모컨으로 번호를 눌렀을 때 시리얼 모니터 창

### 적외선 리모컨으로 LED 제어하기

리모컨의 번호를 눌렀을 때 신호가 나타나는 실습을 성공했으면 리모컨의 번호 1번을 누르면 LED가 켜지고 2번을 누르면 LED가 꺼지는 스케치를 작성하자.

**스케치 4-5** 적외선 리모컨으로 LED 제어하기

```
#include <IRremote.h>
int RECV_PIN = 11;
IRrecv irrecv(RECV_PIN);
decode_results results;
void setup()
{
    Serial.begin(9600);
    // In case the interrupt driver crashes on setup, give a clue
    // to the user what's going on.
    Serial.println("Enabling IRin");
    irrecv.enableIRIn();      // Start the receiver
    Serial.println("Enabled IRin");
    pinMode(5, OUTPUT);       // 핀 모드 설정
}
void loop() {
    if (irrecv.decode(&results)) {
        Serial.println(results.value, HEX);
        irrecv.resume();      // Receive the next value
        if (results.value == 0xFF30CF) digitalWrite(5, HIGH); //1번 LED 켜기
        if (results.value == 0xFF18E7) digitalWrite(5, LOW);  //2번 LED 끄기
    }
}
```

**[스케치 설명]**

```
pinMode(5, OUTPUT);
```

- 핀 모드를 출력으로 설정한다.

```
if (results.value == 0xFF30CF)
```

- 수신부에서 받은 값이 16진수 FF30CF인 것이 참이면, 즉 리모컨 1번을 누르면 LED가 켜지게 만든다.

스케치를 업로드하고 리모컨을 눌러서 LED를 제어해보자.

그림 4.26 리모컨 '1'번을 눌렀을 때(LED 켜짐)

그림 4.27 리모컨 '2'번을 눌렀을 때(LED 꺼짐)

# [요약]

- 아두이노의 아날로그 입력 핀을 이용하여 센서 측정값을 읽을 수 있다.
- 아두이노에서 아날로그 입력은 analogRead() 함수를 사용한다.
- LM35 온도센서는 저항을 사용하지 않는 온도센서이다.
- LM35 온도센서의 신호선은 아두이노의 A0~A5 핀 중 하나에 연결한다.
- DHT11 온습도센서는 온도와 습도를 동시에 측정할 수 있는 센서이다.
- DHT11 온습도센서는 디지털 입력 핀을 이용하여 측정값을 읽는 센서이다.
- DHT11 온습도센서를 사용하려면 DHT11 라이브러리를 설치해야 한다.
- 센서로 측정된 값은 시리얼 모니터에서 읽을 수 있다.
- 초음파는 사람이 들을 수 없는 범위의 주파수로 20KHz 이상이다.
- 초음파(ultrasound) 센서는 발신부에서 신호를 보내고 반사되어 오는 시간을 계산하여 거리를 측정한다.
- 초음파 센서는 수신부와 발신부가 있다.
- 적외선은 가전제품의 리모컨에 자주 사용된다.
- 리모컨에는 수신부 IR 센서가 있어 IR 센서에서 보내는 신호를 받아 읽는다.
- 적외선 리모콘 번호에 따라 신호 값이 다른 것을 이용하여 LED를 제어할 수 있다.

**01.** (참/거짓) 아두이노 우노에서 사용할 수 있는 센서는 오직 아날로그 센서뿐이다.

**02.** (참/거짓) 아두이노에서 디지털 입력 값은 digitalRead() 함수로 읽을 수 있다.

**03.** (참/거짓) 초음파 센서는 신호가 반사되어 오는 시간을 측정하여 거리를 계산한다.

**04.** 다음 센서에 대한 설명 중 잘못된 것을 하나만 고르시오.

❶ LM35 온도센서는 저항을 연결하여 사용하는 센서이다.

❷ LM35 온도센서의 신호선은 A0부터 A5번 중 하나의 핀에 연결한다.

❸ DHT11 센서는 온도와 습도를 동시에 측정하는 센서이다.

❹ DHT11 센서의 값을 읽기 위해서는 dht11 라이브러리를 포함시켜야 한다.

**05.** 다음 설명 중 잘못된 것은?

❶ analogRead() 함수를 사용하기 위해 Serial.begin()을 선언해야 한다.

❷ LM35 센서는 아두이노의 디지털 핀에 연결하여 사용한다.

❸ DHT11 센서는 아두이노의 디지털 핀에 연결하여 사용한다.

❹ digitalRead() 함수는 아두이노의 디지털 핀에 연결된 값을 읽는다.

**06.** 다음 설명 중 잘못된 것을 하나만 고르시오.

❶ 초음파의 범위는 인간이 들을 수 없는 범위의 주파수이다.

❷ 의료 장비에 의료용으로 초음파를 사용한다.

❸ 적외선을 이용한 통신 거리는 수킬로미터 정도 된다.

❹ 적외선은 일상생활에서 가전제품 리모콘에 주로 사용된다.

**07.** 다음 초음파 센서 설명 중 잘못된 것은?

❶ 초음파 센서의 트리거 핀에서 신호를 보낸다.

❷ 초음파 센서의 에코 핀이 수신부이다.

❸ 아두이노용 초음파 센서의 동작 전압은 3.5V이다.

❹ 핀 모드에서 트리거 핀은 출력으로 설정한다.

**08.** 초음파센서는 신호를 보내는 (                    )와 반사되어 돌아오는 신호를 받는 (                    )로 이루어져 있다.

**09.** 적외선 리모콘에서 신호를 만들어 내는 (                    ) 다이오드와 신호를 받아들이는 (                    ) 다이오드 한 쌍으로 구성되어 있다.

**10.** 병원에서 질병을 진단할 때 사용하며 바다에서 고기잡이 할 때도 사용하는 20kHz 이상의 주파수를 이용하는 센서는 무엇일까?

**11.** DHT11 센서가 측정할 수 있는 값은 어떤 것인가?

**12.** 아두이노에서 라이브러리를 추가하는 방법은 무엇인가?

**13.** 초음파센서의 주파수 범위는 무엇인가?

**14.** 자동차가 후진할 때 물체가 가까이 있으면 소리가 나는 것처럼 초음파센서의 거리가 가까워지면 경고음이 나는 프로젝트를 완성하시오.

05

# 7-세그먼트 표시장치

**학습목표**

- 7-세그먼트 표시장치의 구조를 이해한다.
- 공통 양극 타입과 공통 음극 타입을 구별하고 적절하게 코딩할 수 있다.
- 7-세그먼트 표시장치의 회로를 바르게 연결할 수 있다.
- 7-세그먼트 표시장치 제어 코드를 이해하고 적절하게 활용할 수 있다.

**학습내용**

- 7-세그먼트 표시장치의 구조와 유형
- 1자리 7-세그먼트 표시장치에 영숫자 표시
- 푸시버튼을 이용한 출력 문자의 제어
- 멀티플렉싱 기술을 이용한 두 자리 이상의 수 표시
- 4자리 7-세그먼트에 가변저항의 값 출력

이 장은 7개의 선분 형태의 LED를 '8' 모양으로 배치하여 숫자 및 영문 알파벳의 일부를 표시할 수 있는 7-세그먼트 디지털 표시장치의 활용에 대해 설명한다. 공통 핀에 Vcc를 연결하느냐 GND를 연결하느냐에 따라 공통 양극 방식(common anode)과 공통 음극 방식(common cathode)으로 나눌 수 있다. 멀티플렉싱 기술을 이용하여 4자리 7-세그먼트 표시장치에 여러 개의 숫자가 동시에 표시되는 것처럼 보이게할 수 있다. 시리얼 통신을 이용하여 아두이노의 시리얼 모니터와 통신할 수 있다.

# 01 7-세그먼트 표시장치

7-세그먼트 표시장치(7-segment display)는 숫자 혹은 영문 알파벳의 일부를 표시하기 위하여 7개의 선분 형태의 발광 다이오드(LED)를 '8' 모양으로 배치하여 만든 표시장치로 디지털시계, 전자 계량기, 기본 계산기 및 숫자 정보를 표시하는 여러 전자 장치에 널리 사용된다. 하지만 7-세그먼트 표시장치로 표시할 수 있는 문자의 범위는 0에서 9까지의 숫자와 몇 개의 알파벳으로 제한되어 있으며, 시장의 7-세그먼트 디스플레이보다 훨씬 좋은 성능의 표시장치들이 있다. 예를 들어, 시중의 16×2 LCD는 거의 모든 ASCII(아스키) 문자를 표시할 수 있다. 그럼에도 불구하고 7-세그먼트 디스플레이가 여전히 시장에 존재하는 이유는 이 장치가 판매되는 표시장치 중에서 가장 저렴하기 때문이다.

이 장치의 이름은 7-세그먼트이지만 실제로는 그림 5.1과 같이 7개의 선분에 소수점을 표시하기 위한 한 개의 LED가 추가되어 8개의 세그먼트로 구성되어 있다. 숫자나 문자 표시는 8개 LED 세그먼트들 중 일부를 켜거나 끄는 것으로 제어하며 1바이트의 데이터로 구분할 수 있다. 그림 5.1과 같이 표시장치의 직사각형 플라스틱 패키지에는 총 10개의 연결 핀이 있는데 이 중 'a'에서 'g', 그리고 'dp'라는 레이블이 붙어있는 8개의 연결 핀은 표시장치의 각 LED의 위치 세그먼트가 제공되며 나머지 두 개는 서로 연결되어 공통 핀을 형성한다.

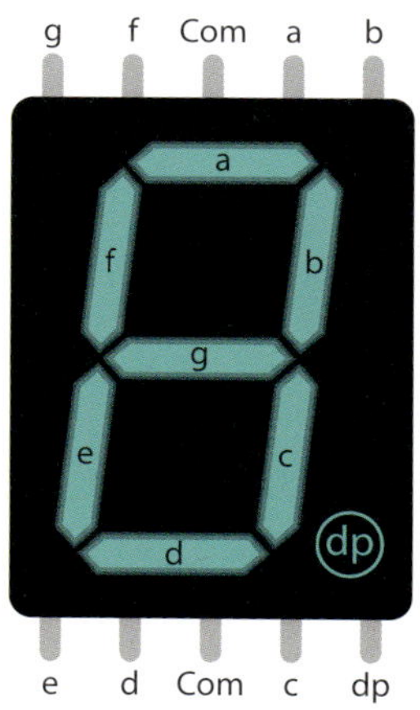


그림 5.1 1자리 7-세그먼트 표시장치

그림 5.2와 같이 7-세그먼트 표시장치의 공통 핀(Com)은 유형에 따라 Vcc에 연결하는 공통 양극 방식(common anode)과 GND에 연결하는 공통 음극 방식(common cathode)의 두 가지 유형이 있다. 공통 양극 방식은 Vcc에 5V의 전원을 연결하고 a에서 g, 그리고 dp핀에 전압을 0V로 설정하면 LED가 켜지고, 5V로 설정하면 LED가 꺼진다. 반대로 공통 음극 방식은 Vcc 대신 GND를 연결하고 a에서 g, 그리고 dp핀에 전압을 5V로 설정하면 LED가 켜지고, 0V로 설정하면 LED가 꺼진다. 7-세그먼트 표시장치를 사용하기 전에 공통 양극 방식인지 공통 음극 방식인지 먼저 확인해야 한다.

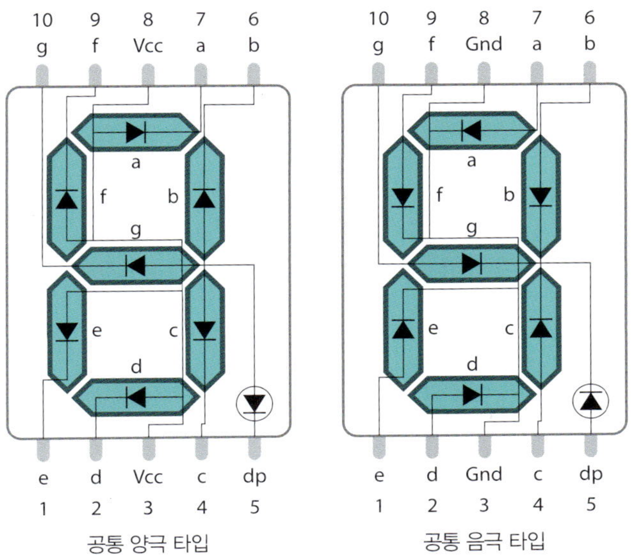


**그림 5.2** 7-세그먼트의 두 가지 유형

공통 음극 방식의 7-세그먼트 표시장치를 이용하여 숫자나 영문자를 표시하기 위한 2진 및 16진 코드는 표 5.1과 같다. 만약 공통 양극 방식으로 회로를 구성한다면 표 5.1의 각 숫자나 문자를 표시하기 위한 디스플레이 코드에서 0은 1로, 1은 0으로 바꾸어주면 된다. 예를 들어 숫자 0을 표시하려고 할 때 공통 음극 방식은 2진 코드로 0b11111100, 16진 코드로 0xFC이지만 공통 양극 방식은 2진 코드로 0b00000011, 16진 코드로 0x03이다. 본 교재에서 7-세그먼트 표시장치에 숫자를 출력하기 위한 모든 실험은 공통 음극 방식을 사용한다.

**표 5.1** 공통 음극 방식의 7-세그먼트 표준 디스플레이 코드

| | D7 | D6 | D5 | D4 | D3 | D2 | D1 | D0 | 16진코드 (C언어) |
|---|---|---|---|---|---|---|---|---|---|
| | a | b | c | d | e | f | g | dp | |
|  | 1 | 1 | 1 | 1 | 1 | 1 | 0 | 0 | 0xFC |
| 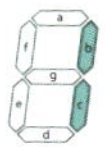 | 0 | 1 | 1 | 0 | 0 | 0 | 0 | 0 | 0x60 |
| 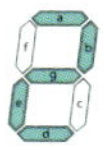 | 1 | 1 | 0 | 1 | 1 | 0 | 1 | 0 | 0xDA |
| 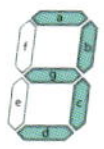 | 1 | 1 | 1 | 1 | 0 | 0 | 1 | 0 | 0xF2 |
| 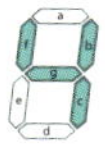 | 0 | 1 | 1 | 0 | 0 | 1 | 1 | 0 | 0x66 |
| 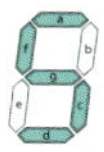 | 1 | 0 | 1 | 1 | 0 | 1 | 1 | 0 | 0xB6 |
| 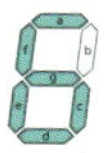 | 1 | 0 | 1 | 1 | 1 | 1 | 1 | 0 | 0xBE |
| 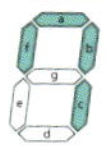 | 1 | 1 | 1 | 0 | 0 | 1 | 0 | 0 | 0xE4 |
|  | 1 | 1 | 1 | 1 | 1 | 1 | 1 | 0 | 0xFE |
|  | 1 | 1 | 1 | 1 | 0 | 1 | 1 | 0 | 0xF6 |
|  | 1 | 1 | 1 | 0 | 1 | 1 | 1 | 0 | 0xEE |
|  | 0 | 0 | 1 | 1 | 1 | 1 | 1 | 0 | 0x3E |
| 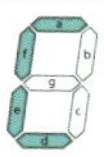 | 1 | 0 | 0 | 1 | 1 | 1 | 0 | 0 | 0x9C |
| 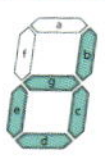 | 0 | 1 | 1 | 1 | 1 | 0 | 1 | 0 | 0x7A |
| 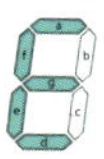 | 1 | 0 | 0 | 1 | 1 | 1 | 1 | 0 | 0x9E |
| 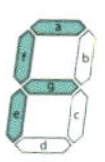 | 1 | 0 | 0 | 0 | 1 | 1 | 1 | 0 | 0x8E |

## 1자리 7-세그먼트 회로 결선

**준|비|물**

아두이노 우노 보드 1개, 1자리 7-세그먼트 1개, 220Ω 저항 9개, 브레드보드 1개, 점퍼선 여러 개

그림 5.3과 같이 공통 음극 방식으로 1자리 7-세그먼트를 아두이노 보드와 회로로 연결해보자. 회로를 구성하기 위하여 1자리 7-세그먼트 한 개와 220Ω 저항 아홉 개, 그리고 점퍼선 여러 개가 필요하다. 먼저 7-세그먼트의 안전한 사용을 위하여 그림 5.3과 같이 각 LED 요소와 GND에 220Ω의 저항을 풀다운(PULL-DOWN) 방식으로 연결한다. 7-세그먼트의 a, b, ..., g 그리고 dp LED 요소는 표 5.2와 같이 아두이노 보드의 디지털 2번 핀부터 디지털 9번 핀까지 차례대로 연결한다.

표 5.2 7-세그먼트와 아두이노의 연결

| 7-세그먼트 | GND | a | b | c | d | e | f | g | dp |
|---|---|---|---|---|---|---|---|---|---|
| 아두이노 | GND | 2 | 3 | 4 | 5 | 6 | 7 | 8 | 9 |

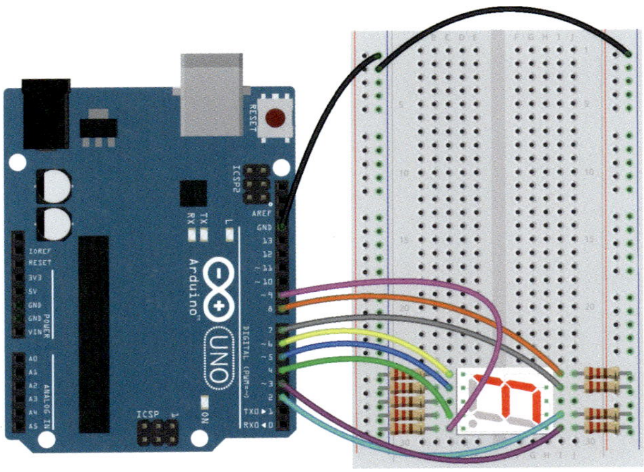

그림 5.3 1자리 7-세그먼트의 연결도

## LED 요소를 차례대로 제어하기

7-세그먼트의 각 LED 요소를 1초마다 하나씩 차례대로 불을 켜는 아두이노 스케치를 작성하여 7-세그먼트 표시장치가 정상적으로 작동하는지 테스트해보자. 그림 5.3은 공통 음극 방식으로 회로가 결선되어 있으므로 각 LED 요소를 제어하기 위하여 제어 핀에 HIGH 값

을 출력하면 불이 켜지고, LOW 값을 출력하면 불이 꺼진다.

실행을 위하여 초기에 7-세그먼트 표시장치의 'a'에서 'g', 그리고 'dp' 레이블의 핀과 연결된 아두이노 보드의 디지털 핀 2번에서 9번까지를 출력(OUTPUT) 모드로 설정한다. 실행과 동시에 'a' 레이블을 가진 LED 요소에 불이 켜지고, 이후 1초에 하나씩 차례대로 LED 요소에 불이 켜지고 나머지 LED 요소들의 불은 꺼진다.

**스케치 5-1** **1초 간격으로 a → b → c → d → e → f → g → dp 순서로 LED 불 켜기**

```
int pin = 2; // 7-세그먼트의 LED 요소 a를 아두이노의 디지털 2번 핀과 연결
void setup() {
    for (int i = 2; i <= 9; i++) {
        pinMode(i, OUTPUT);
    }
    digitalWrite(2, HIGH); // 시작과 동시에 LED 요소 a에 불이 켜짐
}

void loop() {
    for(int i = 0 ; i < 8 ; i++) {
        for(int j = 0 ; j < 8 ; j++) {
            if (i == j) digitalWrite(pin + j, HIGH); // 한 개의 LED에 불을 켜고
            else digitalWrite(pin + j, LOW);          // 나머지 LED의 불은 끈다.
        }
        delay(1000);                                  // 1초 지연
    }
}
```

## 0부터 9까지의 숫자 출력하기

7-세그먼트 표시장치에 1초에 한 번씩 0부터 9까지의 숫자를 차례대로 출력해보자. 실험을 위한 아두이노 회로는 그림 5.3과 동일하다. 스케치 5-2의 01행부터 12행까지는 0에서 9까지의 숫자를 표시하기 위한 각 LED 요소의 ON과 OFF 상황을 설정하였다. 공통 음극 방식의 실험에서 각 LED 요소에 불을 켜려면 1, 불을 끄려면 0을 입력해야 한다. 14번 행은 논리적으로 첫 번째 LED 요소라고 할 수 있는 레이블 'a'를 가진 LED 요소가 아두이노의 디지털 핀 2번과 연결되었음을 의미하고, 15번 행은 표시될 첫 번째 숫자가 0임을 나타낸다.

**스케치 5-2** **1초에 한 번씩 0부터 9까지의 숫자를 차례대로 출력하기**

```
01  byte numbers[10][8]= {
02      {1, 1, 1, 1, 1, 1, 0, 0}, // 0
03      {0, 1, 1, 0, 0, 0, 0, 0}, // 1
04      {1, 1, 0, 1, 1, 0, 1, 0}, // 2
05      {1, 1, 1, 1, 0, 0, 1, 0}, // 3
06      {0, 1, 1, 0, 0, 1, 1, 0}, // 4
07      {1, 0, 1, 1, 0, 1, 1, 0}, // 5
08      {1, 0, 1, 1, 1, 1, 1, 0}, // 6
09      {1, 1, 1, 0, 0, 1, 0, 0}, // 7
10      {1, 1, 1, 1, 1, 1, 1, 0}, // 8
11      {1, 1, 1, 1, 0, 1, 1, 0}  // 9
12      };
13
14  int pin = 2;
15  int num = 0;
16
17  void setup() {
18      for (int i = 2; i <= 9; i++) {
19          pinMode(i, OUTPUT);
20      }
21      digitalWrite(9, HIGH);
22  }
23
24  void loop() {
25      for(int i = 0; i < 8; i++) {
26          digitalWrite(pin + i, numbers[num][i]);
27      }
28
29      num++;
30      if (num > 9) num = 0;
31      delay(1000);
32  }
```

스케치 5-2의 25번 행에서 27번 행까지는 변수 num이 가진 숫자의 모양대로 7-세그먼트에 표시하기 위한 코드이다. 29번 행은 변수 num의 값을 1만큼 증가시키며, 30번 행은 변수 num이 한 자리 숫자 중 최댓값인 9를 초과할 경우 num의 값을 0으로 다시 초기화한다.

## 푸시버튼을 이용한 카운터의 구현

**준 | 비 | 물**

아두이노 우노 보드 1개, 1자리 7-세그먼트 1개, 푸시버튼 1개, 220Ω 저항 9개, 10KΩ 저항 1개, 브레드보드 1개, 점퍼선 여러 개

푸시버튼을 클릭하여 7-세그먼트의 숫자가 0에서 9까지 차례대로 1씩 증가하도록 LED를 제어해보자. 먼저 그림 5.4와 같이 아두이노 회로를 구성한다. 회로를 구성하기 위하여 1자리 7-세그먼트 한 개와 220Ω 저항 아홉 개, 푸시버튼 한 개, 10KΩ 저항 한 개, 그리고 여러 개의 점퍼선이 필요하다.

푸시버튼을 회로에 연결할 때 1KΩ~10KΩ의 저항 한 개를 풀다운 방식으로 연결한다. 풀다운 방식은 버튼을 누르면 5V가 입력되고 버튼을 누르지 않으면 0V가 유지되도록 하는 기능이다. 그림 5.4의 회로에서 디지털 입력 모드의 푸시버튼을 디지털 12번 핀에 연결하였다. 표 5.2를 참조하여 7-세그먼트의 각 LED 요소와 아두이노를 연결한다.

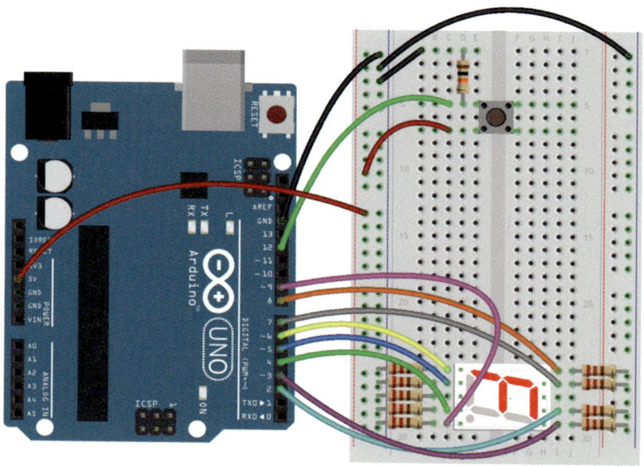


**그림 5.4** 푸시버튼을 이용한 카운터 구현을 위한 아두이노 연결도

푸시버튼을 누를 때마다 7-세그먼트 표시장치에서 0에서 9까지의 숫자를 차례대로 표시하기 위하여 스케치 5-3과 같이 아두이노 소스코드를 입력하고 아두이노 보드에 업로드 한다.

**스케치 5-3** **푸시버튼으로 숫자 증가시키기**

```
int num = 0;  // 맨 처음 7-세그먼트에 표시되는 숫자를 0으로 지정
byte numbers[10][8]= {
    {1, 1, 1, 1, 1, 1, 0, 0}, // 0
```

```
    {0, 1, 1, 0, 0, 0, 0, 0}, // 1
    {1, 1, 0, 1, 1, 0, 1, 0}, // 2
    {1, 1, 1, 1, 0, 0, 1, 0}, // 3
    {0, 1, 1, 0, 0, 1, 1, 0}, // 4
    {1, 0, 1, 1, 0, 1, 1, 0}, // 5
    {1, 0, 1, 1, 1, 1, 1, 0}, // 6
    {1, 1, 1, 0, 0, 1, 0, 0}, // 7
    {1, 1, 1, 1, 1, 1, 1, 0}, // 8
    {1, 1, 1, 1, 0, 1, 1, 0}  // 9
    };

void displayNumbers(int n){
    // 7-세그먼트의 LED 요소들은 디지털 2번 핀부터 차례대로 연결됨
    int pin = 2;  // a --> 2, b --> 3, ... , dp --> 8
    for(int i = 0; i < 8; i++) {
        digitalWrite(pin+i, numbers[n][i]);
    }
}

void setup() {
    pinMode(12, INPUT);  // 푸시버튼
    for (int i = 2; i <= 9; i++) {
        pinMode(i, OUTPUT);
    }
    digitalWrite(9, HIGH);
}

void loop() {
    if (digitalRead(12) == HIGH){
        ++num;
        if (num > 9) {
            num = 0;
        }
    }

 displayNumbers(num);
 delay(300);
}
```

만약, 푸시버튼을 누를 때마다 7-세그먼트 표시장치에 1에서 6까지의 숫자 중 임의의 한 숫자를 출력하는 주사위를 구현하려면 스케치 5-3의 loop() 함수를 다음과 같이 수정한다.

**스케치 5-4 주사위 구현 (loop() 함수만 수정)**

```
void loop() {
    if (digitalRead(12) == HIGH){
        num = random(6); // 0에서 5까지의 임의의 정수를 변수 num에 저장
        num = num + 1;   // 변수 num의 값을 1에서 6까지의 값으로 변경
    }

    displayNumber(num);
    delay(300);
}
```

## 2개의 푸시버튼으로 숫자 증가/감소

**준 | 비 | 물**

아두이노 우노 보드 1개, 1자리 7-세그먼트 1개, 푸시버튼 2개, 220Ω 저항 9개, 10KΩ 저항 2개, 브레드보드 1개, 점퍼선 여러 개

그림 5.5와 같이 두 개의 푸시버튼을 아두이노 보드에 연결하여 버튼1을 누를 때마다 7-세그먼트 표시장치의 수를 1씩 증가시키고 버튼2를 누를 때마다 7-세그먼트 표시장치의 수를 1씩 감소시키는 프로그램을 작성해보자. 먼저 그림 5.5와 같이 두 개의 푸시버튼을 아두이노의 디지털 핀 12번과 13번에 각각 연결한다. 회선 연결을 위하여 1자리 7-세그먼트 한 개와 220Ω 저항 아홉 개, 푸시버튼 두 개, 10kΩ 저항 두 개, 그리고 점퍼선 여러 개가 필요하다.

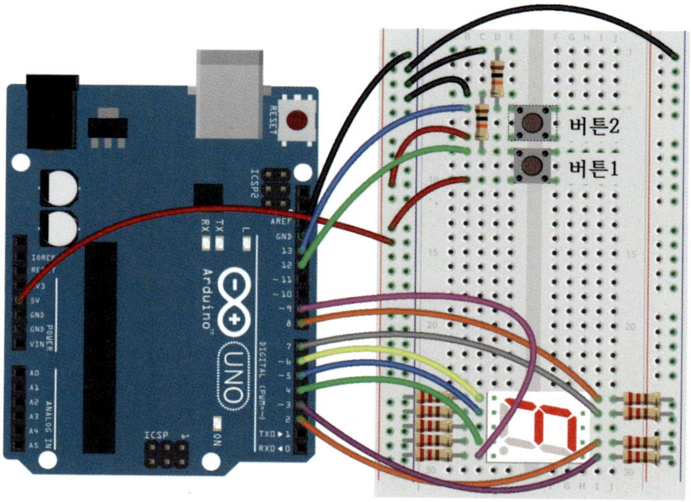


**그림 5.5** 두 개의 푸시버튼으로 7-세그먼트 표시장치를 제어

그림 5.6은 스케치 5-3에서 숫자 0을 표시하기 위한 이진수를 16진수로 변환한 예이다. 즉 숫자 0을 7-세그먼트에 표시하기 위한 이진수는 "0b11111100"이며 이것을 16진수로 변환하면 "0xFC"가 된다. 스케치 5-5의 02행에 숫자 0부터 9까지 표시할 수 있는 16진수를 차례대로 명시하였다.

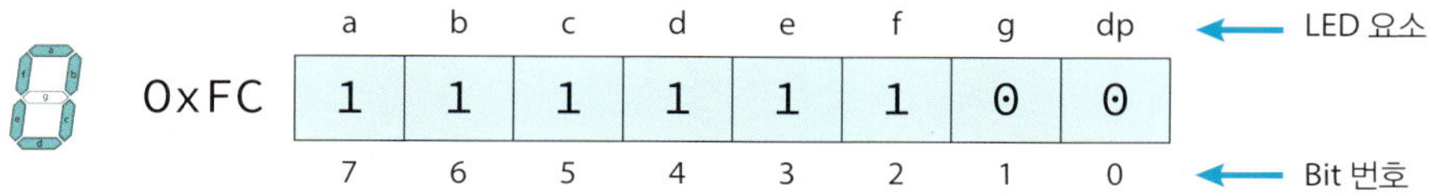


**그림 5.6** 숫자 0에 대한 LED 요소의 전류 상태

그림 5.6의 8bit의 이진수에서 가장 오른쪽 비트를 LSB(Least Significant Bit)라고 부르고 bit 번호는 0이다. 가장 왼쪽 비트는 MSB(Most Significant Bit)라고 부르고 bit 번호는 7이다. 스케치 5-5의 08행의 bitRead() 함수는 이진수에서 한 개의 비트를 읽어오는 함수이며, 반환되는 값은 해당 비트의 값인 0 또는 1이다.

**문법**

bitRead(x, n)

**매개변수**

x: 읽을 숫자

n: 읽을 비트의 위치, LSB(맨 오른쪽 비트)가 0, 왼쪽으로 갈수록 1씩 증가

**스케치 5-5** **2개의 푸시버튼으로 숫자 증가/감소하기**

```
01  int num = 0;
02  byte numbers[10]= {0xFC, 0x60, 0xDA, 0xF2, 0x66, 0xB6, 0xBE, 0xE4,
03                                                               0xFE, 0xF6};
04
05  void displayNumber(int n){
06      int pin = 2;
07      for(int i = 0; i < 8; i++) {
08          boolean state = bitRead(numbers[n], 7-i);
09          digitalWrite(pin+i, state);
10      }
11  }
12
13  void setup() {
14      pinMode(12, INPUT); // 숫자 증가를 위한 푸시버튼 연결
```

```
    pinMode(13, INPUT); // 숫자 감소를 위한 푸시버튼 연결
    for (int i = 2; i <= 9; i++) {
        pinMode(i, OUTPUT);
    }
    digitalWrite(9, HIGH);
}

void loop() {
    if (digitalRead(12) == HIGH){
        ++num;
        if (num > 9) {
            num = 0;
        }
    }

    if (digitalRead(13) == HIGH){
        --num;
        if (num < 0) {
            num = 9;
        }
    }
    displayNumber(num);
    delay(300);
}
```

# 02 7-세그먼트 2개 연결

7-세그먼트 2개를 공통 음극 방식으로 연결하여 그림 5.7과 같이 0에서 99까지의 2자리 수를 표시할 수 있는 7-세그먼트 표시장치를 구현해보자. 필요한 장치와 부품은 다음과 같다.

**준 | 비 | 물**

아두이노 우노 보드 1개, 1자리 7-세그먼트 2개, 330Ω 저항 2개, 브레드보드 1개, 점퍼선 여러 개

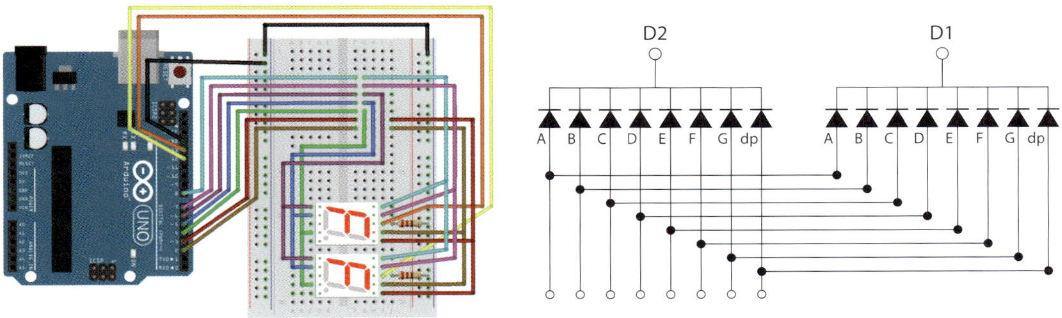


**그림 5.7** 2자리 7-세그먼트의 아두이노 연결도

그림 5.7에서 장치 D1은 디지털 12번 핀에 연결되어 있고, 장치 D2는 디지털 13번에 연결되어 있다. 공통 음극 방식에서는 디지털 12번 핀(D1) 또는 디지털 13번 핀(D2)의 상태가 HIGH인 경우에만 해당 장치의 LED의 불을 켤 수 있다. 만약 두 장치의 상태가 모두 HIGH라면 2개의 7-세그먼트에는 동일한 문자가 출력된다. 두 개의 7-세그먼트에 서로 다른 문자를 출력하려면 D1과 D2에 시간적인 차이를 두고 전류를 공급해야 한다. 주의할 점은 시간 차의 간격을 적절하게 조정해야 한다는 것이다. 만약 시간 차이가 크면 두 표시장치는 교대로 숫자를 표시하면서 깜박거리고, 시간 차이가 작으면 각 자리 숫자의 변화를 구분하기가 힘들다. 두 개의 7-세그먼트의 숫자가 동시에 표시되는 것처럼 보이게 하려면 사람 눈의 잔상 효과를 이용하여야 한다. 잔상이란 눈앞에 보이던 물체가 사라진 뒤에도 짧은 시간동안 시각의 경험이 지속되어 나타나는 상을 말한다. 잔상의 효과가 지속되는 시간 안에 빠른 속도로 2개의 7-세그먼트 표시장치의 각 숫자를 한 번에 한 개씩 교대로 표시하는 것을 반복한다면 마치 두 개의 숫자가 동시에 표시되는 것처럼 느끼게 될 것이다. 이 문제에 대한 자

세한 설명은 5.3절의 멀티플렉싱 기술에서 다루기로 한다.

지금부터 0에서 99까지의 수를 표시하는 프로그램을 작성하면서 잔상에 의하여 자연스러운 두 자리 수가 표시될 수 있도록 실험을 통하여 적절한 시간의 차이를 찾아보자.

**스케치 5-6** **1자리 7-세그먼트 2개를 이용하여 두 자리 수 출력하기**

```
byte Numbers[10]= {0b11111100, 0b01100000, 0b11011010, 0b11110010,
                    0b01100110, 0b10110110, 0b10111110, 0b11100100,
                    0b11111110, 0b11110110};
int segPins[7] = {2,3,4,5,6,7,8};
int digNum = 2;
int digPin[] = {12, 13};

void displayDigit(int x, int d) {
    int value = Numbers[x];
    boolean segSet = LOW;

    digitalWrite(digPin[0], LOW);
    digitalWrite(digPin[1], LOW);

    for (int led=0; led<7; led++) {
        if (value & 0x02) segSet = HIGH;
        else segSet = LOW;

        digitalWrite(10-segPins[led], segSet);
        value >>= 1;
    }
    digitalWrite(digPin[d], HIGH);
}

void displayNumber(int n) {
    if (n==0) displayDigit(0, 0);
    else {
        for (int i=0; i<digNum; i++) {
            if (n > 0) {
                displayDigit(n % 10, i);
                n = n / 10;
            }
            delay(10);
        }
    }
```

```
}

void setup() {
    for(int i=0;i<8; i++)
        pinMode(segPins[i], OUTPUT);

    for(int j=0; j<digNum; j++)
        pinMode(digPin[j], OUTPUT);
}

void loop() {
    for(int i=0; i<1000; i++) {
        displayNumber(i/10);
    }
}
```

# 03 4자리 7-세그먼트 표시장치

이 절에서는 4자리 7-세그먼트 표시장치가 작동하는 방법과 아두이노와 함께 4자리 7-세그먼트 표시장치를 사용하는 방법을 보여준다. 여기서는 공통 음극 4자리 7-세그먼트 디스플레이를 사용한다.

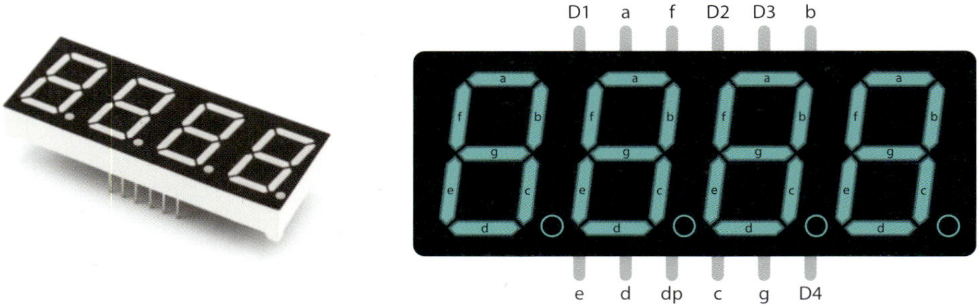


그림 5.8 4자리 7-세그먼트 표시장치

4자리 7-세그먼트 LED 표시장치에는 12개의 핀이 있다. 그 중에서 4개의 핀(D1~D4)은 4자리 중에서 어느 한 자리를 선택하는 데 사용되고, 나머지 8개의 핀은 선택된 자리 내의 a에서 g까지의 LED와 dp(소숫점) LED를 제어하는 데 사용된다. 표시장치 모듈의 각 세그먼트는 다중화 되어 동일한 양극 연결 지점을 공유한다. 그리고 모듈의 4자리 숫자 각각에는 고유한 음극 연결점이 있다. 이를 통해 각 숫자를 독립적으로 켜거나 끌 수 있다.

4자리 7-세그먼트는 다음 그림 5.9, 그림 5.10과 같이 공통 양극(Common Anode) 방식과 공통 음극(Common Cathode) 방식이 있다.

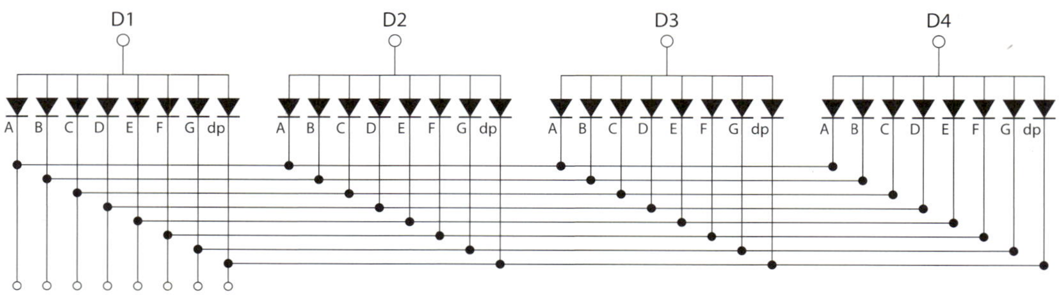


그림 5.9 공통 양극 방식의 4자리 7-세그먼트 표시장치

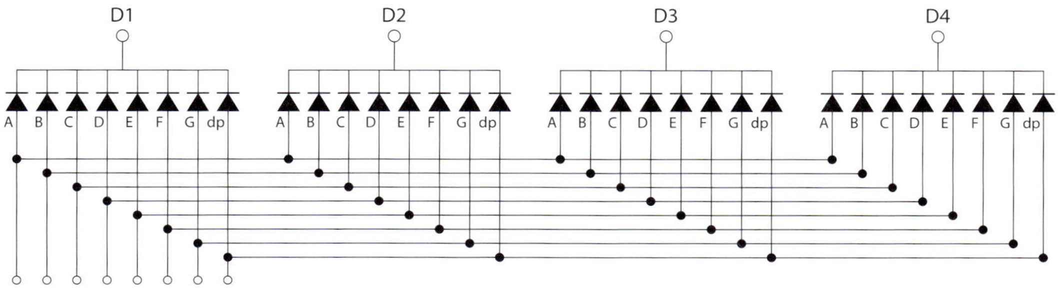


**그림 5.10** 공통 음극 방식의 4자리 7-세그먼트 표시장치

## 멀티플렉싱 기술(Multiplexing Technique)

멀티플렉싱 기술은 하나의 통신 채널을 통하여 두 개 이상의 신호를 전송하는 데 사용되는 기술이다. 이 기술은 물리적 장치의 효율성을 높이기 위하여 최소한의 물리적인 요소만을 사용해 최대한의 신호를 전달하기 위하여 사용된다. 멀티플렉싱 방법은 크게 주파수 분할 다중화, 파장 분할 다중화, 시분할 다중화 방식으로 나눌 수 있다. 멀티플렉싱 기술의 시분할 다중화 방법을 사용하여 4자리 7-세그먼트 표시장치에 한 순간에는 한 자리의 숫자만 표시하고 다음 자리의 표시를 위하여 매우 빠르게 전환하는 방법으로 '1234'와 같은 서로 다른 숫자를 표시할 수 있다. 시력의 지속성으로 인해 사람의 눈은 어느 자리의 디스플레이가 ON / OFF인지 구분하기 어렵다. 인간의 눈은 4개의 디스플레이 장치를 항상 ON 상태로 착각한다. 1234를 표시해야 한다고 가정해보자. 먼저 '1'과 관련된 세그먼트를 켜고 첫 번째 디스플레이 장치를 켠다. 그런 다음 신호를 보내 '2'를 표시하고 첫 번째 디스플레이 장치를 끈 다음 두 번째 디스플레이 장치를 켠다. 다음 두 숫자도 이 과정을 반복하고 디스플레이 장치 간 전환을 매우 빠르게 (약 1초 내에) 수행해야 한다. 사람의 눈은 1초 안에 어떤 물체에 반복적으로 발생하는 변화를 구분할 수 없기 때문에 디스플레이에 1234가 동시에 나타나는 것처럼 보인다.

## 4자리 7-세그먼트로 가변저항 값 출력

4자리 7-세그먼트로 가변저항의 값을 출력해보자. 실험을 위하여 필요한 장치와 부품은 다음과 같다.

**준 | 비 | 물**

아두이노 우노 보드 1개, 4자리 7-세그먼트 1개, 330Ω 저항 8개, 가변저항 1개, 브레드보드 1개, 점퍼선 여러 개

가변저항은 말 그대로 저항의 값을 변화시킬 수 있는 장치이다. 우리 주변에서 흔히 볼 수

있는 대표적인 가변저항은 각종 오디오의 볼륨 조절기나 전기 히터의 온도 조절기 등이 있다. 가변저항기는 그림 5.11과 같이 세 개의 다리를 가지고 있다. 양쪽 다리 중에 하나는 5V에 연결하고 다른 하나는 GND에 연결한다. 가운데에 있는 다리는 아날로그 신호 전달 핀으로 아두이노의 아날로그 핀(A0 ~ A5) 중의 하나에 연결한다. 그림 5.12의 연결도에는 아날로그 핀 A0에 연결되어 있다.

그림 5.11 가변저항기

실험을 위하여 그림 5.8의 4자리 7-세그먼트 표시장치를 다음 표 5.3과 그림 5.12를 참조하여 아두이노 보드에 연결한다.

표 5.3 7-세그먼트와 아두이노 보드의 연결

| 7-세그먼트 | A | B | C | D | E | F | G | dp | D4 | D3 | D2 | D1 |
|---|---|---|---|---|---|---|---|---|---|---|---|---|
| 아두이노 핀 | 2 | 3 | 4 | 5 | 6 | 7 | 8 | 9 | 10 | 11 | 12 | 13 |

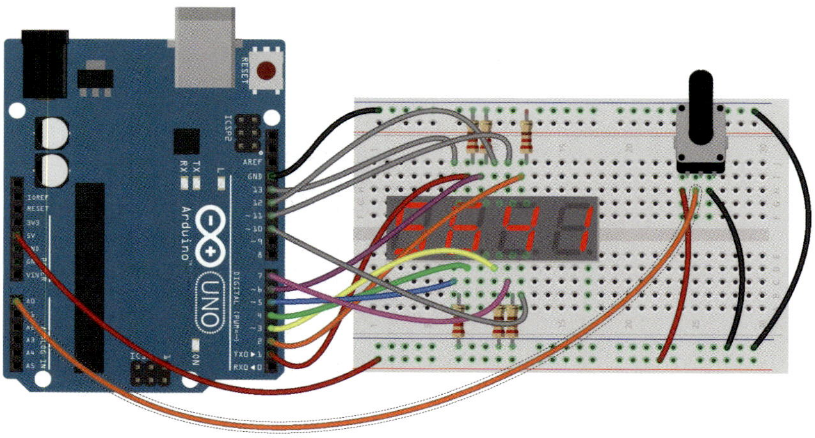

그림 5.12 가변저항의 값을 출력하기 위한 아두이노 연결도

실험을 위한 초기 설정을 위하여 setup() 함수에서 4자리 7-세그먼트의 LED 구성요소인 12개의 다리가 연결된 아두이노 핀의 모드를 OUTPUT으로 설정한다. 그리고 가변저항의 값을 아두이노 프로그램의 시리얼모니터 창에도 출력할 수 있도록 Serial.begin()을 통해 시리얼 통신을 시작한다. loop() 함수에서 analogRead() 함수로 가변저항의 값을 읽는다. 가변저항의 값은 아날로그이지만 0에서 1023까지의 정수로 변환하여 표현되므로 소수점은 표시하지 않는다. 4자리 7-세그먼트에 가변저항 값의 각 자리를 분리하여 출력하기 위한 처리를 한 후 해당 위치에 각 숫자를 표시한다. 또한 LED의 깜박거림을 최소화하기 위하여 가변저항의 값은 50밀리초마다 한 번씩만 읽으며, 잔상을 고려한 LED의 출력은 3밀리초로 설정하였다.

**스케치 5-7** **4자리 7-세그먼트에 가변저항의 값을 출력하기**

```
int segPin[8] = {2, 3, 4, 5, 6, 7, 8, 9};
int digPin[4] = {13, 12, 11, 10};
int delayTime = 3;
byte Numbers[10] = {0b11111100, 0b01100000, 0b11011010, 0b11110010,
                    0b01100110, 0b10110110, 0b10111110, 0b11100100,
                    0b11111110, 0b11110110};

void displayNumber(int pos, int n) {
    // 출력할 자리 찾기
    for (int i=0; i<4; i++) {
        if (digPin[i] == pos) {
            digitalWrite(digPin[i], LOW);
        }
        else {
            digitalWrite(digPin[i], HIGH);
        }
    }

    // 8개 세그먼트를 제어해서 원하는 숫자 출력
    for(int i = 0; i < 7; i++){
        byte segment = (Numbers[n] & (0x01 << i)) >> i;
        if(segment == 1){
            digitalWrite(segPin[7 - i], HIGH);
        } else {
            digitalWrite(segPin[7 - i], LOW);
        }
    }
    delay(delayTime);
}
```

```

void setup() {
    Serial.begin(9600);
    for(int i=0; i<4; i++) {
        pinMode(digPin[i], OUTPUT);
    }

    for(int i=0; i<8; i++) {
        pinMode(segPin[i], OUTPUT);
    }
}

void clearLEDs() {
    for(int i=0; i<4; i++) {
        digitalWrite(digPin[i], LOW);
    }

    for(int i=0; i<8; i++) {
        digitalWrite(segPin[i], LOW);
    }
}

int n =0;
int readValue;
void loop() {
    n++;
    if (n % 50 == 1) {
        readValue = analogRead(A0);
        Serial.println(readValue);
    }
    int c[4] = {0, 0, 0, 0};
    c[0] = readValue/1000;      // 1000의 자리 숫자
    c[1]=(readValue/100)%10;    // 100의 자리 숫자
    c[2]=(readValue/10)%10;     // 10의 자리 숫자
    c[3]=readValue%10;          // 1의 자리 숫자

    for (int i=0; i<4; i++) displayNumber(digPin[i],c[i]);
    clearLEDs();
    delay(delayTime);
}
```

- 7-세그먼트 표시장치는 7개의 선분 형태의 LED를 숫자 '8'모양으로 배치하여 숫자 및 영문 알파벳의 일부를 표시할 수 있는 디지털 장치이다.
- 7-세그먼트 표시장치는 공통 양극(common anode) 방식과 공통 음극(common cathode) 방식이 있다. 공통 양극 방식은 공통 핀 Vcc에 5V의 전원을 연결하고 a에서 g, 그리고 dp핀에 전압을 0V로 설정하면 LED가 켜지고, 5V로 설정하면 LED가 꺼진다. 반대로 공통 음극 방식은 공통 핀 Vcc 대신에 GND를 연결하고 a에서 g, 그리고 dp핀에 전압을 5V로 설정하면 LED가 켜지고, 0V로 설정하면 LED가 꺼진다.
- 멀티플렉싱 기술을 이용하여 두 개 이상의 숫자가 동시에 표시되는 것처럼 보이게 할 수 있다.
- 7-세그먼트 표시장치에 숫자 '0'을 표시하기 위한 LED 요소의 전류 상태를 나타내는 8비트 이진 표기는 '0b11111100'이며 이것을 16진수로 변환하면 '0xFC'가 된다.
- 8비트의 이진수에서 가장 오른쪽 비트를 LSB(Least Significant Bit)라고 부르고 bit 번호는 0이다. 가장 왼쪽 비트는 MSB(Most Significant Bit)라고 부르고 bit 번호는 7이다.
- bitRead(x, n) 함수는 변수 x에 저장된 값 중 오른쪽에서 n번째에 위치한 이진수 1bit를 읽어서 반환하는 함수이다. 반환되는 값은 0 또는 1이다.
- 4자리 7-세그먼트의 LED 표시장치에는 12개의 핀이 있다. 그 중에서 4개의 핀(D1~D4)은 4자리 중에서 어느 한 자리를 선택하는 데 사용되고, 나머지 8개의 핀은 선택된 자리 내의 a에서 g까지의 LED와 dp LED를 제어하는 데 사용된다.
- 4자리 7-세그먼트 표시장치의 각 자리에 서로 다른 숫자를 표시하려면 각 자리에 시간적인 차이를 적절하게 두고 전류를 공급해야 한다. 시간 차이가 크면 두 표시장치는 교대로 숫자를 표시하면서 깜박거리고, 시간 차이가 작으면 각 자리의 숫자의 변화를 구분하기가 힘들다.
- 멀티플렉싱 기술은 하나의 통신 채널을 통하여 두 개 이상의 신호를 전송하는 데 사용되는 기술이다. 멀티플렉싱 방법은 크게 주파수 분할 다중화, 파장 분할 다중화, 시분할 다중화 방식으로 나눌 수 있다.
- 멀티플렉싱 기술의 시분할 다중화 방법을 사용하여 4자리 7-세그먼트 표시장치에 한 순간에는 한 자리 숫자만 표시하고 다음 자리의 표시를 위하여 매우 빠르게 전환하는 방식을 사용하여 '1234'와 같은 서로 다른 숫자를 표시할 수 있다.

**01.** (참/거짓) 공통 음극 방식(common cathode) 7-세그먼트 표시장치의 공통 핀인 디지털 3번 핀과 8번 핀은 아두이노의 Vcc에 연결되어야 한다.

**02.** (참/거짓) 푸시버튼을 누를 때마다 7-세그먼트 표시장치에 표시되는 숫자를 1씩 증가시키는 아두이노 회로를 연결하려고 할 때 푸시버튼에 연결하는 저항은 풀업 방식으로 연결해야 한다.

**03.** 공통 음극 방식의 7-세그먼트에서 8bit 2진수 0b01111010은 어떤 영숫자를 표시할 수 있는가?

❶ 4　❷ 7　❸ b　❹ d

**04.** 7-세그먼트 표시장치에 숫자 6을 표시하기 위한 16진수는 무엇인가?

❶ 0x66　❷ 0xBE　❸ 0x3E　❹ 0x8E

**05.** (　　　　　　　　)은 4자리 7-세그먼트 표시장치에 숫자를 표시하기 위하여 각 자리마다 따로 핀을 추가하지 않고 최소한의 핀으로 일종의 착시현상인 시각 잔상 현상을 이용하여 차례대로 하나씩 켰다가 약간의 딜레이를 준 다음에 끄는 동작을 반복하여 4개의 숫자가 동시에 표시되는 것처럼 보이게 하는 기술이다.

**06.** 아두이노의 아날로그 0번 핀(A0)에 연결된 가변저항의 값을 읽을 수 있는 아두이노 함수는 무엇인가?

**07.** 변수 value가 가지고 있는 값을 시리얼 모니터에 출력한 후 줄을 바꿀 수 있는 아두이노 함수는 무엇인가?

**08.** 푸시버튼에 10kΩ저항을 연결할 때 푸시버튼을 누르면 5V가 입력되고 버튼을 누르지 않으면 0V가 유지되는 저항 연결 방식은 무엇인가?

**09.** 변수 x에 저장된 값의 맨 오른쪽에서 n번째 비트에 있는 값을 읽어오는 함수는 무엇인가?

❶ bitGet(x, n); ❷ bitTake(x, n);

❸ bitRead(x, n); ❹ bitLoad(x, n);

**10.** 7-세그먼트 표시장치에 표시된 숫자가 1초마다 1씩 감소하는 아두이노 스케치를 작성하시오.

**11.** 시리얼 통신을 이용하여 키보드로 입력한 문자를 1자리 7-세그먼트 표시장치에 출력하는 코드를 작성하시오. 출력 가능 문자는 0에서 9까지의 숫자와 A, C, E, F, H, L, P, U, Y 등이 있다.

06

# LCD 패널

**학습목표**

- 16×2 Character LCD의 16개 핀의 기능을 이해한다.
- I2C LCD 모듈의 역할을 이해한다.
- 아두이노 보드와 I2C LCD1602의 회선을 바르게 연결할 수 있다.
- Liquid Crystal I2C 라이브러리를 설치할 수 있다.
- LCD 표시장치의 행과 열의 좌표를 이해하고 적절한 위치에 원하는 문자를 출력할 수 있다.

**학습내용**

- 16×2 Character LCD 표시장치
- I2C LCD 모듈(I2C Converter)
- 문자열의 출력과 이동
- 사용자 정의 문자의 선언과 출력
- DHT11 온습도센서 값의 출력

이 장은 LCD표시 장치의 활용에 대해 설명한다. LCD는 액체처럼 유체의 성질을 가지면서 동시에 고체와 같이 광학적 성질을 가지는 액정이라는 물질의 전기적 성질을 이용하여 문자를 표시해주는 장치이다. 16×2 Character LCD를 사용하기 위해서는 총 12개의 배선이 필요하지만 I2C LCD 모듈을 사용하면 GND, VCC, SDA 및 SCL의 총 4개의 배선으로 아두이노에 연결할 수 있다. LiquidCrystal I2C 라이브러리를 설치하고 I2C LCD 모듈 제어 함수들을 이용하여 아두이노 16×2 Character LCD 모니터에 원하는 텍스트를 출력할 수 있다.

# 01 LCD 표시장치

LCD(Liquid Crystal Display, 액정 표시장치)는 액체처럼 유체의 성질을 가지면서 동시에 고체와 같이 광학적 성질을 가지는 액정이라는 물질의 전기적 성질을 이용하여 문자를 표시해주는 장치이다. LCD는 스스로 빛을 내지 않기 때문에 전력 소비가 거의 없다. 따라서 백라이트가 없는 LCD를 주로 사용하는 휴대용 계산기의 경우, 작은 태양광 패널이나 저용량 배터리만으로도 오랫동안 사용할 수 있다. 스스로 빛을 내지 않기 때문에 대부분의 LCD는 후면에 백라이트를 두고, 전면에 액정을 두어 액정이 전기 신호에 따라 빛을 차단하거나 통과시키는 방식으로 정보를 표시한다. LCD는 평상시에는 액정이 불규칙적으로 배열되어 편광판을 통과한 빛의 방향을 비틀어 수직으로 세워진 편광판을 통과하게 하지만, 전류가 흐를 때는 액정의 배열이 규칙적으로 변화하여 2차 편광판에서 빛이 걸러지게 된다. LCD는 시야 각도가 제한적이고 어두운 곳에서는 선명도가 떨어진다는 단점이 있지만, 전력 소모가 적어서 임베디드 시스템에 많이 활용되고 있다.

이 장에서 사용할 LCD 장치는 한 줄에 16문자씩 두 줄을 출력할 수 있는 16×2 Character LCD 표시장치이다. 특히 IO 컨트롤러의 외부 포트를 적게 차지하기 위하여 개발한 I2C 버스가 있는 LCD1602를 사용한다.

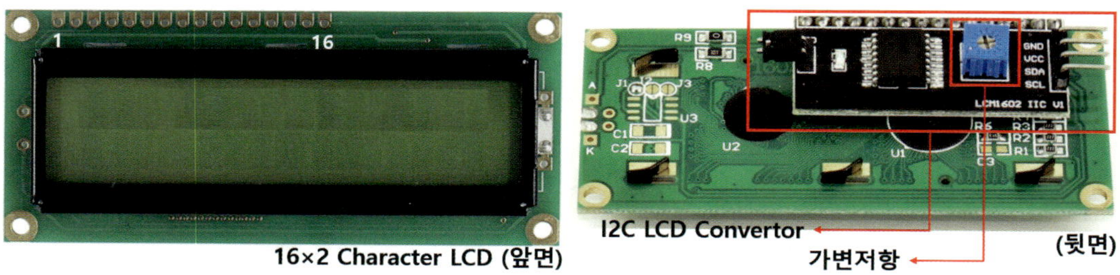


그림 6.1 I2C LCD1602 모듈

그림 6.1과 같이 I2C LCD Convertor에는 가변저항이 내장되어 있어서 LCD 표시장치의 선명도 조절을 할 수 있다.

16×2 Character LCD의 외부 인터페이스 신호의 사양을 살펴보자.

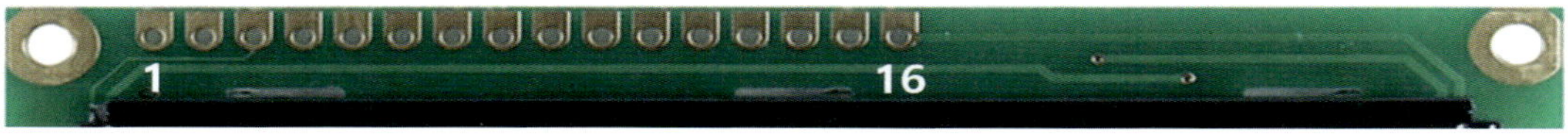


**그림 6.2** 16×2 Character LCD

16×2 Character LCD는 그림 6.2와 같이 총 16개의 핀으로 구성되어 있으며 각 핀의 주요 기능은 다음과 같다. 1번과 2번 핀은 전원을 입력하고 3번 핀은 화면의 밝기를 조절한다. 7번부터 14번까지의 핀들은 통신을 위하여 데이터를 입출력한다. 그런데 그림 6.1과 같은 16×2 Character LCD를 사용하기 위해서는 총 12개의 배선이 필요하며, 문자의 선명도 제어를 위해 가변저항을 추가로 연결해야 해서 사용하기가 어렵다. 또한, 아두이노와 연결하여 제어할 경우 총 6개의 디지털 핀을 사용하기 때문에 다양한 센서와 기타 부품을 사용할 때는 디지털 포트가 부족하여 사용에 한계가 있다. 이런 문제들을 개선하고자 개발된 모듈이 바로 그림 6.1의 오른쪽에 있는 I2C LCD Convertor이다.

**표 6.1** LCD 표시장치의 외부 인터페이스 신호

| 핀 번호 | 명칭 | 기능 | 핀 번호 | 명칭 | 기능 |
|---|---|---|---|---|---|
| 1 | $V_{SS}$ | Ground | 6 | E | 읽기/쓰기 가능 신호 |
| 2 | $V_{DD}$ | 전원 | 7~14 | D0 ~ D7 | 데이터 입출력 |
| 3 | $V_{O}$ | LCD 밝기 조절 | 15 | BLA | 백라이트 애노드 |
| 4 | RS | 레지스터 선택 | 16 | BLK | 백라이트 캐소드 |
| 5 | R/W | 읽기/쓰기 | | | |

I2C LCD 모듈(I2C Convertor)의 경우 기존의 16×2 Character LCD에 결합하여 사용할 수 있는 breakout board 형태의 모듈이다. 이 모듈을 사용하면 I2C 인터페이스를 사용해 LCD 제어가 가능해지며, GND, VCC 그리고 AnalogPin인 SDA(Serial Data Line), SCL(Serial Clock)의 총 4개의 배선으로 아두이노에 연결할 수 있다. 여기에서 SDA는 실제로 데이터가 전송되는 라인이고 SCL은 마스터와 슬레이브의 동기화를 위하여 필요한 배선이다. I2C LCD 모듈을 사용하면 12개의 필요한 배선을 4개로 줄일 수 있어서 여러 부품을 함께 사용할 수 있으며, I2C LCD 모듈 안에 가변저항이 내장되어 있어서 별도의 가변저항을 연결하지 않아도 선명도 조절 등을 할 수 있다.

**표 6.2** 아두이노 보드와 I2C LCD1602의 회선 연결

| I2C LCD1602 | GND | VCC | SDA | SCL |
|---|---|---|---|---|
| 아두이노 우노 | GND | 5V | A4 | A5 |

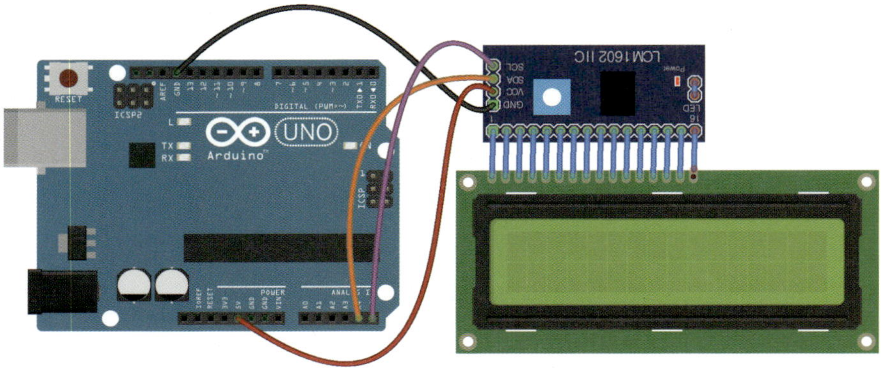


**그림 6.3** 아두이노 보드와 I2C LCD1602의 회선 연결도

# 02 Liquid Crystal I2C 라이브러리 설치

I2C LCD1602 표시장치를 이용하여 실험을 하려면 관련 라이브러리를 설치해야 한다. 먼저 그림 6.4와 같이 아두이노 IDE에서 [스케치] → [라이브러리 포함하기] → [라이브러리 관리...]를 실행한다.

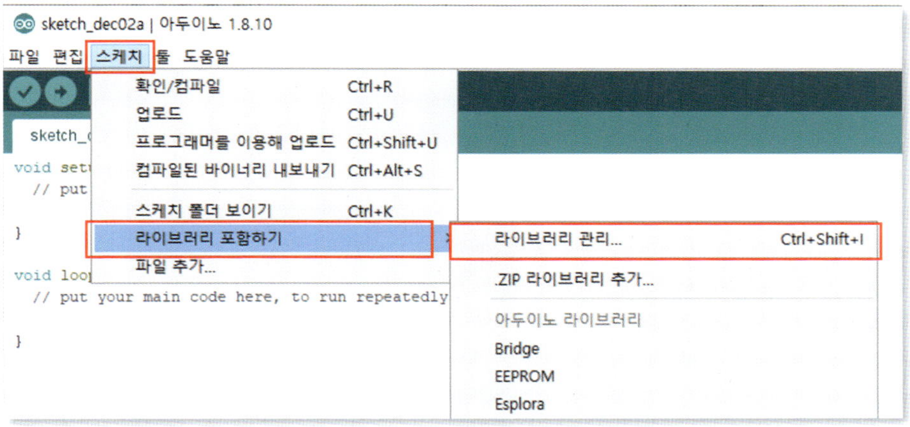


그림 6.4 Liquid Crystal I2C 라이브러리 설치

그림 6.5와 같이 라이브러리 매니저 창이 나타나면 'LiquidCrystal_I2C'로 검색한 후 Frank de Brabander가 만든 LiquidCrystal I2C 라이브러리를 설치한다.

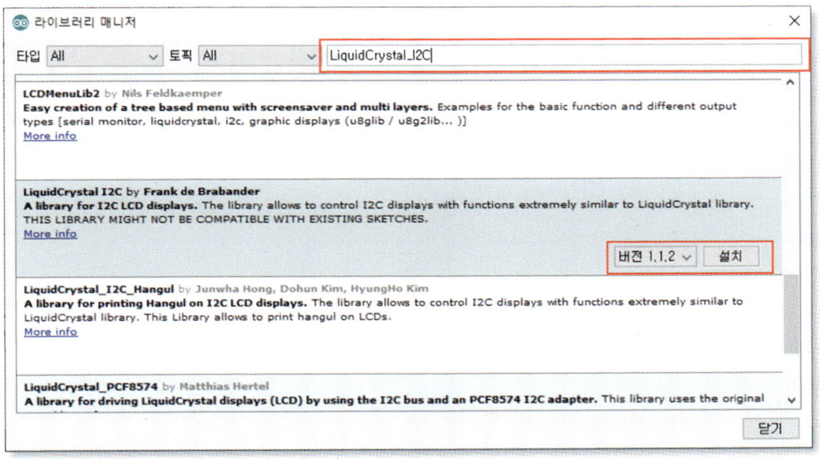


그림 6.5 라이브러리 매니저에서 라이브러리 검색 후 설치

# 03 아두이노 I2C LCD의 제어

Introduction to **Arduino**

아두이노 I2C LCD 모듈의 제어에 사용되는 함수를 정리하면 표 6.3과 같다.

**표 6.3** I2C LCD 모듈 제어 함수

| | 함수 | 설명 |
|---|---|---|
| 1 | LiquidCrystal_I2C lcd(0x27,16,2); | 0x27는 I2C 주소를 가지고 있는 16x2 LCD객체 생성 |
| 2 | lcd.begin(); | LCD 사용 시작 |
| 3 | lcd.init(); | LCD 초기화 |
| 4 | lcd.backlight(); | LCD 백라이트를 켬 |
| 5 | lcd.noBacklight(); | LCD 백라이트를 끔 |
| 6 | lcd.display(); | LCD에 내용 표시 |
| 7 | lcd.noDisplay(); | LCD의 내용 숨김 |
| 8 | lcd.setCursor(col,row); | row, col의 좌표로 커서를 옮김 |
| 9 | lcd.home(); | 커서를 0,0의 좌표로 이동 |
| 10 | lcd.cursor(); | LCD에 커서 표시 |
| 11 | lcd.noCursor(); | LCD의 커서 숨김 |
| 12 | lcd.blink(); | 커서를 깜박임 |
| 13 | lcd.noBlink(); | 커서를 깜박이지 않음 |
| 14 | lcd.print(string); | LCD 화면에 문자열을 출력 |
| 15 | lcd.write(char); | LCD 화면에 문자 출력, 아스키 코드 입력 시에는 아스키 코드에 해당하는 문자를 출력 |
| 16 | lcd.clear(); | LCD 화면의 모든 문자를 지움 |
| 17 | lcd.scrollDisplayRight(); | LCD 화면 내용을 오른쪽으로 한 칸 이동 |
| 18 | lcd.scrollDisplayLeft(); | LCD 화면 내용을 왼쪽으로 한 칸 이동 |
| 19 | lcd.autoscroll(); | LCD 화면 내용을 자동으로 오른쪽에서 왼쪽으로 이동 |

### I2C LCD1602 모듈의 주소 확인

아두이노 16×2 Character LCD 모니터에 텍스트를 출력하려면 다음과 같이 I2C LCD의 객체를 선언하면서 I2C 통신의 슬레이브가 되는 부품들의 주소를 명시하여야 한다.

```
LiquidCrystal_I2C lcd(0x27, 16, 2);
```

여기에서 0x27이 I2C LCD의 채널 주소이다. 채널 주소는 흔히 0x27을 많이 사용하지만 제조사별 혹은 구입 경로에 따라 해당 채널 주소가 다를 수 있으므로 전원만 들어오고 LCD의 첫째 줄 라인이 사각형으로 출력된다면 스케치 6-1과 같이 I2C_scanner를 통하여 채널을 먼저 확인하여야 한다.

**스케치 6-1** I2C_scanner

```
#include <Wire.h>

void setup()
{
    Wire.begin();
    Serial.begin(9600);
    while (!Serial);
    Serial.println("\nI2C Scanner");
}

void loop()
{
    byte error, address;
    int nDevices;
    Serial.println("Scanning...");
    nDevices = 0;
    for(address = 1; address < 127; address++)
    {
        // The i2c_scanner uses the return value of
        // the Write.endTransmisstion to see if
        // a device did acknowledge to the address.
        Wire.beginTransmission(address);
        error = Wire.endTransmission();

        if (error == 0)
        {
            Serial.print("I2C device found at address 0x");
            if (address < 16)
                Serial.print("0");
            Serial.print(address, HEX);
            Serial.println("    !");

            nDevices++;
```

```
        }
        else if (error==4)
        {
            Serial.print("Unknown error at address 0x");
            if (address < 16)
                Serial.print("0");
            Serial.println(address,HEX);
        }
    }
    if (nDevices == 0)
        Serial.println("No I2C devices found\n");
    else
        Serial.println("done\n");

    delay(5000);                    // wait = seconds for next scan
}
```

스케치 6-1을 실행시키면 그림 6.6과 같이 시리얼 모니터에 현재 사용하고 있는 I2C LCD 장치의 채널 주소가 출력된다. 현재 필자의 I2C LCD 채널의 주소는 0x27이므로 LCD 객체를 생성할 때 다음과 같이 입력하면 된다.

```
LiquidCrystal_I2C lcd(0x27, 16, 2);
```

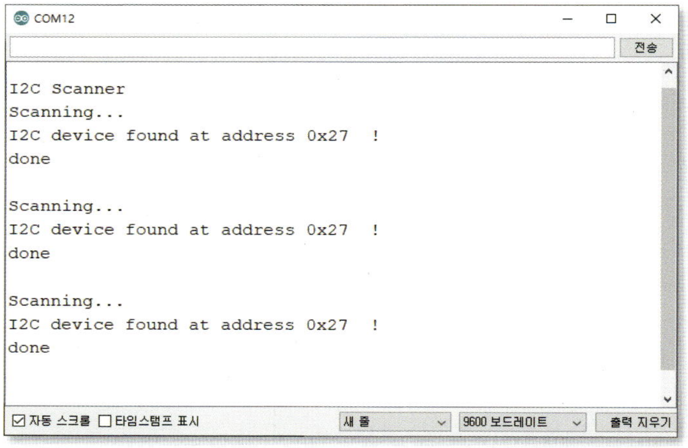


그림 6.6 I2C Scanner 실행 결과

만약 여러분들의 I2C LCD 채널의 주소가 0x3F라고 한다면 다음과 같이 입력하면 된다.

```
LiquidCrystal_I2C lcd(0x3F, 16, 2);
```

### 문자열 출력

I2C LCD1602 표시장치의 특정 위치에 두 줄에 걸쳐서 "Welcome to ARDUINO world !"를 출력하는 아두이노 스케치를 작성해보자. 스케치 6-2의 01행에서는 Liquid Crystal I2C 모듈을 사용할 수 있도록 'LiquidCrystal_I2C.h' 헤더 파일을 프로그램에 포함시킨다. 05행의 16×2 크기의 LCD 객체를 생성하는 코드인 LiquidCrystal_I2C lcd(0x27, 16, 2); 에서 0x27은 현재 사용하고 있는 I2C 장치의 채널 주소이다. 제품에 따라 이 주소값이 0x20 또는 0x3F 등이 될 수도 있다.

setup() 함수에서는 다음과 같은 함수들을 이용하여 먼저 LCD를 초기화하고 이어서 백라이트를 켠다.

```
lcd.init();              // I2C LCD의 초기화
lcd.backlight();         // I2C LCD의 백라이트 켜기
```

I2C LCD1602 표시장치를 사용할 준비가 되었다면 loop() 함수에서는 setCursor() 함수를 이용하여 문자열을 출력하기 위한 위치를 선택하고, print() 함수로 문자열을 출력한다.

```
lcd.setCursor(n, m);     // n번째 열, m번째 행으로 커서 이동, n = 0 ~ 15의 정수, m = 0 또는 1
lcd.print("문자열")      // 문자열의 출력
```

다음 스케치 6-2과 같이 소스코드를 입력하고 실행하여 보자.

**스케치 6-2** "Welcome to ARDUINO world !" 출력

```
01  #include <LiquidCrystal_I2C.h>
02
03  // 16×2 크기의 I2C LCD 객체를 생성
04  // 16 글자 2줄짜리 디스플레이의 I2C LCD 주소는 주로 0x27로 설정
05  LiquidCrystal_I2C lcd(0x27, 16, 2);
06
07  void setup()
08  {
09      lcd.init(); // I2C LCD의 초기화
10      lcd.backlight(); // I2C LCD의 백라이트 켜기
11  }
12
13  void loop()
14  {
15      lcd.setCursor(0, 0); // 커서를 0번 행(윗줄)의 0번 열(가장 왼쪽 열)에 위치
16      lcd.print("Welcome to"); // 메시지를 I2C LCD에 표시
```

```
    lcd.setCursor(1, 1); // 커서를 1번 행(아랫줄)의 1번 열(왼쪽 두 번째 열)에 위치
    lcd.print("ARDUINO world !"); // 메시지를 I2C LCD에 표시
}
```

## 커서 깜박임 제어

I2C LCD1602 표시장치에 커서의 표시 및 깜박임을 제어할 수 있는 프로그램을 작성해보자. 스케치 6-3은 "Cursor Blink"라는 문자열이 표시되고 3초 동안 커서가 깜박이다가 "Cursor Out"이라는 문자열이 표시되면서 3초 동안 커서의 깜박임을 멈춘다. 그리고 LCD 화면에 표시된 내용이 깨끗하게 지워지고 3초 동안 커서가 사라지는 동작이 반복되는 아두이노 프로그램이다.

**스케치 6-3** **커서 깜박임 제어**

```
#include <LiquidCrystal_I2C.h>
LiquidCrystal_I2C lcd(0x27, 16, 2);

void setup()
{
    lcd.init(); // I2C LCD의 초기화
    lcd.backlight(); // I2C LCD의 백라이트 켜기
}

void loop()
{
    lcd.print("Cursor Blink");        // "Cursor Blink" 출력
    lcd.cursor();                     // 커서 보이기
    lcd.blink();                      // 깜박이기
    delay(3000);                      // 3초 지연
    lcd.clear();                      // LCD화면 지우기
    lcd.print("Cursor Out");          // "Cursor Out" 출력
    lcd.noBlink( );                   // 깜박임 정지
    delay(3000);                      // 3초 지연
    lcd.clear();                      // LCD화면 지우기
    lcd.noCursor( );                  // 커서 감추기
    delay(3000);                      // 3초 지연
    lcd.clear( );                     // LCD화면 지우기
}
```

### 문자열 깜박이기

I2C LCD1602 표시장치에 "Hello, arduino!"를 출력하고 이 문자열이 1초 간격으로 깜박이는 프로그램을 작성해보자.

**스케치 6-4** **문자열 깜박이기**

```
#include <LiquidCrystal_I2C.h>
LiquidCrystal_I2C lcd(0x27, 16, 2);

void setup()
{
    lcd.init(); // I2C LCD의 초기화
    lcd.backlight(); // I2C LCD의 백라이트 켜기
}

void loop()
{
    lcd.print("Hello, arduino!");      // "Hello, arduino!" 출력
    lcd.noDisplay();                   // 표시 안함
    delay(1000);                       // 1초 지연
    lcd.display();                     // 표시
    delay(1000);                       // 1초 지연
    lcd.clear( );                      // LCD화면 지우기
}
```

### 문자열의 이동

이제 I2C LCD1602 표시장치에 두 줄의 문장을 출력하고 한 줄씩 차례대로 오른쪽에서 왼쪽으로 한 칸씩 문자열이 이동하는 배너 프로그램을 작성하여보자. 스케치 6-5의 19번 행과 27번 행의 lcd.scrollDisplayLeft(); 함수는 출력되는 문자열을 왼쪽으로 한 칸씩 이동시키는 함수이다.

**스케치 6-5** **배너 만들기**

```
01  #include <LiquidCrystal_I2C.h>
02
03  char array1[]="Hello, world!          ";    // I2C LCD의 윗줄에 표시할 문장
04  char array2[]="Nice to meet you.      ";    // I2C LCD의 아랫줄에 표시할 문장
05  int delayTime = 500;
06  LiquidCrystal_I2C lcd(0x27,16,2);// 16×2 디스플레이의 I2C LCD 주소는 0x27로 설정
```

```

void setup()
{
    lcd.init();                    // I2C LCD의 초기화
    lcd.backlight();               // I2C LCD의 백라이트 켜기
}

void loop()
{
    lcd.setCursor(15,0);          // 커서를 0번 행(디스플레이의 윗줄)의 15번 열에 위치
    for (int posCnt1 = 0; posCnt1 < 26; posCnt1++)
    {
        lcd.scrollDisplayLeft();       // 출력되는 문자열을 왼쪽으로 한 칸씩 이동
        lcd.print(array1[posCnt1]);    // 메시지를 I2C LCD에 표시
        delay(delayTime);
    }
    lcd.clear();                  // I2C LCD 화면을 지우고 커서를 왼쪽 상단에 위치
    lcd.setCursor(15,1);          // 커서를 1번 행(디스플레이의 아랫줄)의 15번 열에 위치
    for (int posCnt2 = 0; posCnt2 < 26; posCnt2++)
    {
        lcd.scrollDisplayLeft();       // 출력되는 문자열을 왼쪽으로 한 칸씩 이동
        lcd.print(array2[posCnt2]);
        delay(delayTime);
    }
    lcd.clear();
}
```

# 04 사용자 정의 문자열의 출력

I2C LCD1602 표시장치는 알파벳이나 숫자 등은 lcd.print() 함수를 이용하여 쉽게 출력할 수 있지만 한글이나 한자, 특수문자 등은 사용자 정의 문자를 설정하여 표시해야 한다. 사용자 정의 문자의 크기는 5×8이며, 8바이트의 배열로 정의되는 사용자 정의 문자는 하위의 5비트만을 사용한다. 그림 6.7은 사용자 정의 문자로 하트 모양의 문자를 정의한 예이다.

| | | | | | | |
|---|---|---|---|---|---|---|
| | | | | | 0b00000000 | 0x00 |
| | ■ | | ■ | | 0b00001010 | 0x0A |
| ■ | ■ | ■ | ■ | ■ | 0b00011111 | 0x1F |
| ■ | ■ | ■ | ■ | ■ | 0b00011111 | 0x1F |
| ■ | ■ | ■ | ■ | ■ | 0b00011111 | 0x1F |
| | ■ | ■ | ■ | | 0b00001110 | 0x0E |
| | | ■ | | | 0b00000100 | 0x04 |
| | | | | | 0b00000000 | 0x00 |

**그림 6.7** 하트 문자의 정의

사용자 정의 문자를 생성할 때에는 createChar(n, char_name) 함수를 사용하며, LCD 표시장치에 출력하기 위하여 write(byte(n)) 함수를 사용한다. 사용자 정의 문자로 정의할 수 있는 문자는 최대 8개이며 n은 0에서 7까지의 정수를 가질 수 있다.

```
lcd.createChar(n, char_name);
```

```
lcd.setCursor(i, j); // j 번째 줄 i 번째 칸으로 이동
lcd.write(byte(n));
```

스케치 6-6은 "♥아두이노"를 I2C LCD1602 표시장치에 출력하는 아두이노 프로그램이다.

**스케치 6-6** 사용자 정의 문자열의 출력

```
#include <LiquidCrystal_I2C.h>
LiquidCrystal_I2C lcd(0x27,16,2);
```

```
byte char_00[8] = {0x00, 0x0E, 0x1B, 0x11, 0x11, 0x1B, 0x0E, 0x00}; // ㅇ
byte char_01[8] = {0x08, 0x08, 0x08, 0x0E, 0x08, 0x08, 0x08, 0x08}; // ㅏ
byte char_02[8] = {0x1F, 0x10, 0x10, 0x10, 0x10, 0x1F, 0x00, 0x00}; // ㄷ
byte char_12[8] = {0x1F, 0x04, 0x04, 0x04, 0x04, 0X00, 0X00, 0X00}; // ㅜ
byte char_05[8] = {0x04, 0x04, 0x04, 0x04, 0x04, 0x04, 0x04, 0x04}; // ㅣ
byte char_06[8] = {0x00, 0x10, 0x10, 0x10, 0x1E, 0x00, 0x00, 0x00}; // ㄴ
byte char_16[8] = {0x04, 0x04, 0x04, 0x04, 0x1F, 0x00, 0x00, 0x00}; // ㅗ
byte heart[8] = {0x00, 0x0A, 0x1F, 0x1F, 0x1F, 0x0E, 0x04, 0x00};   // 하트

void setup()
{
    lcd.init();                          // I2C_LCD의 초기화
    lcd.backlight();                     // I2C_LCD의 백라이트 켜기
    // LCD 출력 문자 8개까지만 생성 가능
    lcd.createChar(0, char_00);     // 정의된 문자 char_00(‘ㅇ’)을 0번 배열에 저장
    lcd.createChar(1, char_01);
    lcd.createChar(2, char_02);
    lcd.createChar(3, char_05);
    lcd.createChar(4, char_06);
    lcd.createChar(5, char_12);
    lcd.createChar(6, char_16);
    lcd.createChar(7, heart);
    lcd.clear();
}

void loop() {
    lcd.setCursor(0, 0);             // 첫 번째 줄 첫 번째 칸으로 이동
    lcd.write(byte(7));              // 7번 배열에 저장된 heart 문자 출력
    lcd.setCursor(2, 0);
    lcd.write(byte(0));              // ㅇ
    lcd.setCursor(3, 0);
    lcd.write(byte(1));              // ㅏ
    lcd.setCursor(4, 0);
    lcd.write(byte(2));              // ㄷ
    lcd.setCursor(4, 1);
    lcd.write(byte(5));              // ㅜ
    lcd.setCursor(6, 0);
    lcd.write(byte(0));              // ㅇ
    lcd.setCursor(7, 0);
    lcd.write(byte(3));              // ㅣ
    lcd.setCursor(8, 0);
```

```
    lcd.write(byte(4));             // ㄴ
    lcd.setCursor(8, 1);
    lcd.write(byte(6));             // ㅗ
}
```

# 05 I2C LCD1602에 센서값 출력



DHT11 온습도 모듈이 측정한 값을 16×2 매트릭스의 I2C 통신 기반의 LCD1602 표시장치에 출력해보자. DHT11은 써미스터와 정전식 습도센서가 내장되어있는 온습도센서이다. 써미스터는 온도의 변화에 따라 저항값이 변하는 소자이며, 정전식 습도센서는 습도의 변화에 따라 저항값이 변하는 소자이다. DHT11 모듈은 그림 6.8과 같이 VCC, GND 그리고 DATA와 같은 3개의 핀을 가지고 있다.

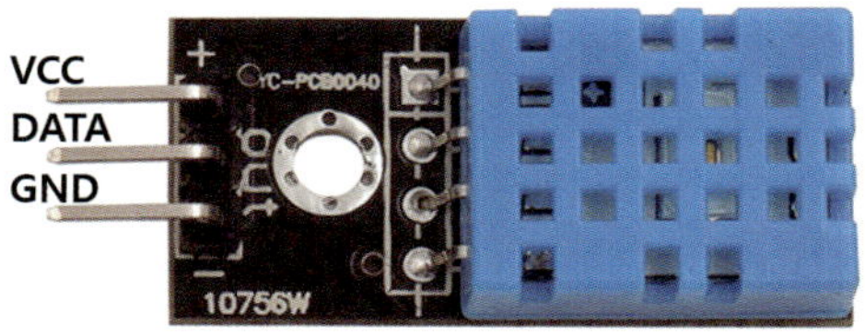


그림 6.8 온습도센서 DHT11

그림 6.3의 회선 위에 DHT11 온습도 모듈을 추가로 연결하고 DHT11이 읽은 온도를 I2C LCD1602 표시장치에 출력하여 보자. DHT11 온습도 모듈에는 VCC, DATA 그리고 GND의 세 개의 핀이 있고 이 세 개의 핀을 표 6.4를 참조하여 아두이노 보드와 연결하면 최종적으로 그림 6.9와 같다.

표 6.4 DHT11 모듈과 아두이노 보드의 회로 연결

| DHT11 모듈 | VCC | DATA | GND |
|---|---|---|---|
| 아두이노 보드 | 5V | 디지털 2번 핀 | GND |

DHT11 온습도 모듈로 측정한 온도와 습도를 16×2 I2C LCD1602 표시장치에 출력하기 위한 코드를 작성하려면 DHT 센서 라이브러리가 필요하다. DHT 센서 라이브러리를 추가하는 방법은 아두이노 개발환경(Arduino IDE)의 [툴] 메뉴에서 [라이브러리 관리...]를 클릭하면 그림 6.10과 같은 라이브러리 매니저 창이 나타난다. 라이브러리 검색란에 "DHT sensor"를 입력하여 나타난 라이브러리 중에서 DHT Sensor Library by Adafruit의 최신 버전을 선택하여 설치한다.

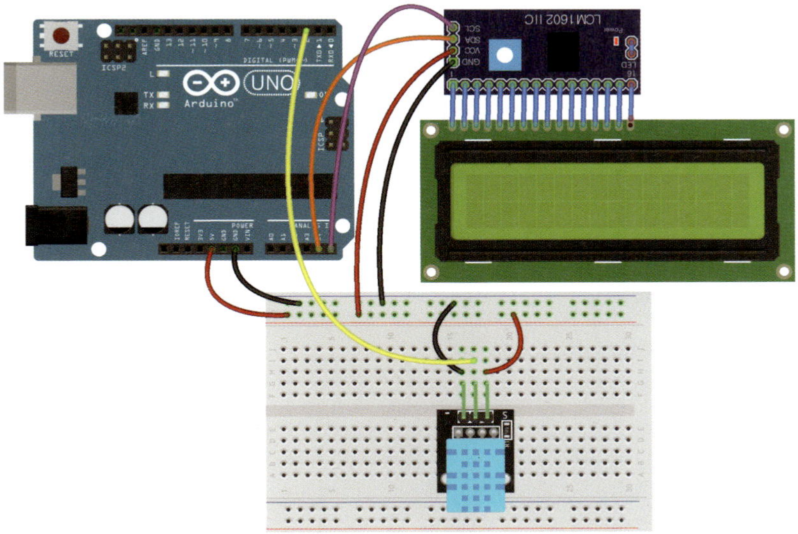


**그림 6.9** 온습도센서 DHT11과 아두이노의 연결

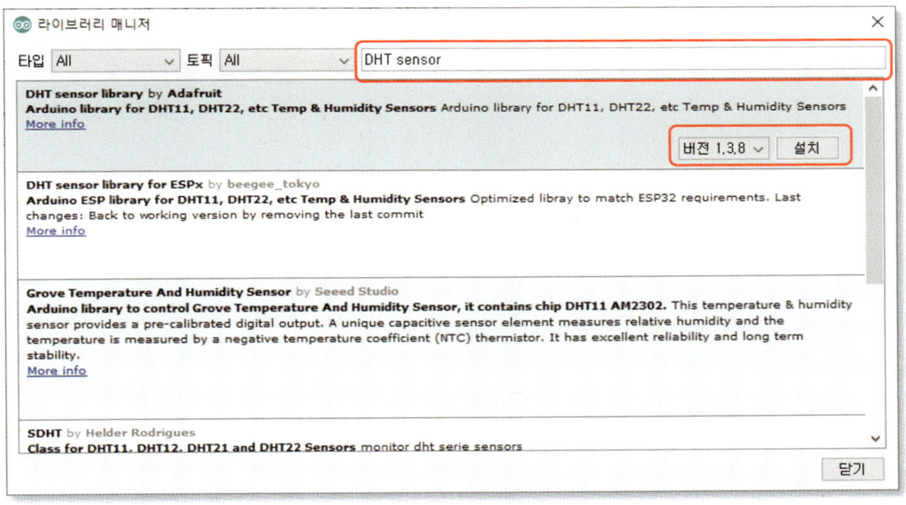


**그림 6.10** DHT 센서 라이브러리의 설치

DHT11 온습도 모듈이 측정한 값을 16×2 I2C LCD1602 표시장치에 출력하는 아두이노 프로그램을 작성하려면 맨 먼저 LiquidCrystal_I2C.h 파일과 DHT.h 파일을 현재 작성 중인 아두이노 코드에 포함시켜야 한다. 그리고 LiquidCrystal_I2C와 DHT 클래스를 통하여 각각의 인스턴스를 생성한다. DHT의 인스턴스는 DHT11 타입의 모듈로 아두이노 디지털 2번 핀에 연결되어 있다. LiquidCrystal_I2C의 인스턴스는 0x27의 채널 주소를 가진 16열 2행짜리 LCD 표시장치이다.

스케치 6-7의 20행에서 아두이노는 DHT 센서가 표준값을 읽을 수 있도록 3초간 교정(calibration)할 시간을 확보한다. 21행과 22행에서는 주변의 온도와 습도를 실수 형태로 측정하며, 24행에서 27행에는 측정에 실패하였을 경우 오류 메시지를 출력하고 프로그램을 종료하도록 프로그램을 작성한다. 29행에서 45행까지는 측정한 온도와 습도 값을 16×2 I2C LCD1602 표시장치의 적절한 위치에 출력하는 명령어로 구성된다.

**스케치 6-7** **DHT11 온습도센서의 값 표시**

```
01  #include <LiquidCrystal_I2C.h>
02  #include <DHT.h>
03
04  #define DHTTYPE DHT11          // DHT11의 사용
05  #define DHTPIN 2
06  DHT dht(DHTPIN, DHTTYPE);
07  LiquidCrystal_I2C lcd(0x27, 16, 2);
08
09  void setup() {
10      Serial.begin(9600);
11      Serial.println(F("DHTxx test!"));
12
13      dht.begin();
14      lcd.init();                // LCD의 초기화
15      lcd.backlight();           // 백라이트 오픈
16      lcd.clear();
17  }
18
19  void loop() {
20      delay(3000);
21      float tem = dht.readTemperature();
22      float hum = dht.readHumidity();
23      // 센서값 읽기 실패 시 프로그램 종료
24      if (isnan(tem) || isnan(hum)) {
25          Serial.println(F("Failed to read from DHT sensor!"));
26          return;
27      }
28      // 온도와 습도 값을 LCD 모듈에 출력
29      lcd.setCursor(1, 0);
30      lcd.print("Temp : ");
31      lcd.setCursor(8, 0);
32      lcd.print(tem, 1);
33      lcd.print(" C");
```

```
    lcd.setCursor(1,1);
    lcd.print("Humi : ");
    lcd.setCursor(8, 1);
    lcd.print(hum, 1);
    lcd.print(" %");
    // 온도와 습도 값을 시리얼 모니터에 출력
    Serial.print("Temperature : ");
    Serial.print(tem);
    Serial.print("        ");
    Serial.print("Humidity : ");
    Serial.print(hum);
    Serial.println("%");
}
```

# [요약]



- LCD(Liquid Crystal Display, 액정표시장치)는 액정이라는 물질의 전기적 성질을 이용하여 문자를 표시해주는 장치이며 스스로 빛을 내지 않기 때문에 전력 소비가 거의 없다.
- 대부분의 LCD는 스스로 빛을 내지 않기 때문에 후면에 백라이트를 두고 전면에 액정을 두어 액정이 전기 신호에 따라 빛을 차단하거나 통과시키는 방법으로 정보를 표시한다.
- LCD는 시야 각도가 제한적이고 어두운 곳에서는 선명도가 떨어진다는 단점이 있지만 전력 소모가 적어서 임베디드 시스템에 많이 활용되고 있다.
- 16×2 Character LCD는 전원 입력, 화면의 밝기 조정, 데이터의 입출력 및 통신 등을 위하여 16개의 핀을 가지고 있으며 12개의 배선이 필요하다.
- I2C LCD 모듈(I2C Convertor)은 16×2 Character LCD에 결합하여 사용할 수 있는 breakout board 형태의 모듈로 I2C 인터페이스를 사용하여 LCD 제어가 가능해지며, GND와 VCC 및 AnalogPin(SDA, SCL) 등 총 4개의 배선으로 아두이노에 연결할 수 있다.
- I2C LCD1602 표시장치를 아두이노 보드에 연결할 때 I2C LCD1602의 GND, VCC, SDA 및 SCL을 아두이노 보드의 GND, 5V, A4 및 A5에 차례대로 연결한다.
- I2C LCD1602 표시장치의 SDA는 실제로 데이터가 전송되는 라인이고 SCL은 마스터와 슬레이브의 동기화를 위하여 필요한 배선이다.
- I2C LCD1602 표시장치를 이용하여 실험을 하려면 관련 라이브러리를 설치해야 한다. 아두이노 IDE의 라이브러리 매니저 창에서 Frank de Brabander가 만든 LiquidCrystal I2C 라이브러리를 검색하여 설치한다.
- 아두이노 16×2 Character LCD의 모니터에 텍스트를 출력하려면 I2C LCD의 객체를 선언하면서 I2C 통신의 슬레이브가 되는 부품의 주소를 명시해야 한다.
- I2C LCD의 객체 선언은 다음과 같다.

```
LiquidCrystal_I2C lcd(0x27, 16, 2);
```

  여기에서 0x27은 I2C LCD 채널의 주소인데 제조사마다 채널의 주소가 다를 수 있으므로 I2C_scanner를 통하여 주소를 확인해야 한다.

- I2C LCD1602 표시장치는 알파벳이나 숫자 등은 lcd.print() 함수를 이용하여 쉽게 출력할 수 있지만 한글이나 한자, 특수문자 등은 사용자 정의 문자를 설정하여 표시해야 한다.

**01.** (참/거짓) I2C LCD1602 모듈에는 가변저항이 내장되어 있어서 LCD 표시장치의 선명도 조절을 할 수 있다.

**02.** (참/거짓) I2C LCD1602 모듈을 사용하여 아두이노 스케치를 작성할 때 I2C LCD의 객체를 선언하는 함수인 LiquidCrystal_I2C lcd();에서 채널 주소는 0x27로 일정하다.

**03.** 다음 중 LCD의 사용을 시작하는 함수는 무엇인가?

❶ lcd.start() ❷ lcd.init() ❸ lcd.begin() ❹ lcd.setup()

**04.** 다음 중 LCD 화면에 한 문자를 출력하는 함수는 무엇인가?

❶ lcd.print() ❷ lcd.write() ❸ lcd.display() ❹ lcd.output()

**05.** I2C LCD1602 표시장치에 문자열을 출력하는 아두이노 스케치에서 Liquid Crystal I2C 모듈을 사용할 수 있도록 (                    ) 헤더 파일을 프로그램에 포함시킨다.

**06.** I2C LCD1602 표시장치(lcd)에 문자를 표시할 때 문자열을 출력하기 위한 위치를 아랫줄 왼쪽 4번째 칸으로 선택할 수 있는 함수는 무엇인가?

**07.** I2C LCD1602 표시장치(lcd)에 출력된 문자열을 왼쪽으로 한 칸씩 이동시킬 수 있는 함수는 무엇인가?

**08.** DHT11 온습도 모듈(dht)에서 온도를 읽는 함수와 습도를 읽는 함수로 제대로 짝지어진 것을 고르시오.

❶ dht.readGrade();
dht.readDegree();

❷ dht.getTempValue();
dht.getHuValue();

❸ dht.readTemperature();
dht.readHumidity();

❹ dht.getTemperature();
dht.getHumidity();

**09.** 16×2 Character LCD의 윗줄 세 번째 칸에 커서를 위치시키고 "Arduino"라고 출력하는 코드를 작성하시오. 단, LCD 장치의 객체는 lcd라는 이름으로 생성되었다고 가정한다.

**10.** 5×8 크기의 사용자 정의 문자로 다음과 같은 특수문자를 I2C LCD1602 표시장치에 출력하는 스케치를 작성하시오.

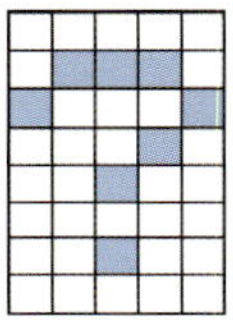

```
byte char_00[8] 5 {                                        }; // ?
```

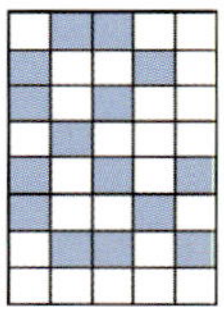

```
byte char_01[8] 5 {                                        }; // &
```

**11.** 아날로그 1번 A1핀에 조도센서를 연결하여 5초에 한 번씩 주변의 밝기 값을 측정하여 I2C LCD1602 표시장치에 출력하는 스케치를 작성하시오.

07

# 모터 제어

**학습목표**

- 모터의 원리와 활용을 설명할 수 있다.
- 서보 라이브러리를 설치할 수 있다.
- 서보 라이브러리의 함수를 이해하고 적절하게 활용할 수 있다.
- 각종 모터를 아두이노 보드에 연결할 수 있다.
- LCD 표시장치의 행과 열의 좌표를 이해하고 적절한 위치에 원하는 문자를 출력할 수 있다.

**학습내용**

- 모터 소개
- 서보모터의 제어 방법
- 스테퍼모터의 제어 방법
- DC모터의 제어 방법

이 장은 각종 모터의 원리와 작동 방식을 설명한다. 모터는 전기 에너지를 받아들여서 기계적인 일을 하는 장치로 우리 생활 주변에서 흔히 볼 수 있다. DC모터는 가볍고 구조가 간단하여 장난감, 가전제품, 엘리베이터, 전기자동차 등 다양한 영역에서 사용된다. 스테퍼모터는 회전각도와 속도를 정확하게 제어할 수 있어서 고속 · 고정밀 · 고정도의 제어가 요구되는 영역에 사용된다. 서보모터는 0° ~ 180°의 각도를 정밀하게 제어할 수 있어서 주로 로봇 분야에서 관절이나 손과 같은 정밀함이 필요한 쪽으로 많이 사용되고 있다.

# 01 모터 소개



모터는 라틴어의 'moto(움직인다)'에서 온 단어로 플레밍의 왼손 법칙에 따라 전기에너지를 운동(기계)에너지로 변환하는 장치이다. 일상생활에서 전기에너지를 받아들여서 기계적인 일을 하는 다양한 전기 모터를 발견할 수 있다. 산업용 팬, 송풍기, 공작 기계, 냉장고, 에어컨, 선풍기 그리고 전동 공구 등에서 찾을 수 있다. 또한, 전기 모터는 엘리베이터나 에스컬레이터를 움직이게 하고 공장의 기기설비를 동작시키고 자동차를 달리게도 한다. 아무리 복잡하고 훌륭한 기계라도 모터가 없으면 아무런 일도 할 수 없을 것이다. 모터는 입력되는 전기의 종류, 제어 방식, 크기와 출력, 그리고 형태와 용도에 따라 그 종류가 다양하다.

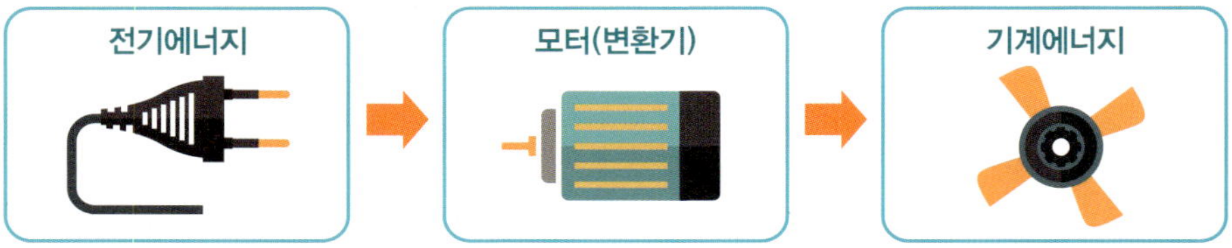


그림 7.1 모터의 정의

## AC모터

우리나라에서 일반적으로 사용하는 220V 전기인 교류 전원을 사용하는 AC모터는 소음과 진동이 적고 수명이 반영구적이며 안정적인 성능을 가지고 있다는 장점이 있다. 하지만 AC모터는 속도와 방향 제어가 어렵다. AC모터 컨트롤러를 이용하여 AC모터의 방향과 속도를 제어할 수 있다. 대부분의 가전제품들은 거의 대부분 AC모터를 가지고 있다.

그림 7.2 AC모터와 AC모터 컨트롤러

## DC모터

배터리와 같은 직류 전원을 사용하는 DC모터는 고정자로 영구자석을 사용하고 전기자로 코일을 사용한다. DC모터는 전기자에 흐르는 전류의 방향을 전환시키면서 자력의 밀어내는 힘이나 끌어당기는 힘으로 회전력을 생성시킨다. 또한 DC모터는 적당한 전력만 공급해주면 회전하므로 RC자동차, 무선조종용 장난감 등 여러 용도로 많이 사용되고 있다. 단지 일정 속도로 단일 방향 회전을 원한다면 전원만 공급해주면 되지만 회전의 방향을 바꾸거나 회전속도를 제어하고 싶다면 DC모터 드라이버 회로를 사용해서 +/− 공급 방향과 공급 전압을 조절해 주어야 한다. DC모터는 전기를 끊으면 멈추게 되는데 이때 관성에 의하여 정확한 정지 위치를 지정하기는 어렵다는 단점이 있다.

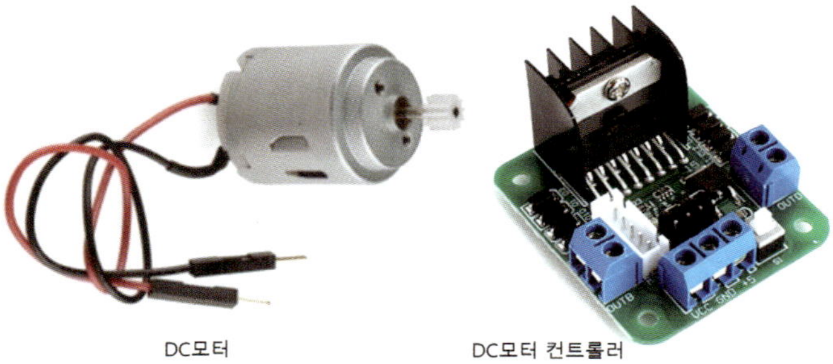


**그림 7.3** DC모터와 DC모터 컨트롤러

## 스테퍼모터

스테퍼모터(Stepper Motor 또는 Step Moter)는 아날로그 시계의 초침처럼 고유의 분할 각도가 있고 이 각도에 따라 단계적으로(step-by-step) 움직이는 모터이다. 1920년 영국 군함에서 어뢰와 포신의 방향 조정에 처음 사용되었으며 전자 펄스를 기계적 운동으로 전환하여 스텝이 축(shaft)을 임의의 각도로 일정하게 회전하게 만든다. 이를 스텝 앵글(step angle)이라고 한다. 스테퍼모터는 360도 회전이 가능하며, 회전수, 정확한 각도, 방향 등을 제어해줄 수 있다.

**그림 7.4** 스텝모터

### 서보모터

선풍기나 믹서기에 포함된 모터는 전기가 공급되면 일정한 속도로 돌아가면 되기 때문에 정확한 위치에서 멈출 필요는 없다. 하지만 DVD나 CCTV에 포함된 모터, 공장에서 자동차를 조립하는 로봇에 포함된 모터는 명령에 따라 정확한 속도, 각도 및 위치를 맞추어야 한다. 서보모터(Survo(Servo) Motor)는 정확한 위치 제어가 어려운 DC모터의 단점을 극복하기 위하여 DC모터에 귀환 회로를 추가하여 0° ~ 180°의 각도를 정밀하게 제어할 수 있는 모터이다. 주로 로봇 분야에서 관절이나 손과 같은 정밀함이 필요한 쪽으로 많은 사용이 되고 있다. 그림 7.5에서 볼 수 있듯이 서보모터의 인터페이스는 신호선과 Vcc 그리고 GND로 구성되어 있다.

**그림 7.5** SG-90 서보모터

# 02 서보용 라이브러리 함수의 사용

서보모터를 제어하는 아두이노 프로그램을 작성하려면 프로그램의 윗부분에 서보 라이브러리를 포함해야 한다. 서보 라이브러리는 서보모터의 제어를 위한 객체를 정의한 것이다. 서보에는 기어와 정밀 제어가 가능한 샤프트가 포함되어 있다. 표준 서보 라이브러리를 사용하면 샤프트를 0도에서 180도 사이의 다양한 각도에 위치시킬 수 있다. 아두이노 프로그램에 서보 라이브러리를 포함하려면 프로그램의 상단에 #include <servo.h>를 입력하거나 그림 7.6과 같이 [스케치] 메뉴에서 [라이브러리 포함하기] → [Servo]를 클릭하면 자동으로 #include <servo.h>가 표시된다.

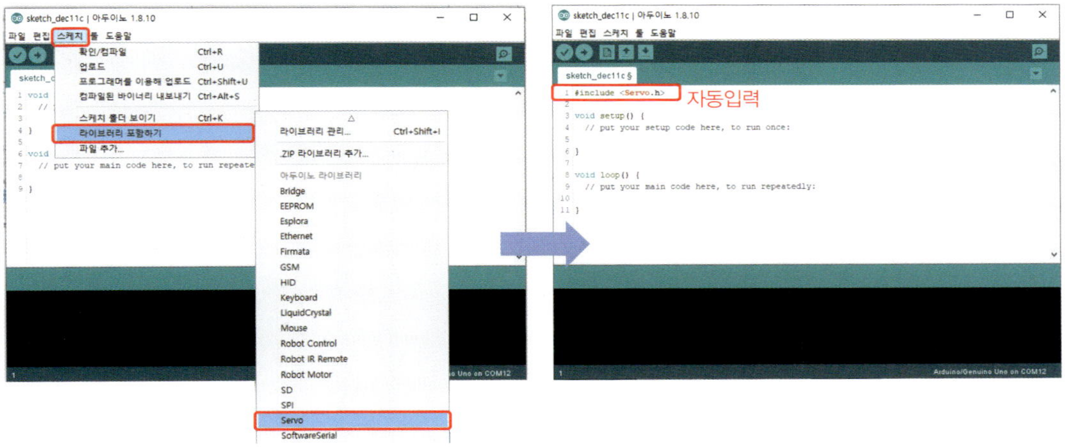


**그림 7.6** 서보 라이브러리 포함하기

아두이노 표준 라이브러리인 servo.h는 다음과 같은 함수를 제공한다.

**표 7.1** 서보 라이브러리 함수

| 함수 | 설명 |
|---|---|
| void attach(pin) | 서보모터를 제어할 핀을 설정 |
| void attach(pin, min_us, max_us) | 펄스 폭 A의 최소, 최댓값까지 지정 |
| void write(angle) | 특정 각도만큼 모터를 회전(angle: 0~180) |
| void writeMicroseconds(us) | 펄스 폭 A를 us단위로 지정 |
| int read() | 현재 각도를 읽음(반환 값은 [0, 180]의 정수) |
| boolean attached() | 서보모터 핀이 지정되어 있는지 검사 |
| void detach() | 서보모터의 지정된 핀을 내부적으로 제거 |

서보 라이브러리의 함수를 사용하여 서보모터를 제어하기 전에 다음과 같이 서보모터 객체를 생성한다.

```
Servo myServo;
```

myServo는 새롭게 생성한 서보 객체의 이름이다.

```
void attach(pin)
```

이 함수는 서보모터를 어느 핀으로 제어할지를 설정하는 함수이다. 사용하는 형식은 다음과 같다.

```
myServo.attach(pin);
```

- myServo: 사용할 서보 객체 변수(이름)
- pin: 사용할 핀 번호
- (예) myServo.attach(9); // 9번 핀으로 서보모터를 제어하도록 설정

```
myServo.attach(pin, min, max)
```

- min: 서보의 최소 각도(0도)에 해당하는 펄스 폭을 마이크로초로 표현, 기본값은 544
- max: 서보의 최대 각도(180도)에 해당하는 펄스 폭을 마이크로초로 표현, 기본값은 2400

```
void write(angle)
```

서보에 angle 값을 전달하여 값에 따라 샤프트를 해당 방향으로 이동시킨다.

```
myServo.write(angle)
```

- myServo: 사용할 서보 객체 변수(이름)
- angle: 서보에 기록할 값(0~180)
- (예) myServo.write(90) // 서보를 mid-point로 설정

```
void writeMicroseconds(us)
```

서보에 값을 마이크로초(us)를 전달하여 샤프트를 제어한다. 표준 서보에서는 샤프트 각도가 설정된다. 표준 서보에서 파라미터 값 1000은 샤프트를 시계 반대 방향으로, 2000은 시계 방향으로, 1500은 가운데에 위치시킨다.

```
myServo.writeMicroseconds(us)
```

- us: 마이크로초 단위의 매개변수 값 (int, 정수)
- (예) myServo.writeMicroseconds(1500); // 서보를 mid-point로 설정

```
int read()
```

서보의 현재 각도(0도 ~ 180도)를 읽어서 반환한다. 이 값은 write() 함수에 마지막으로 전달된 값이다.

```
boolean attached()
```

이 함수는 서보가 핀에 연결되어 있는지를 확인한다. 서보가 핀에 연결되어 있으면 true를 반환하고 그렇지 않으면 false를 반환한다.

```
void detach()
```

서보 객체를 핀에서 분리한다.

### 서보모터의 제어

서보 라이브러리를 이용하여 서보모터의 샤프트를 0도에서 180도까지 시계 방향과 반시계 방향으로 차례대로 이동시키는 프로그램을 작성하여 보자. 실험에 사용하는 서보모터는 SG-90이라는 초소형 서보모터이다. 먼저 그림 7.7과 같이 서보모터를 아두이노 보드에 연결한다. 실험을 위하여 필요한 장치와 부품은 다음과 같다.

**준 | 비 | 물**

아두이노 우노 보드 1개, SG-90 서보모터 1개

표 7.2 서보모터와 아두이노 보드의 회선 연결

| SG-90 서보모터 | VCC | GND | 신호선 |
|---|---|---|---|
| 아두이노 보드 | 5V | GND | 12번 핀 |

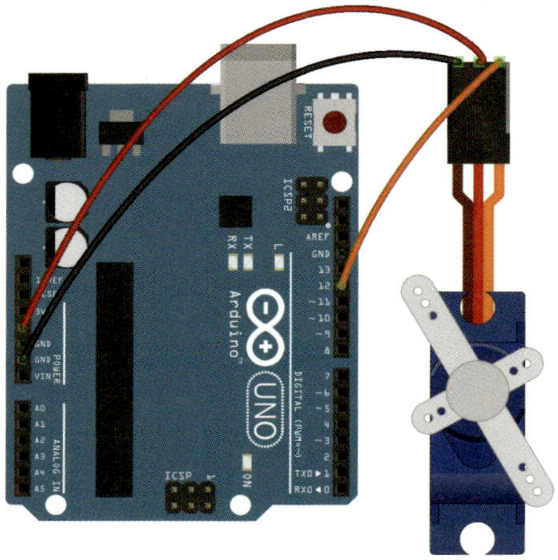


그림 7.7 서보모터와 아두이노의 회선 연결

서보모터의 샤프트를 0도에서 180도까지, 180도에서 0도까지 이동시키는 아두이노 프로그램은 다음과 같다.

**스케치 7-1** **서보모터 샤프트의 180도 회전 제어**

```
#include <Servo.h>
Servo myServo; // 서보모터를 제어하기 위한 서보 객체의 생성
// 대부분의 보드에서 서보 객체를 12개까지 생성할 수 있다.
int angle = 90; // 서보 위치(각도)를 저장하기 위한 변수
void setup() {
    myServo.attach(12);  // 핀 12번에 연결된 서보를 서보 객체에 배속시킴
}

void loop() {
    for (angle = 0; angle <= 180; angle += 1) { // 0도에서 180도로 1도씩 이동
        myServo.write(angle);       // pos가 가진 각도의 위치로 이동
        delay(15);                  // 서보가 해당 위치에 도달할 때까지 15ms 대기
    }
    for (angle = 180; angle >= 0; angle -= 1) { // 180도에서 0도로 1도씩 이동
        myServo.write(angle);       // pos가 가진 각도의 위치로 이동
       delay(15);                   // 서보가 해당 위치에 도달할 때까지 15ms 대기
    }
}
```

### 푸시버튼을 이용한 서보모터 제어

푸시버튼을 누르고 있는 동안 서보모터의 샤프트를 시계 방향 또는 반시계 방향으로 이동시켜 보자. 시계 방향으로 회전하던 서보모터의 샤프트가 180도에 이르면 회전 방향은 반시계 방향으로 바뀌고, 샤프트가 0도에 이르면 다시 시계 방향으로 회전 방향이 변하도록 한다. 실험을 위하여 그림 7.8과 같이 아두이노와 서보모터를 연결한다. 실험에 필요한 장치와 부품은 다음과 같다.

**준 | 비 | 물**

아두이노 우노 보드 1개, 브레드보드 1개, SG-90 서보모터 1개, 푸시버튼 1개, 10kΩ 저항 1개 , 점퍼선 여러 개

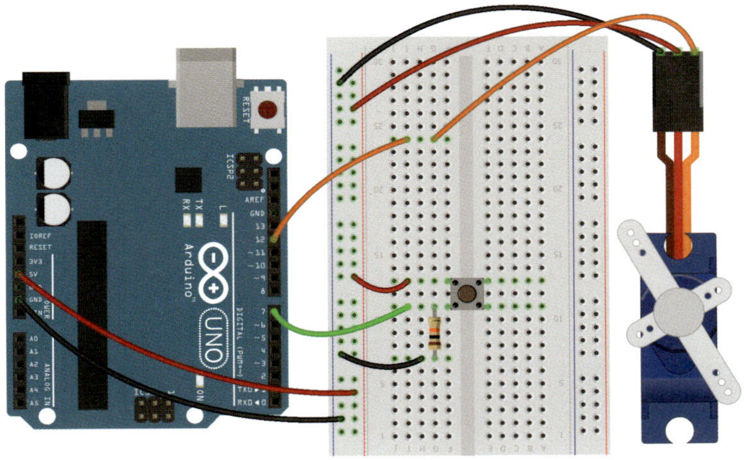

**그림 7.8** 서보모터, 푸시버튼 그리고 아두이노 보드의 연결

회로가 완성되면 다음과 같이 아두이노 프로그램을 작성하여 보자.

**스케치 7-2** **푸시버튼을 이용한 서보모터의 회전 제어**

```
#include <Servo.h>
Servo myServo;                  // 서보모터 객체를 생성하고 이름을 myServo로 설정
int motorPin = 12;              // 서보모터를 12번 핀에 연결
int pushPin = 7;                // 푸시버튼을 7번 핀에 연결
int angle = 90;                 // 초기에 샤프트는 중간에 위치
int state=0;    // 회전방향 설정. state 값이 0이면 시계 방향, 1이면 반시계 방향으로 회전
void setup() {
    myServo.attach(motorPin);   // 서보 모터를 아두이노의 해당 핀에 연결
    pinMode(push, INPUT);       // 푸시버튼이 연결된 핀을 입력 모드로 설정
```

```
    Serial.begin(9600);                          // 시리얼 모니터와 통신
    Serial.println("Enter the push button.");   // 시리얼 모니터에 문자열 출력
}

void loop() {
    if (digitalRead(pushPin) == HIGH){
        if (state == 0) {
            angle += 1;                     // 각도를 1도씩 증가
            if (angle>=180) state = 1;      // 회전 방향을 반시계 방향으로 전환
            myServo.write(angle);           // angle 값을 서보에게 전달하여 기록
            delay(10);
            Serial.println(angle);          // 현재 각도를 시리얼 모니터에 표시
        }
        else {
            angle -= 1;
            if (angle<=0) state = 0;        // 회전 방향을 시계 방향으로 전환
            myServo.write(angle);
            delay(10);
            Serial.println(angle);
        }
    }
}
```

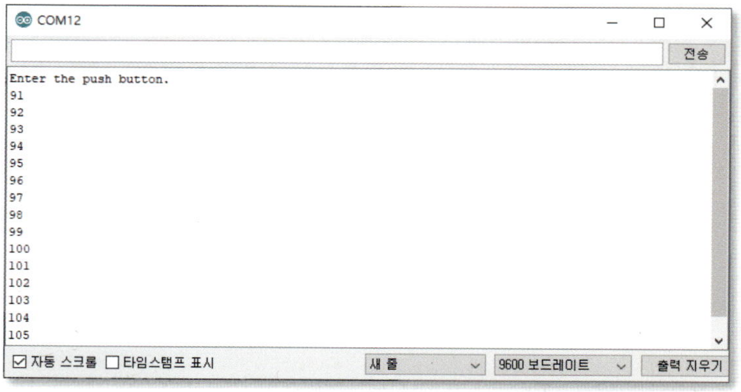


그림 7.9 시리얼 모니터에 표시된 서보모터의 위치 값

## 가변저항을 이용한 서보모터 제어

가변저항을 이용하여 서보모터를 제어하여 보자. 가변저항은 사용자가 전자 회로 내부의 저항 값을 임의로 바꿀 수 있는 부품이다. 가변저항은 세 개의 핀(Vcc, Vin 및 GND)을 가지고 있다. 가변저항기는 Vcc를 통하여 아두이노의 5V를 입력으로 받아서 손잡이를 돌리는 정도

에 따라 0V에서 5V 사이의 전압을 출력한다. 아두이노는 가변저항기의 출력 전압의 크기를 0에서 1023의 크기로 나누어 아날로그 핀으로 읽는다.

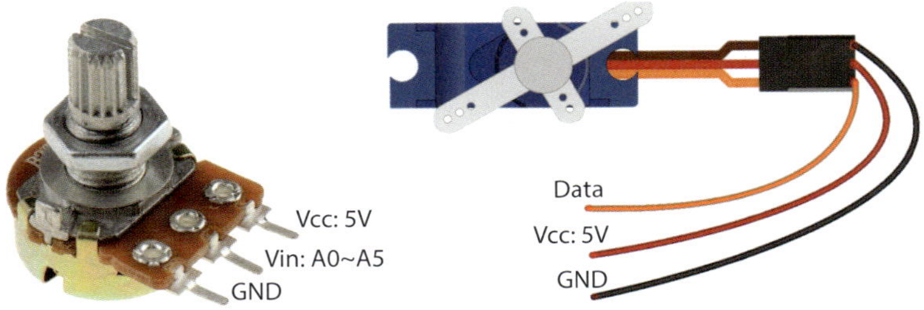


그림 7.10 가변저항과 서보모터

실험에 필요한 하드웨어 장치와 부품은 다음과 같다.

**준 | 비 | 물**

아두이노 우노 보드 1개, 브레드보드 1개, SG-90 서보모터 1개, 가변저항 1개, 점퍼선 여러 개

표 7.3과 그림 7.11을 참고하여 아두이노 회로를 구성한다.

표 7.3 서보모터, 가변저항기와 아두이노의 연결

| 가변저항 | 아두이노 |
|---|---|
| Left Arm | 5V |
| Center Arm | A0 |
| Right Arm | GND |

| 서보모터 | 아두이노 |
|---|---|
| Vcc(Red) | 5V |
| Data(Orange) | Digital 12 |
| GND(Brown) | GND |

그림 7.11 서보모터, 가변저항기와 아두이노의 연결

가변저항을 이용하여 서보모터를 제어하는 아두이노 프로그램은 다음과 같다. 12번 행의 map함수는 0에서 1023 크기의 가변저항 출력 값을 서보모터 회전각도의 범위인 0에서 180 사이의 값으로 매핑하는 함수이다.

**스케치 7-3 가변저항을 이용한 서보모터의 회전 제어**

```
01  #include <Servo.h>
02  Servo myServo;
03  void setup() {
04      Serial.begin(9600);        // 시리얼 모니터와의 통신
05      myServo.attach(12);        // 디지털 12번 핀을 이용하여 서보모터를 제어
06  }
07
08  int val;                       // 가변저항의 출력 값을 읽어서 저장할 변수
09  int angle;
10  void loop() {
11      val = analogRead(A0);
12      angle = map(val, 0, 1023, 0, 180);
                                   // 0~1023의 가변저항 출력값을 0~180도로 매핑
13      myServo.write(angle);
14      Serial.println(angle);     // 현재 angle 값을 시리얼 모니터에 표시
15      delay(50);
16  }
```

## 시리얼 통신을 이용한 서보모터 제어

시리얼 모니터를 이용하여 서보모터의 각도를 제어해보자. 실험에 필요한 회선 연결은 표 7.2와 그림 7.7을 참고한다. 준비물은 아두이노 보드와 서보모터가 각각 1개씩 필요하다. 시리얼 모니터를 이용하여 서보모터를 제어하는 아두이노 프로그램은 다음과 같다.

**스케치 7-4 시리얼 통신을 이용한 서보모터 제어**

```
#include <Servo.h>              // 서보모터 라이브러리

Servo myServo;                  // 서보모터 사용을 위한 객체 생성

int motor = 12;                 // 서보모터의 핀
int angle = 90;                 // 서보모터 초기 각도 값
void setup() {
    myServo.attach(motor);      // 서보모터 연결
```

```
    Serial.begin(9600);                         // 시리얼 모니터 시작
    Serial.println("Initial angle : 90 degrees"); // 초기값 출력
    Serial.println("Enter U(u) or D(d)");       // u 또는 d키 입력하기
    Serial.println("U : Increase the angle by = degrees.");
                                                // U : 현재 각도에서 5도 증가
    Serial.println("D : Decrease the angle by = degrees.");
                                                // D : 현재 각도에서 5도 감소
}

void loop() {
    if(Serial.available())                      // 시리얼 모니터가 사용 가능할 때
    {
        char input = Serial.read();             // 문자 입력받기
        if(input == 'U' || input == 'u')        // U(u) 키를 누를 때
        {
            for(int i = 0; i < 5; i++)          // 현재 각도에서 5도 더해주기
            {
                angle += 1;
                if(angle >= 180) angle = 180;
                myServo.write(angle);
                delay(10);
            }
            Serial.println(angle);              // 현재 각도 출력
        }
        else if(input == 'D' || input == 'd')   // D(d)키를 입력했을 때
        {
            for(int i = 0 ; i < 5 ; i++)        // 현재 각도에서 5도 빼주기
            {
                angle -= 1;
                if(angle <= 0) angle = 0;
                myServo.write(angle);
                delay(10);
            }
            Serial.println(angle);              // 현재 각도 출력
        }
        else if(input == '\n') {                // 엔터키의 입력에는 무반응
        }
        else { // U(u) 또는 D(d) 이외의 문자를 입력하였을 때
            Serial.println("wrong character!!");
        }
    }
}
```

시리얼 모니터 입력창에 U(u) 또는 D(d)를 한 번 또는 여러 번 입력하고 아두이노로 전송하여 보자. 입력 값을 전송할 때에는 [전송] 버튼을 클릭하거나 키보드의 엔터키를 누른다. 소스코드에서 엔터키의 입력에는 잘못된 문자의 입력(wrong character)이라는 반응을 하지 않도록 코딩하였다.

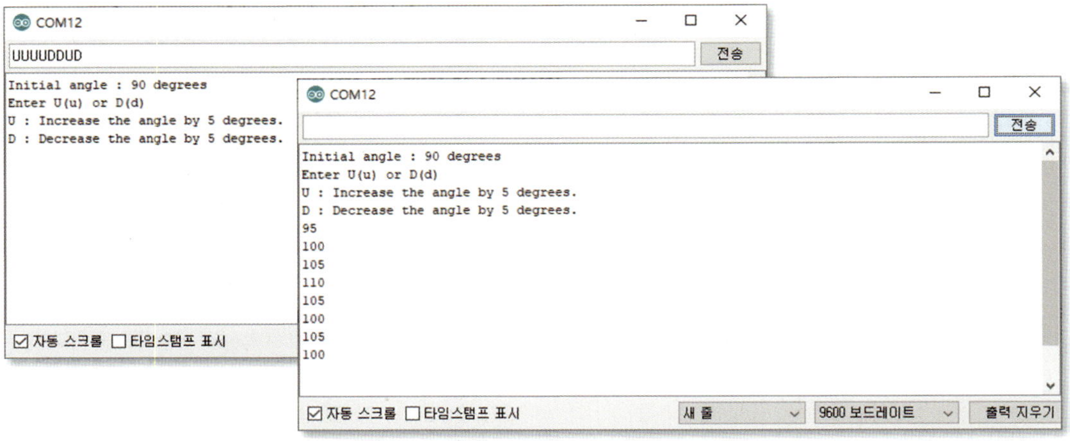


**그림 7.12** 시리얼 모니터로 서보모터의 제어 실험 결과 확인

# 03 스테퍼모터

스텝모터 또는 스테핑모터라고도 하는 스테퍼모터(Stepper Motor)는 디지털 펄스를 기계식 축 회전으로 전환하는 브러시가 없는 동기식 전기 모터이다. 스테퍼모터는 회전을 하는 것이 아니라 한 순간에 한 스텝씩 이동을 한다. 만약 360도 회전을 하려면 최대 200단계로 나누어 한 단계에 1.8°씩 일정한 크기로 축을 이동시킨다. 따라서 피드백 메커니즘이 없어도 각 단계별 펄스 신호에 따라 회전각도와 속도를 정확하게 제어할 수 있다. 180도만 회전할 수 있는 서보모터와 달리 스테퍼모터는 정해진 스텝만큼 이동하면서 끊임없이 회전할 수 있다. 일반적인 감시 카메라에서부터 컴퓨터 수치 제어에 의하여 작동이 제어되는 공작 기계인 CNC 기계(computerized numerically controlled machine tools), 로봇에 이르기까지 스테퍼모터는 고속 · 고정밀 · 고정도의 제어가 요구되는 영역에 사용된다. 이 절에서는 가장 일반적으로 사용 가능한 저렴한 스테퍼모터 28BYJ-48 및 ULN2003 스테퍼 모듈을 사용하여 아두이노와 인터페이스하는 방법에 대해 알아보기로 한다.

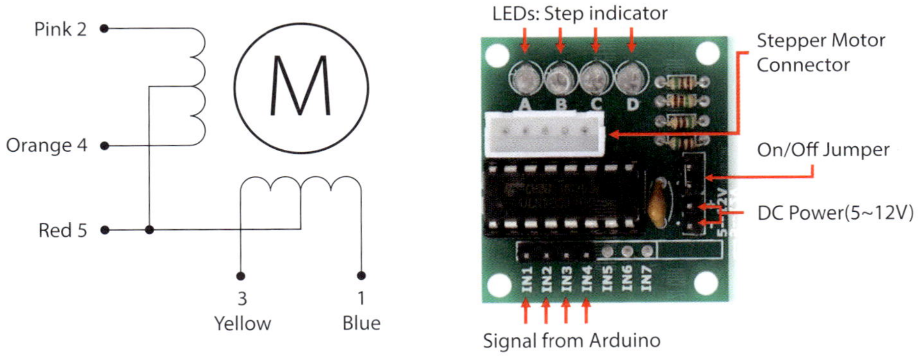


28BYJ-48 스테퍼모터　　　　ULN2003 드라이버

그림 7.13 28BYJ-48 스테퍼모터와 ULN2003 드라이버의 구조

### 스테퍼모터의 제어

5개의 선을 가진 28BYJ-48 스테퍼모터와 ULN2003 드라이버 IC 모듈을 이용하여 모터를 시계 방향으로 한 바퀴 회전을 한 후, 반시계 방향으로 다시 한 바퀴 회전하는 동작을 반복하는 아두이노 프로그램을 작성해보자. 실험에 필요한 하드웨어 장치와 부품은 다음과 같다.

**준 | 비 | 물**

아두이노 우노 보드 1개, 28BYJ-48 스테퍼모터 1개, ULN2003 드라이버 1개, 점퍼선 여러 개

아두이노 보드와 스테퍼모터 모듈의 연결은 그림 7.14와 같다. 먼저 28BYJ-48 스테퍼모터를 ULN2003 드라이버와 연결한다. 연결 소켓의 앞뒤 구분이 확실하므로 쉽게 연결할 수 있다. ULN2003 드라이버는 5~12V의 전원 공급이 가능하다. 점퍼선을 이용하여 ULN2003 드라이버에서 '+'로 표시된 부분은 아두이노 보드의 VCC(5V) 단자에 연결하고 '-'로 표시된 부분은 아두이노의 GND 단자에 연결한다. 그리고 ULN2003 드라이버의 IN1, IN2, IN3, IN4를 각각 아두이노 보드의 8, 9, 10, 11번 핀과 연결한다.

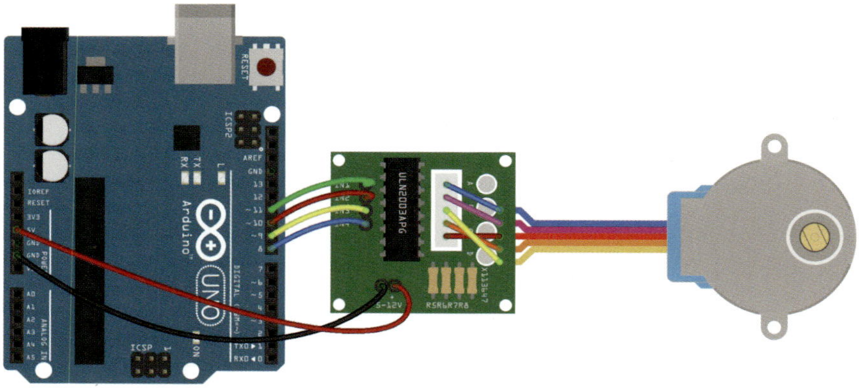


**그림 7.14** 28BYJ-48 스테퍼모터와 ULN2003 스테퍼 모듈의 연결

28BYJ-48 스테퍼모터는 1-3-2-4 단계 순서를 갖고 있다. 따라서 Stepper class의 인스턴스를 생성하기 위한 코드에서 아두이노의 디지털 핀 번호를 8, 10, 9 그리고 11의 순서로 입력해야한다.

시계 방향과 반시계 방향으로의 360도 회전을 각각 여덟 스텝씩 나누어 스테퍼모터의 샤프트를 회전시켜보자.

**스케치 7-5** **스테퍼모터의 시계 방향/반시계 방향 회전 제어**

```
#include <Stepper.h>

// 한 바퀴 (360도)를 완전하게 회전하려면 2048 스텝이 필요
const int stepsPerRevolution = 2048; // (2048 스텝 = 360도 회전)

// Stapper class의 인스턴스인 myStepper를 생성.
// 아두이노 보드의 디지털 8, 9, 10, 11번 핀을
```

```
08  // 스테퍼모터 드라이브의 IN1, IN3, IN2, IN4에 연결
09  // 인스턴스 생성 시 1-3-2-4 순서로 대응되는 핀 번호 입력
10  Stepper myStepper(stepsPerRevolution, 8, 10, 9, 11);
11
12  void setup() {
13      myStepper.setSpeed(14); // 스테퍼모터의 속도를 14RPMs로 설정
14  }
15
16  void loop() {
17      // 시계 반대 방향으로 한 바퀴 회전
18      myStepper.step(stepsPerRevolution);
19      delay(500);
20
21      // 시계 방향으로 한 바퀴 회전
22      myStepper.step(-stepsPerRevolution);
23      delay(500);
24  }
```

스테퍼모터의 샤프트가 360도 한 바퀴를 완전히 회전하려면 2048의 스텝 수가 필요하다. 스케치 7-5의 04번 행은 스테퍼모터가 한 번 작동할 때 이동할 스텝의 수를 설정한 것으로 이 값을 2048로 설정할 경우 스테퍼모터는 한 번 작동할 때 항상 360도씩 회전하게 된다. 10번 행은 스테퍼모터의 스텝 수는 2048로 설정하고, 아두이노의 디지털 8, 9, 10, 11번 핀을 ULN2003 드라이버의 IN1, IN2, IN3, IN4에 연결하라는 의미의 코드이다. 13번 행은 스테퍼모터의 회전 속도를 분당 회전수(RPMs: Rotations Per Minute)로 설정한다. 이 함수는 실제로 모터를 회전시키지는 않고 step() 함수를 호출할 때의 속도를 설정한다. 18번 행과 22번 행은 각각 시계 방향과 반시계 방향으로 한 바퀴 회전시키는 명령문이다.

이제 시계 방향과 반시계 방향으로 정확하게 여덟 단계로 한 바퀴 회전하는 스테퍼모터를 구현하고 아두이노 IDE 시리얼 모니터에 현재 회전 방향과 스텝 단계를 출력하는 프로그램을 작성하여 보자. 360도 한 바퀴를 여덟 단계로 나누어 회전하려면 한 번에 45도씩 샤프트를 이동해야 하며, 샤프트가 45도 회전하는 데 필요한 스텝 수는 256이다. 스케치 7-6의 03번 행에는 45도 회전할 수 있는 스텝의 수를 설정하였다. 07번 행에서는 한 번 동작에 256스텝을 이동하며 ULN2003 모듈의 IN1, IN2, IN3, IN4가 아두이노의 디지털 8, 9, 10 그리고 11번 핀에 차례대로 연결되어 있는 스테퍼모터 객체를 생성하였다. 10번 행에서 스테퍼모터의 회전 속도를 120RPMs로 설정하였으며, 11번 행에서 시리얼 통신속도를 초당 9600baud로 설정하면서 통신을 시작하였다. 18번 행에서 22번 행까지는 시계 방향으로 한 번에 256스텝(45도)씩 회전시키는 명령을 8번 반복하여 결국 한 바퀴 회전하도록 하였으며,

27번 행에서 31번 행까지는 반시계 방향으로 256스텝(45도)씩 8번 반복하여 한 바퀴 회전하도록 프로그램을 작성하였다. 또한 각 반복 단계마다 현재 수행하고 있는 반복 횟수를 시리얼 모니터에 표시하도록 하였다.

**스케치 7-6 8단계로 한 바퀴 회전하는 스테퍼모터의 구현**

```
01  #include <Stepper.h>
02
03  const int stepsPerRevolution = 2048/8;    // (256 스텝 = 45도 회전)
04
05  // ULN2003 스테퍼 모듈의 IN1, IN2, IN3, IN4를
06  // 아두이노의 D8, D9, D10, D11 핀에 순서대로 연결
07  Stepper myStepper(stepsPerRevolution, 8,10,9,11);    // IN 1-3-2-4 시퀀스
08
09  void setup() {
10      mySteppersetSpeed(120);                  // 모터의 속도를 120 RPMs로 설정
11      Serial.begin(9600);                      // 시리얼 포트의 초기화
12  }
13
14  void loop() {
15      if(Serial.available()){
16          Serial.println("clockwise");
17          // stepsPerRevolution만큼 8번 이동 (시계 방향으로 1회전):
18          for (int x=1;x<9;x++)
19          {
20              myStepper.step(stepsPerRevolution);
21              Serial.println(x);              // 현재 반복 횟수를 시리얼 모니터에 출력
22          }
23          delay(500);
24
25          Serial.println("counterclockwise");
26          // -stepsPerRevolution만큼 8번 이동(반시계 방향으로 1회전)
27          for (int x =1;x<9;x++)
28          {
29              myStepper.step(-stepsPerRevolution);
30              Serial.println(x);              // 현재 반복 횟수를 시리얼 모니터에 출력
31          }
32          delay(500);
33      }
34  }
```

### 시리얼 통신을 이용한 스테퍼모터의 제어

아두이노 IDE의 시리얼 모니터를 열고 -360도에서 360도 사이의 원하는 스텝 모터의 회전 각도를 정수로 입력하면 그 값이 시리얼 통신을 통하여 아두이노로 전달되고, 아두이노는 전달받은 각도만큼 스테퍼모터의 샤프트를 회전시키는 프로그램을 작성하여 보자.

스케치 7-7의 17번 행은 시리얼 통신을 통하여 아두이노가 시리얼 모니터에 입력한 회전 각도를 정수 형태로 읽어들이는 명령이다. 19번 행은 입력받은 회전각도(−360~360도)를 대응되는 스텝 수(−2048~2048)로 변환시키는 매핑 함수이며, 20번 행은 변환된 스텝 수만큼 샤프트를 회전시키는 명령이다. 그리고 21번 행은 변환된 스텝 수를 시리얼 모니터에 출력하는 명령어이다.

**스케치 7-7** 시리얼 통신을 이용한 스테퍼모터의 제어

```
01  #include <Stepper.h>
02
03  const int STEPS = 2048;                  // 2048 스텝 = 360도
04  // 스텝 수와 스테퍼모터 드라이브의 IN1, IN3, IN2, IN4이 연결될 아두이노 핀 번호 설정
05  Stepper stepper(STEPS, 8, 10, 9, 11);
06
07  void setup()
08  {
09      stepper.setSpeed(14);             // 스테퍼모터의 속도를 14rpms로 설정
10      Serial.begin(9600);               // 시리얼 통신 시작, 통신속도는 9600 baudrate
11      Serial.println("회전시킬 각도를 입력하시오.");
12  }
13
14  void loop()
15  {
16       if(Serial.available()) {
17          int val=Serial.parseInt();           // 회전각(-360~360) int형으로 읽기
18
19          val=map(val,-360, 360, -2048, 2048); // 회전 각도와 스텝 수의 범위 매핑
20          stepper.step(val);
21          Serial.println(val);
22          delay(10);
23      }
24  }
```

# 04 DC모터 제어

DC모터는 가볍고 구조가 간단하여 원격 조종 장난감을 비롯하여 선풍기나 냉장고 등의 가전제품, 자동문, 엘리베이터, 전기자동차나 고속 열차 등 다양한 영역에서 광범위하게 사용되고 있다. DC모터에는 2개의 케이블이 있는데 하나는 +극(5V)에, 다른 하나는 −극(GND)에 연결한다. DC모터는 양방향으로 동작하며, 만약 DC모터의 두 케이블이 연결된 극성을 서로 바꾸면 연결된 전류의 방향이 바뀌어서 DC모터의 회전 방향이 변경된다.

**그림 7.15** 아두이노와 ULN2003A를 이용한 DC모터의 연결도

**스케치 7-8** 간단한 DC모터의 제어

```
int motor = 13;

void setup()
{
    pinMode(motor, OUTPUT);
}

```

```
void loop()
{
    digitalWrite(motor, HIGH);     // DC모터의 회전
    delay(1000);
    digitalWrite(motor, LOW);      // DC모터의 회전 멈춤
    delay(1000);
}
```

그림 7.15와 같이 ULN2003A를 이용하여 DC모터를 아두이노에 연결한다. 단순히 DC모터를 제어해보는 것이 목적이라면 스케치 7-8과 같이 digitalWrite() 함수를 이용한다. 그러나 digitalWrite() 함수를 사용하면 DC모터의 속도는 제어할 수 없다.

푸시버튼을 누르고 있는 동안에만 DC모터가 작동하도록 아두이노 하드웨어와 프로그램을 구성하여 보자. 그림 7.16은 그림 7.15와 같은 구성 위에 푸시버튼과 10kΩ짜리 저항을 각각 한 개씩 추가한 것이다. 푸시버튼은 아두이노의 디지털 12번 핀에 연결한다.

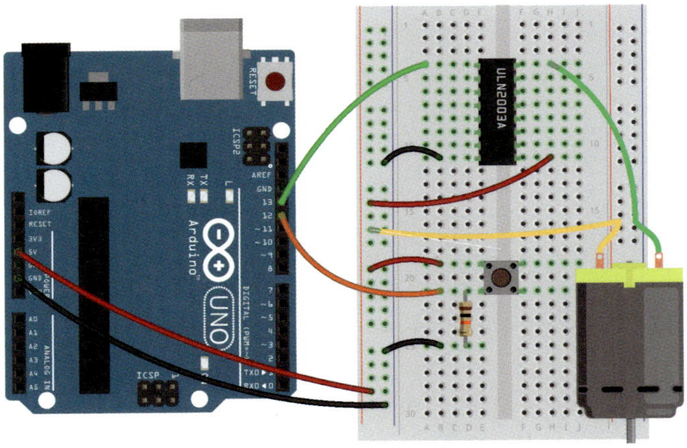


**그림 7.16** 푸시버튼을 이용하여 DC모터를 제어하기 위한 연결도

그림 7.16과 같이 아두이노의 하드웨어 장치의 구성이 완성되면 스케치 7-9와 같이 프로그램을 작성한다. 푸시버튼이 눌려진 경우 상태를 나타내는 변수인 state에 1을 대입하고 그렇지 않으면 state에 0을 대입한다. DC모터는 state 변수의 값이 1인 경우에만 동작하도록 프로그램을 작성하였다.

**스케치 7-9** **푸시버튼을 이용한 DC모터의 제어**

```
int state = 0;
int motor = 13;
```

```
int btn = 12;
void setup() {
    pinMode(motor, OUTPUT);
    pinMode(btn, INPUT);
}

void loop() {
    if (digitalRead(btn) == HIGH){
        state=1;
    }
    else {
        state=0;
    }

    if (state == 1) {
        digitalWrite(motor, HIGH);
    }
    else {
        digitalWrite(motor, LOW);
    }
}
```

- 모터는 라틴어의 'moto(움직이다)'에서 온 단어로 플레밍의 왼손 법칙에 따라 전기 에너지를 운동 에너지로 변환하는 장치이다.
- DC모터는 전기장에 흐르는 전류의 방향을 전환하면서 자력의 밀어내는 힘이나 끌어당기는 힘으로 회전력을 생성시키는 원리로 작동되며, 가볍고 구조가 간단하지만 전기가 멈추어야 할 때 관성에 의하여 정확한 정지 위치를 지정하기 어렵다는 단점이 있다.
- DC모터를 제어하기 위하여 digitalWrite() 함수를 이용한다. digitalWrite() 함수를 사용하면 DC모터의 속도는 제어할 수 없다.
- 서보모터는 정확한 위치 제어가 어려운 DC모터의 단점을 극복하기 위하여 DC모터에 귀환 회로를 추가하여 0° ~ 180°의 각도를 정밀하게 제어할 수 있는 모터이다. 주로 로봇 분야에서 관절이나 손과 같은 정밀함이 필요한 경우에 주로 사용되고 있다.
- 서보모터를 제어하는 아두이노 프로그램을 작성하려면 프로그램의 윗부분에 #include <servo.h>를 입력하여 서보모터의 제어를 위한 객체를 정의한 서보 라이브러리를 포함해야 한다.
- servo.attach(pin) 함수는 서보모터를 어느 핀으로 제어할 것인지를 설정하는 함수이다.
- servo.write(angle) 함수는 서보에 angle 값을 전달하여 값에 따라 샤프트를 해당 방향으로 정확하게 이동시키는 함수이다.
- 스테퍼모터는 아날로그 시계의 초침처럼 고유의 분할 각도가 있고 이 각도에 따라 단계적으로(step-by-step) 움직이는 모터로 360° 회전할 수 있으며 회전수, 정확한 각도, 방향 등을 제어할 수 있다.
- 스테퍼모터는 회전하는 것이 아니라 한 순간에 한 스텝씩 이동하는 것이다. 만약 360° 회전을 하려면 최대 200단계로 나누어 한 단계에 1.8°씩 일정한 크기로 축을 이동시킨다.
- 스테퍼모터의 샤프트가 한 바퀴(360°)를 완전히 회전하려면 2048의 스텝 수가 필요하다.

**01.** 모터는 ( ) 에너지를 ( ) 에너지로 변환하는 장치이다.

**02.** (참/거짓) DC모터는 가볍고 구조가 간단하고 전기를 끊었을 때 정확하게 멈추는 장점이 있어서 원격조종 장난감이나 선풍기 등의 가전제품뿐만 아니라 전기자동차나 고속 열차 등 다양한 영역에 사용되고 있다.

**03.** (참/거짓) 서보모터는 DC모터에 귀환 회로를 추가하여 0° ~ 360°의 각도를 정밀하게 제어할 수 있는 모터이다. 주로 로봇 분야에서 관절이나 손과 같은 정밀함이 필요한 쪽으로 많은 사용이 되고 있다.

• (4 ~ 5) 서보 라이브러리의 함수를 사용하여 다음과 같이 서보모터 객체를 생성하였다.

```
Servo myServo;
```

**04.** 다음 중에서 디지털 9번 핀으로 서보모터를 제어하도록 설정하는 명령문은 무엇인가?

❶ myServo.control(9);
❷ myServo.attach(9);
❸ myServo.entreat(9);
❹ myServo.detach(9);

**05.** 다음 중에서 서보에 angle 값을 전달하여 값에 따라 샤프트를 해당 방향으로 이동시키는 명령문은 무엇인가?

❶ myServo.move(angle);
❷ myServo.rotate(angle);
❸ myServo.translate(angle);
❹ myServo.write(angle);

**06.** 스테퍼모터의 객체가 다음과 같이 생성되었다. 모터의 속도를 150RPMs으로 설정하는 명령문을 작성하시오.

```
Stepper myStepper(stepsPerRevolution, 8,10,9,11);
```

**07.** 변수 angle에는 −360도에서 360도 사이의 회전각도가 정수 형태로 저장되어 있다. 이 값을 −2048에서 2048 사이의 스텝 수의 범위로 매핑시킬 수 있는 명령문을 작성하시오.

**08.** 다음 함수의 의미를 설명하시오.

```
map(val, 0, 1023, 0, 180);
```

**09.** 디지털 핀 10번에 연결되어 있는 DC모터를 회전시키는 코드를 작성하시오.

**10.** 푸시버튼 2개를 이용하여 버튼1을 누르면 서보모터의 angle을 증가시키고 버튼2를 누르면 angle을 감소시키는 코드를 작성하시오.

**11.** 키보드의 “R” 또는 “r” 키를 누르면 스테퍼모터를 오른쪽(시계 방향)으로 360도 회전시키고, 키보드의 “L” 또는 “l” 키를 누르면 스테퍼모터를 왼쪽(반시계 방향)으로 360도 회전시키는 아두이노 코드를 작성하시오.

Introduction to **Arduino**

08

# 도트 매트릭스

**학습목표**

- 다이오드의 극성을 파악할 수 있다.
- Common Cathode와 Common Anode의 원리를 이해한다.
- 다이오드에서 전류의 흐름을 이해한다.
- 도트 매트릭스 원리를 이해한다.

**학습내용**

- Common Cathode와 Common Anode 실험
- 도트 매트릭스의 Common Cathode와 Common Anode 실험
- 도트 매트릭스에 글자/문자 표시
- 도트 매트릭스에 연속으로 글자/문자 표시

이 장에서는 도트 매트릭스의 기본이 되는 다이오드의 기본 구조를 설명한다. 실험을 통하여 공통 애노드(Common Anode)와 공통 캐소드(Common Cathode)의 원리를 이해할 수 있다. LED 도트 매트릭스의 원리 이해를 통하여 다양한 글자와 모양을 넣을 수 있다. 고정된 글자 이외에도 LED 도트 매트릭스를 이용하여 움직이는 광고판을 제작할 수 있다.

# 01 Common Anode와 Common Cathode

Introduction to **Arduino**

7개의 LED를 이용한 7-세그먼트 디스플레이와 달리 도트 매트릭스 디스플레이를 사용하여 알파벳, 숫자 또는 사용자 정의 문자들을 출력할 수 있다. 도트 매트릭스는 내부 구성 LED가 행과 열로 되어 있다는 의미이다. 8x8이란 가로 8개 그리고 세로 8개 총 64개의 LED로 구성되어 있다는 것이다. 도트 매트릭스를 사용하기 위해서는 매트릭스 핀을 통하여 적절한 전류가 흐르면 해당하는 LED가 켜지게 된다. 전류를 흘려주는 방식에 따라 Common Anode와 Common Cathode의 두 가지 형식이 있다. 먼저 Common Anode와 Common Cathode에 대하여 알아보자.

LED는 다이오드의 한 종류이며, Anode와 Cathode의 정의는 아래와 같다.

- **Anode**: (+)극으로 전자를 방출하거나 산화(oxidation)반응이 일어나는 전극, 전류가 흘러 들어가는 쪽을 의미한다. (다리가 약간 휘어진 모양)
- **Cathode**: (−)극으로 전자가 들어가거나 환원(reduction)반응이 일어나는 전극, 전류가 흘러나오는 쪽을 의미한다.(다리가 곧은 모양)

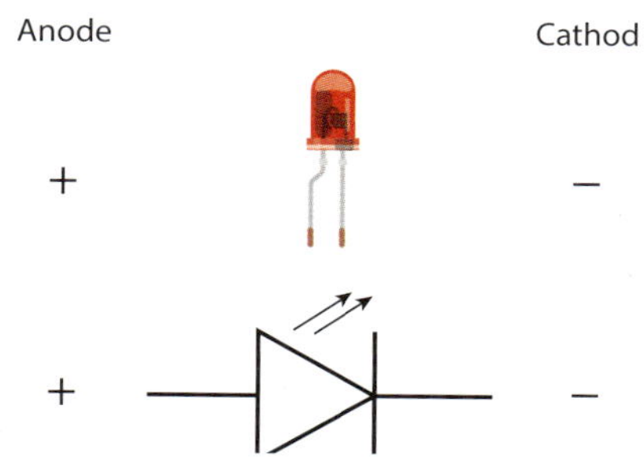


**그림 8.1** LED의 부분별 이름과 기호

그리고 Common Anode와 Common Cathode 정의는 아래와 같다.

- **Common Anode:** 양극이 모두 묶여 있으며, MCU 포트에 LOW 신호를 공급하면 시스템이 동작하는 방식(그림 8.2-a).
- **Common Cathode:** 음극이 모두 묶여 GND로 향하게 되는 것으로서, MCU에서 HIGH 신호를 공급하면 동작하는 방식(그림 8.2-b).

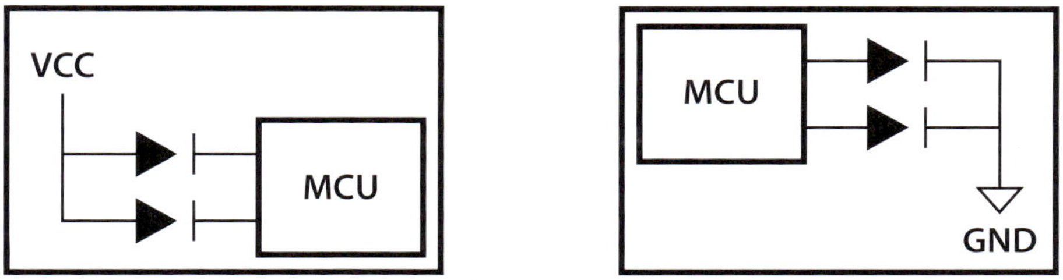


(a) Common Anode (b) Common Cathode

**그림 8.2** Common Anode와 Common Cathode

## Common Cathode 실험

먼저 그림 8.3-a와 같이 회로를 구성한다. LED의 (−)부분(Cathode)을 아두이노의 GND와 연결한다. 그리고 (+)부분(Anode)은 저항과 함께 아두이노의 7번에 연결한다. 이것은 공통으로 (−)를 묶고 입력 포트(7번)의 상태에 따라 LED를 ON/OFF 시킨다. 아두이노의 7번 핀에 HIGH를 입력하면 전류가 흐르게 되어 LED가 ON되며, LOW를 입력하면 전류가 흐르지 못하므로 LED가 OFF된다.

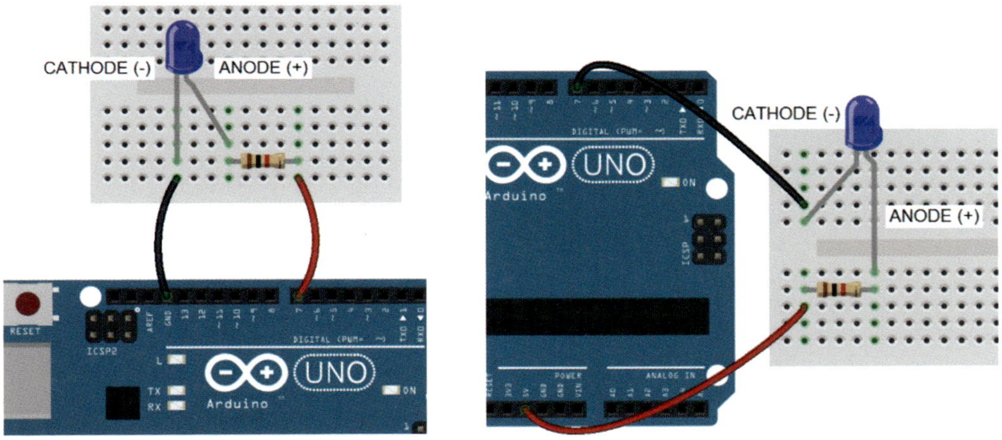


(a) (b)

**그림 8.3** Common Cathode와 Common Anode 실험 연결도

**스케치 8-1** Common Cathode 프로그램

```
#define LED_PIN 7
void loop(){
    pinMode(LED_PIN, OUTPUT);
}
```

```
void loop(){
    digitalWrite(LED_PIN, HIGH);    // Trun on the LED
    delay(10000);                   // 10초
    digitalWrite(LED_PIN, LOW);     // Turn off the LED
    delay(3000);                    // 3초
}
```

### Common Anode 실험

Common Anode 실험은 그림 8.3-b와 같이 회로를 구성한다. LED의 (−)부분을 아두이노의 7번에 연결한다. 그리고 (+)부분은 저항과 함께 아두이노의 5V에 연결한다. LED의 (+)는 공통으로 항상 +5V를 공급하며, LED의 음극(−)에 연결된 아두이노의 7번 포트에 LOW을 입력하면 전류가 흐르게 되어 LED가 ON되며, HIGH를 입력하면 전류가 흐르지 못하여 LED는 OFF된다.

**스케치 8-2** **Common Anode 프로그램**

```
#define LED_PIN 7
void loop(){
    pinMode(LED_PIN, OUTPUT);
}
void loop(){
    digitalWrite(LED_PIN, LOW);      // Trun on the LED
    delay(10000);                    // 10초
    digitalWrite(LED_PIN, HIGH);     // Turn off the LED
    delay(3000);                     // 3초
}
```

LED를 여러 개 사용할 때 보통은 애노드 방식을 많이 사용한다. 아두이노에서 +5V나 3.3V를 내보내게 되는데, LED 수가 많아질수록 전류 소모량도 많아지고 제한된 전류로 인해 LED 밝기가 줄어든다.

# 02 도트 매트릭스

도트 매트릭스는 LED를 매트릭스 형태로 배열하여 다양한 문자나 패턴을 표현할 수 있도록 해주는 표시장치이다. 광고를 비롯한 다양한 분야에 활용되고 있다. 일반적으로 8x8이 기본 형태이며, 알파벳 한 글자, 숫자 그리고 사용자 모양 등을 이용하여 다양한 정보를 표현할 수 있다. 8x8 기본 제품 모양은 그림 8.4-a와 같으며, 핀의 번호는 그림 8.4-b에서 동그라미 부분이 있는 쪽을 기준으로 왼쪽이 1번이며 오른쪽이 9번이다. 9번 맞은편이 10번이며, 1번 맞은편이 16번이 된다.

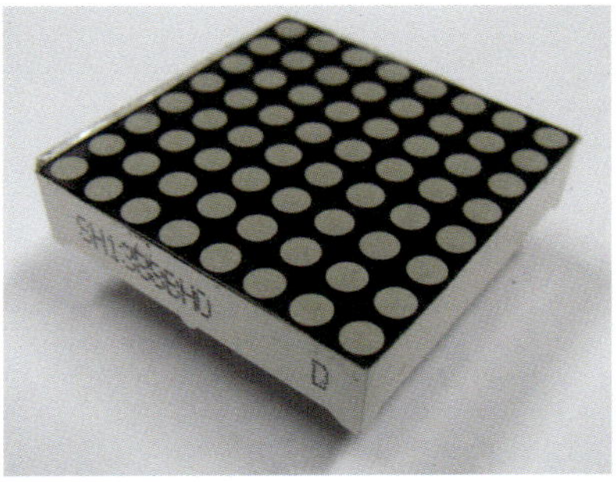

(a)

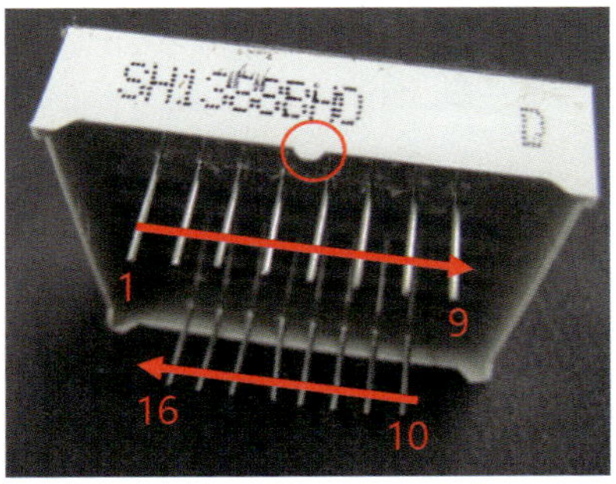


(b)

**그림 8.4** LED 도트 매트릭스 외형 및 핀 배치도

그림 8.5는 도트 매트릭스 내부 모듈 회로를 나타내었다. 앞에서 설명한 것처럼 공통으로 묶이는 부분에 따라 그림 8.5과 같이 2가지 형태를 가진다. 도트 매트릭스의 각 LED는 행(ROW)과 열(COL)의 교차점에 위치하며 열(COL)이 HIGH 레벨, 행(ROW)이 LOW 레벨로 설정되면 LED는 켜지게 된다(그림 8.5-a). 부품에 따라서 열이 LOW 레벨, 행이 HIGH 레벨로 설정될 때 LED가 켜질 수도 있으므로(그림 8.5-b) 부품 번호에 해당하는 설명서를 참조해서 실험을 해야 한다.

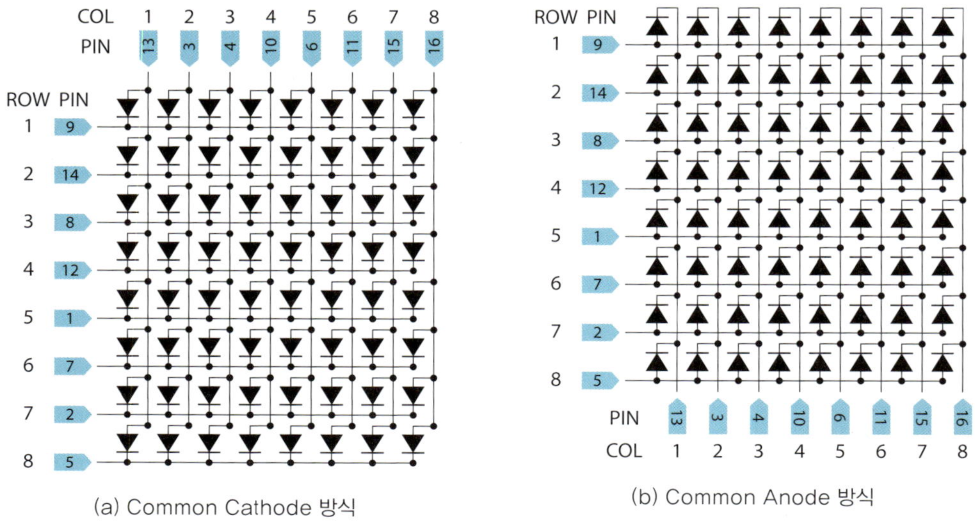


**그림 8.5** 도트 매트릭스 내부 회로도

## 도트 매트릭스의 common cathode와 anode 실험

먼저 아래 표 8.1과 그림 8.6을 이용하여 도트 매트릭스 핀과 아두이노를 연결한다.

**표 8.1** 도트 매트릭스 핀과 아두이노 연결 매칭

| 매트릭스 외부 핀 번호 | 아두이노 핀 번호 | 매트릭스 외부 핀 번호 | 아두이노 핀 번호 |
|---|---|---|---|
| 1 | 5 | 9 | 13 |
| 2 | 4 | 10 | 12 |
| 3 | 3 | 11 | 11 |
| 4 | 2 | 12 | 10 |
| 5 | A0 | 13 | 9 |
| 6 | A1 | 14 | 8 |
| 7 | A2 | 15 | 7 |
| 8 | A3 | 16 | 6 |

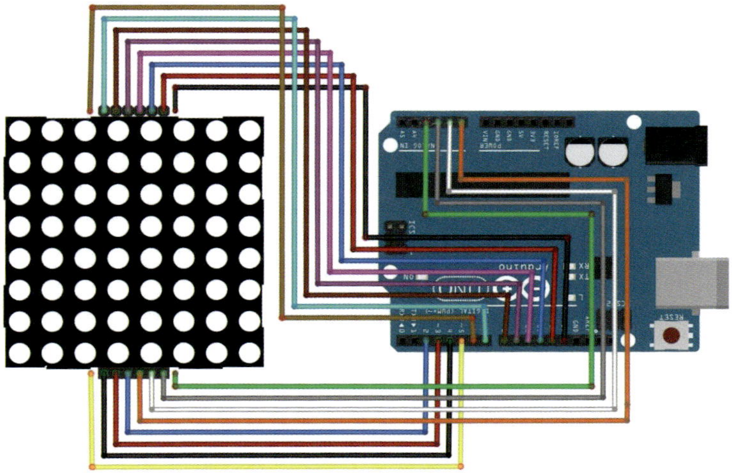

그림 8.6 도트 매트릭스 연결도

이번 실험은 ROW의 첫 번째와 COL의 첫 번째 및 두 번째에 켜지는 것을 확인하여 주어진 도트 매트릭스가 Common Anode인지, Common Cathode인지를 확인한다.

**스케치 8-3 도트 매트릭스의 common cathode와 anode 점검**

```
byte col = 0;
byte leds[8][8];

// pin[xx] on led matrix connected to nn on Arduino
// (-1 is dummy to make array start at pos 1)
int pins[17]= {-1, 5, 4, 3, 2, 14, 15, 16, 17, 13, 12, 11, 10, 9,8, 7, 6};

// row[xx] of leds = pin yy on led matrix
int rows[8] = {pins[9],pins[14],pins[8],pins[12],pins[1],pins[7],pins[2],
                                                                    pins[5]};

// col[xx] of leds = pin yy on led matrix
int cols[8] = {pins[13], pins[3], pins[4], pins[10], pins[06],pins[11],
                                                         pins[15], pins[16]};

void setup() {
    // put your setup code here, to run once:
    for (int i = 1; i <= 16; i++) {
        pinMode(pins[i], OUTPUT);
    }

```

```
    for (int i = 1; i <= 8; i++) {
        digitalWrite(cols[i - 1], HIGH);
    }
    // set up cols and rows
    for (int i = 1; i <= 8; i++) {
        digitalWrite(rows[i - 1], LOW);
    }
}
void loop() {
    // Dot Matrix Common Cathode and Common Anode 테스트
     digitalWrite(rows[1], HIGH);
     digitalWrite(cols[1], LOW);
     digitalWrite(cols[2], LOW);
}
```

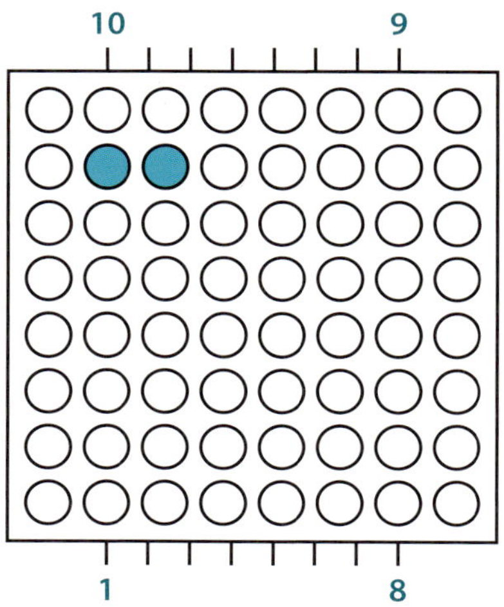


**그림 8.7** Common Anode Type 실험 결과

rows[1]에 HIGH을 입력, cols[1]과 cols[2]에 LOW을 입력한다. 실험 결과는 그림 8.7처럼 ROW 2, COL 2 그리고 COL 3 LED에 불이 ON되면, 이것은 그림 8.3-b처럼 회로가 구성된 것이므로 Common Anode Type이다. 만약 불이 켜지지 않으면 Common Cathode Type이다(주의, 프로그램에서 배열은 0부터 카운트 된다).

# 03 도트 매트릭스를 한 줄 및 X 모양으로 표시

이번 실험은 Common 단자를 이용하여 ROW와 COL이 같은 곳에 LED를 켜는 것이다. 그리고 도트 매트릭스에 X모양으로도 LED를 켠다.

## COL 방향 LED 켜기 – Common Anode Type 기준

그림 8.5-b를 살펴보면 COL 1에 LOW 그리고 8개의 ROW에 HIGH 입력하면 전류가 흐르게 되어 첫 번째 ROW의 LED가 그림 8.8처럼 켜진다.

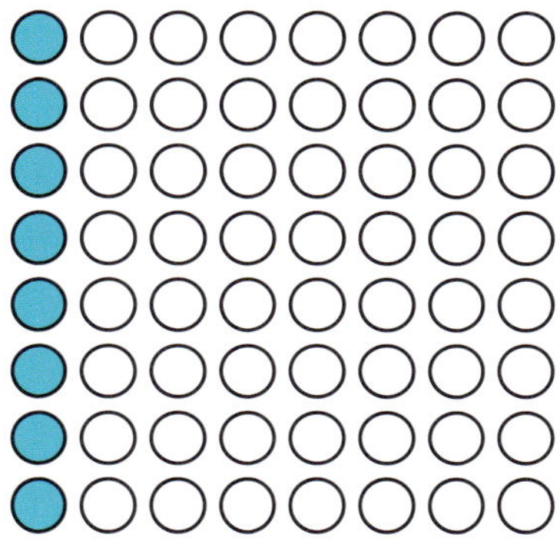

그림 8.8 COL 방향 LED 켜기

**스케치 8-4 도트 매트릭스의 COL 방향 LED 켜기**

```
byte col = 0;
byte leds[8][8];

// pin[xx] on led matrix connected to nn on Arduino
// (-1 is dummy to make array start at pos 1)
int pins[17]= {-1, 5, 4, 3, 2, 14, 15, 16, 17, 13, 12, 11, 10, 9,8, 7, 6};

// row[xx] of leds = pin yy on led matrix
int rows[8] = {pins[9], pins[14], pins[8], pins[12], pins[1],
                                        pins[7], pins[2], pins[5]};
```

```

// col[xx] of leds = pin yy on led matrix
int cols[8] = {pins[13], pins[3], pins[4], pins[10], pins[06],
                                                  pins[11], pins[15], pins[16]};

void setup() {
    // put your setup code here, to run once:
    for (int i = 1; i <= 16; i++) {
        pinMode(pins[i], OUTPUT);
    }
    for (int i = 1; i <= 8; i++) {
        digitalWrite(cols[i - 1], HIGH);
    }
    // set up cols and rows
    for (int i = 1; i <= 8; i++) {
        digitalWrite(rows[i - 1], LOW);
    }
}
void loop() {
    for (int i = 0; i < 8; i++) {
        digitalWrite(rows[i], HIGH);
        digitalWrite(cols[0], LOW);
    }
}
```

### ROW 방향 LED 켜기 – Common Anode Type 기준

그림 8.3-b를 살펴보면 ROW 1에 HIGH 그리고 8개의 COL에 LOW을 입력하면 전류가 흐르게 되어 첫 번째 COL의 8개 LED가 그림 8.9처럼 켜진다.

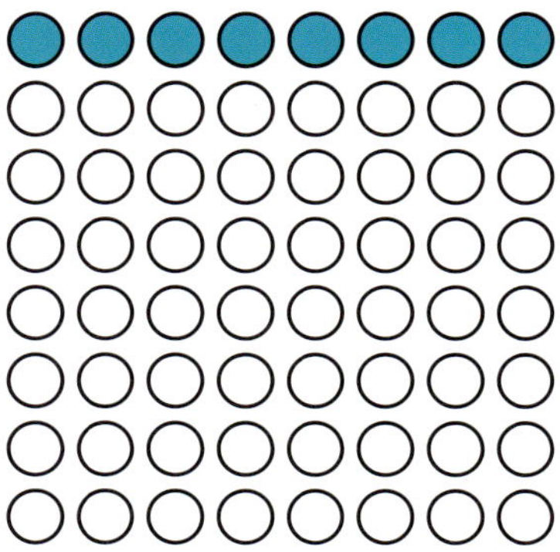

**그림 8.9** ROW 방향 LED 켜기

**스케치 8-5 도트 매트릭스의 COL 방향 LED 켜기**

```
byte col = 0;
byte leds[8][8];

// pin[xx] on led matrix connected to nn on Arduino
// (-1 is dummy to make array start at pos 1)
int pins[17]= {-1, 5, 4, 3, 2, 14, 15, 16, 17, 13, 12, 11, 10, 9,8, 7, 6};

// row[xx] of leds = pin yy on led matrix
int rows[8] = {pins[9], pins[14], pins[8], pins[12], pins[1],
                                                pins[7], pins[2], pins[5]};

// col[xx] of leds = pin yy on led matrix
int cols[8] = {pins[13], pins[3], pins[4], pins[10], pins[06],
                                             pins[11], pins[15], pins[16]};

void setup() {
    // put your setup code here, to run once:
    for (int i = 1; i <= 16; i++) {
        pinMode(pins[i], OUTPUT);
    }
    for (int i = 1; i <= 8; i++) {
        digitalWrite(cols[i - 1], HIGH);
    }
    // set up cols and rows
    for (int i = 1; i <= 8; i++) {
        digitalWrite(rows[i - 1], LOW);
    }
}
void loop() {
    for (int i = 0; i < 8; i++) {
        digitalWrite(rows[0], HIGH);
        digitalWrite(cols[i], LOW);
    }
}
```

### 대각선 방향 LED 켜기 – Common Anode Type 기준

대각선인 경우는 ROW와 COL이 같은 경우와 7-j 번째의 경우이며, 그림 8.10과 같다. 이때 j는 0부터 7까지이다.

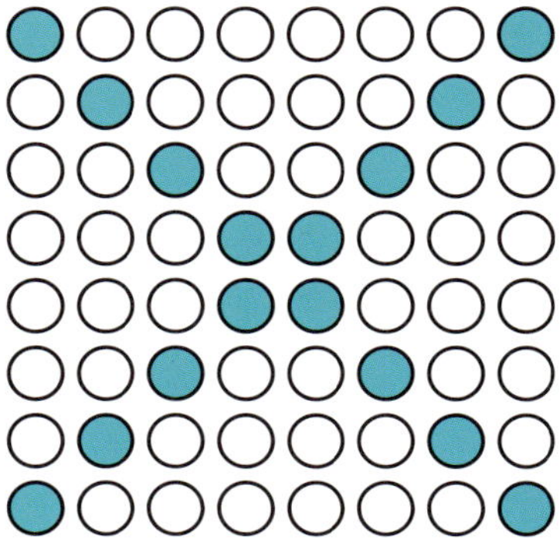

**그림 8.10** 대각선 방향 LED 켜기

이때 주의해야 할 것은 대각선 이외의 LED는 OFF가 되어야 하므로 추가적인 작업이 필요하다.

**스케치 8-6** **도트 매트릭스의 대각선 방향 LED 켜기**

```
byte col = 0;
byte leds[8][8];

// pin[xx] on led matrix connected to nn on Arduino
// (-1 is dummy to make array start at pos 1)
int pins[17]= {-1, 5, 4, 3, 2, 14, 15, 16, 17, 13, 12, 11, 10, 9,8, 7, 6};

// row[xx] of leds = pin yy on led matrix
int rows[8] = {pins[9],pins[14],pins[8],pins[12],pins[1],pins[7],pins[2],
                                                                   pins[5]};

// col[xx] of leds = pin yy on led matrix
int cols[8]  =  {pins[13],pins[3],pins[4],pins[10],pins[06],pins[11],
                                                         pins[15],pins[16]};

void setup() {
    // put your setup code here, to run once:
    for (int i = 1; i <= 16; i++) {
        pinMode(pins[i], OUTPUT);
    }
    for (int i = 1; i <= 8; i++) {
        digitalWrite(cols[i - 1], HIGH);
    }
    // set up cols and rows
```

```
    for (int i = 1; i <= 8; i++) {
        digitalWrite(rows[i - 1], LOW);
    }
}
void loop() {
    for (int i = 0; i < 8; i++) {
        for (int j = 0; j < 8; j++) {
            if (i == j) {
                digitalWrite(rows[7-j], HIGH);
                digitalWrite(rows[j], HIGH);
                digitalWrite(cols[i], LOW);
            }
            digitalWrite(rows[7-j], LOW);
            digitalWrite(rows[j], LOW);
            digitalWrite(cols[i], HIGH);
        }
    }
}
```

loop() 함수의 두 번째 for문 안에서 ROW와 COL이 같은 경우와 ROW가 7-j번째인 경우에 대해 HIGH 신호를 그리고 COL에 대해서는 LOW 신호를 입력하면 전류가 흐르게 되어 LED가 ON 된다. 그러나 대각선 이외의 LED는 OFF가 되어야 하므로 두 번째 for문 안에 나머지 LED를 OFF 시키는 3개 문장을 넣어준다.

# 04 하트 모양과 스마일 표시

이번 실험은 도트 매트릭스에 하트 모양을 표시하고자 한다. 실험 2와 실험 3에서 배운 원리를 참조하여 그림 8.11처럼 나타내보자.

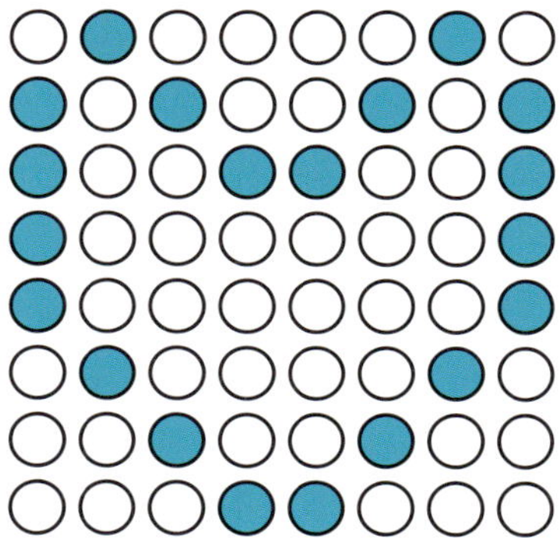

**그림 8.11** 하트 모양과 스마일 모양 출력

**스케치 8-7** 도트 매트릭스를 이용하여 하트 모양 출력하기

```
#include <FrequencyTimer2.h>
// 하트 모양
byte col = 0;
byte leds[8][8];

// pin[xx] on led matrix connected to nn on Arduino
                                   (-1 is dummy to make array start at pos 1)
int pins[17]= {-1, 5, 4, 3, 2, 14, 15, 16, 17, 13, 12, 11, 10, 9,8, 7, 6};

// row[xx] of leds = pin yy on led matrix
int rows[8] = {pins[9], pins[14], pins[8], pins[12], pins[1],pins[7],
                                                      pins[2], pins[5]};

// col[xx] of leds = pin yy on led matrix
int cols[8]  = {pins[13], pins[3], pins[4], pins[10], pins[06],pins[11],
                                                    pins[15], pins[16]};
```

```
int pattern = 0;
void setup() {
    // put your setup code here, to run once:
    for (int i = 1; i <= 16; i++) {
        pinMode(pins[i], OUTPUT);
    }
    for (int i = 1; i <= 8; i++) {
        digitalWrite(cols[i - 1], HIGH);
    }
    // set up cols and rows
    for (int i = 1; i <= 8; i++) {
        digitalWrite(rows[i - 1], LOW);
    }
}
void loop() {
    digitalWrite(rows[0], HIGH);    // 0행 LED ON
    digitalWrite(cols[1], LOW);
    digitalWrite(cols[6], LOW);
    delay(2);
    clear();
    digitalWrite(rows[1], HIGH);    // 1행 LED ON
    digitalWrite(cols[0], LOW);
    digitalWrite(cols[2], LOW);
    digitalWrite(cols[5], LOW);
    digitalWrite(cols[7], LOW);
    delay(2);
    clear();
    digitalWrite(rows[2], HIGH);    // 2행 LED ON
    digitalWrite(cols[0], LOW);
    digitalWrite(cols[3], LOW);
    digitalWrite(cols[4], LOW);
    digitalWrite(cols[7], LOW);
    delay(2);
    clear();
    digitalWrite(rows[3], HIGH);    // 3행 LED ON
    digitalWrite(cols[0], LOW);
    digitalWrite(cols[7], LOW);
    delay(2);
    clear();
    digitalWrite(rows[4], HIGH);    // 4행 LED ON
    digitalWrite(cols[0], LOW);
    digitalWrite(cols[7], LOW);
```

```
56      delay(2);
57      clear();
58      digitalWrite(rows[5], HIGH);    // 5행 LED ON
59      digitalWrite(cols[1], LOW);
60      digitalWrite(cols[6], LOW);
61      delay(2);
62      clear();
63      digitalWrite(rows[6], HIGH);    // 6행 LED ON
64      digitalWrite(cols[2], LOW);
65      digitalWrite(cols[5], LOW);
66      delay(2);
67      clear();
68      digitalWrite(rows[7], HIGH);    // 7행 LED ON
69      digitalWrite(cols[3], LOW);
70      digitalWrite(cols[4], LOW);
71      delay(2);
72      clear();
73  }
74  void reset() {
75      for(int i = 0; i < 8 ; i++){
76          digitalWrite(rows[i],LOW);
77          digitalWrite(cols[i],HIGH);
78      }
79  }
```

여기서 74번 행의 reset 함수는 LED를 초기화해주는 함수이다.

# 05 도트 매트릭스에 움직이는 글자와 모양 표시

이번 실험은 도트 매트릭스에 글자와 모양을 움직이면서 표시하는 것이다. 도트 매트릭스에 모양을 만들 때 한 번에 만드는 것이 아니라 0번째 행부터 7번째 행까지 빠르게 번갈아 가면서 화면에 보여주는 것이다. 이것은 사람 눈의 잔상 효과를 이용한 것이며, 모든 줄이 빛이 나는 것처럼 보이게 된다. 실험에서 출력하는 문자는 'H', 'I', '!' 그리고 스마일 모양이며 그림 8.12와 같다.

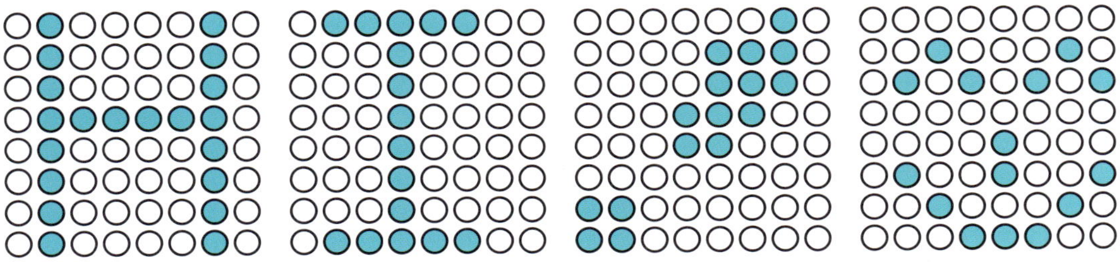

그림 8.12 문자열 출력

**스케치 8-8** **도트 매트릭스를 이용하여 문자열 출력하기**

```
#include <FrequencyTimer2.h>
#define SPACE { \
    {0, 0, 0, 0, 0, 0, 0, 0}, \
    {0, 0, 0, 0, 0, 0, 0, 0}, \
    {0, 0, 0, 0, 0, 0, 0, 0}, \
    {0, 0, 0, 0, 0, 0, 0, 0}, \
    {0, 0, 0, 0, 0, 0, 0, 0}, \
    {0, 0, 0, 0, 0, 0, 0, 0}, \
    {0, 0, 0, 0, 0, 0, 0, 0}, \
    {0, 0, 0, 0, 0, 0, 0, 0} \
}

#define H { \
    {0, 1, 0, 0, 0, 0, 1, 0}, \
    {0, 1, 0, 0, 0, 0, 1, 0}, \
```

```
    {0, 1, 0, 0, 0, 0, 1, 0}, \
    {0, 1, 1, 1, 1, 1, 1, 0}, \
    {0, 1, 0, 0, 0, 0, 1, 0}, \
    {0, 1, 0, 0, 0, 0, 1, 0}, \
    {0, 1, 0, 0, 0, 0, 1, 0}, \
    {0, 1, 0, 0, 0, 0, 1, 0}    \
}
#define I    { \
    {0, 0, 1, 1, 1, 0, 0, 0}, \
    {0, 0, 0, 1, 0, 0, 0, 0}, \
    {0, 0, 0, 1, 0, 0, 0, 0}, \
    {0, 0, 0, 1, 0, 0, 0, 0}, \
    {0, 0, 0, 1, 0, 0, 0, 0}, \
    {0, 0, 0, 1, 0, 0, 0, 0}, \
    {0, 0, 0, 1, 0, 0, 0, 0}, \
    {0, 0, 1, 1, 1, 0, 0, 0}  \
}
#define Q { \
    {0, 0, 0, 0, 0, 0, 1, 0}, \
    {0, 0, 0, 0, 1, 1, 1, 0}, \
    {0, 0, 0, 0, 1, 1, 1, 0}, \
    {0, 0, 0, 1, 1, 1, 0, 0}, \
    {0, 0, 0, 1, 1, 0, 0, 0}, \
    {0, 0, 0, 0, 0, 0, 0, 0}, \
    {0, 1, 1, 0, 0, 0, 0, 0}, \
    {0, 1, 1, 0, 0, 0, 0, 0}  \
}
#define SMILE { \
    {0,0,0,0,0,0,0,0,},\
    {0,0,1,0,0,0,1,0,},\
    {0,1,0,1,0,1,0,1,},\
    {0,0,0,0,0,0,0,0,},\
    {0,0,0,0,1,0,0,0,},\
    {0,1,0,0,1,0,0,1,},\
    {0,0,1,0,0,0,1,0,},\
    {0,0,0,1,1,1,0,0,} \
}
byte col = 0;
byte leds[8][8];

// pin[xx] on led matrix connected to nn on Arduino
// (-1 is dummy to make array start at pos 1)
```

```
int pins[17]= {-1, 5, 4, 3, 2, 14, 15, 16, 17, 13, 12, 11, 10, 9,8, 7, 6};

// row[xx] of leds = pin yy on led matrix
int rows[8] = {pins[9], pins[14], pins[8], pins[12], pins[1],pins[7],
                                                    pins[2], pins[5]};

// col[xx] of leds = pin yy on led matrix
int cols[8] = {pins[13], pins[3], pins[4], pins[10], pins[06],pins[11],
                                                  pins[15], pins[16]};

const int numPatterns = 5;
byte patterns[numPatterns][8][8] = {
    H, I, Q, SMILE, SPACE
};
int pattern = 0;
void setup() {
    // put your setup code here, to run once:
    for (int i = 1; i <= 16; i++) {
        pinMode(pins[i], OUTPUT);
    }
    for (int i = 1; i <= 8; i++) {
        digitalWrite(cols[i - 1], HIGH);
    }
    // set up cols and rows
    for (int i = 1; i <= 8; i++) {
        digitalWrite(rows[i - 1], HIGH);
    }
    clearLeds();
    FrequencyTimer2::disable();
    FrequencyTimer2::setPeriod(2000);
    FrequencyTimer2::setOnOverflow(display);
    setPattern(pattern);
}
void loop() {
    pattern = ++pattern % numPatterns;
    slidePattern(pattern, 300);
}
void clearLeds() {
    // Clear display array
    for (int i = 0; i < 8; i++) {
        for (int j = 0; j < 8; j++) {
            leds[i][j] = 0;
```

```
        }
    }
}
void setPattern(int pattern) {
    for (int i = 0; i < 8; i++) {
        for (int j = 0; j < 8; j++) {
            leds[i][j] = patterns[pattern][i][j];
        }
    }
}
void slidePattern(int pattern, int del) {
    for (int l = 0; l < 8; l++) {
        for (int i = 0; i < 7; i++) {
            for (int j = 0; j < 8; j++) {
                leds[j][i] = leds[j][i + 1];
            }
        }
        for (int j = 0; j < 8; j++) {
            leds[j][7] = patterns[pattern][j][0 + l];
        }
        delay(del);
    }
}
void display() {
    digitalWrite(cols[col], HIGH);
    col++;
    if (col == 8) {
        col = 0;
    }
    for (int row = 0; row < 8; row++) {
        if (leds[col][7 - row] == 1) {
            digitalWrite(rows[row], HIGH);
        }
        else {
            digitalWrite(rows[row], LOW);
        }
    }
    digitalWrite(cols[col], LOW);
}
```

#define을 이용하여 출력하고자 하는 문자와 모양을 8x8 배열에 넣는다. 8x8 배열에서 LED가 ON이면 '1'을 LED가 OFF이면 '0'을 넣는다. 각각의 문자에 대해 8x8 배열을 'H', 'I', 'Q' 그리고 'SMILE'로 정의하였다.

clearLeds()는 LED를 초기화시킨다. setPattern() 함수는 출력하고자 하는 패턴을 저장한다. void slidePattern()은 패턴을 옆으로 한 칸씩 옮기면서 출력을 한다. 이때 주어진 'del'값에 의해 움직임 빠르기가 결정된다. 최종적으로 display() 함수를 이용하여 출력되며 출력되는 원리는 2절과 3절에서 설명한 것과 같다.

# [요약]

- 다이오드의 극성을 파악할 수 있다.
- Common Cathode는 LED의 (+)를 아두이노에서 제어할 수 있다.
- Common Anode는 LED의 (−)를 아두이노에서 제어할 수 있다.
- 전류의 흐름을 이해할 수 있다.
- 도트 매트릭스의 기본 구조와 동작 원리를 이해할 수 있다.
- 도트 매트릭스의 Common Cathode와 Common Anode를 실험을 통해 이해할 수 있다.
- 도트 매트릭스를 이용하여 알파벳, 숫자 그리고 사용자 정의 문자들을 출력할 수 있다.
- 도트 매트릭스를 이용하여 움직이는 광고판을 제작할 수 있다.
- 도트 매트릭스의 배열은 0부터 카운트 된다.
- 도트 매트릭스에 글자가 움직이는 것은 0번째 행부터 7번째 행까지 빠르게 번갈아 가면서 화면에 보여주는 것이다.

# [연습문제]

**01.** 전류는 ( )에서 ( )로 흐른다.

**02.** Anode는 (+) 극으로 전자를 ( )하거나 산화(oxidation) 반응이 일어나는 전극이며 Cathode는 (−) 극으로 전자가 ( ) 환원(reduction) 반응이 일어나는 전극이다.

**03.** 도트 매트릭스의 2가지는 형태는 무엇인가?

**04.** 8×8 도트 매트릭스는 총 몇 개의 LED로 구성되어 있는가?

**05.** (참/거짓) 공통 Anode는 음극이 모두 묶여 GND로 향하게 되는 것이다.

**06.** (참/거짓) 도트 매트릭스는 알파벳과 숫자만 표시할 수 있다.

**07.** 다음 아두이노 핀 번호 중 도트 매트릭스에서 사용하지 않는 것은 무엇인가?

❶ 1번 핀 ❷ 3번 핀 ❸ 5번 핀 ❹ A0 핀

**08.** 도트 매트릭스에서 LED 수에 따른 LED 밝기는 어떻게 되는가?

❶ 변함이 없다. ❷ 밝기가 약간 밝아진다.

❸ 밝기가 줄어든다.

**09.** Common Anode를 실험하기 위해 LED의 (−)부분을 아두이노의 (7번 핀, GND, +5V)에 연결한다.

**10.** 도트 매트릭스의 10번 핀은 (1번 반대 쪽, 9번 반대 쪽)에 위치한다.

**11.** 도트 매트릭스와 아두이노를 연결한 후, row[1]에 HIGH를 입력하고 col[1]에 LOW를 입력하여 LED에 불이 켜지지 않는 시스템은 (Commom Anode, Common Cathod) Type이다.

**12.** 11번 문제에서 도트 매트릭스에 LED가 켜지는 경우 그 위치는 ROW (                    )번째와 COL (                    )번째이다.

**13.** 도트 매트릭스(Common Anode Type)의 8번째 COL의 8개 LED를 켜지게 하기 위해 ROW의 (                    ) 번째를 (HIGH, LOW) 그리고 8개의 COL에 (HIGH, LOW)을 입력한다.

**14.** 도트 매트릭스를 이용하여 아래 그림처럼 화살표(↘↙)를 표시하시오.

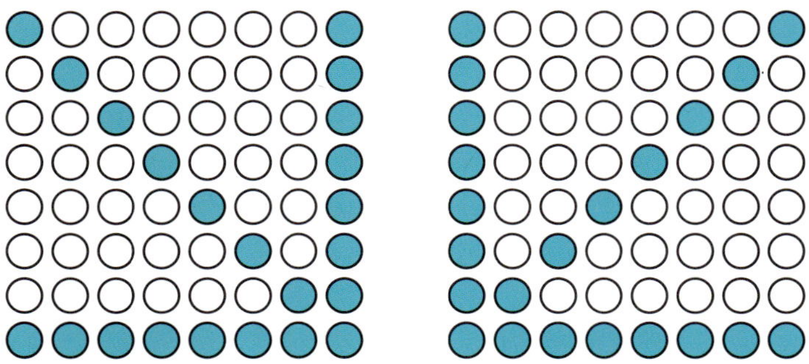

**15.** 다음 그림처럼 회로를 구성한 후 버튼을 누를 때마다 'H', 'E', 'L', 'L', 'O' 글자를 출력하는 프로그램을 작성하시오.

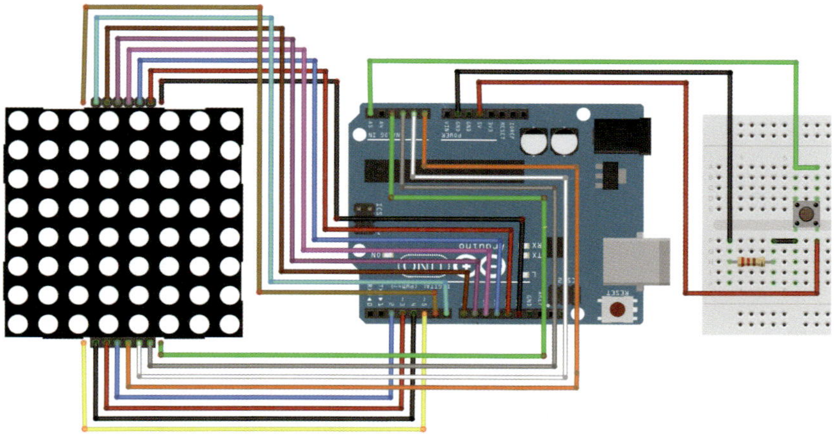

버튼 클릭과 글자 출력 회로도

Introduction to **Arduino**

09

# 시리얼(UART) 통신

**학습목표**

- 이 장에서는 시리얼 통신의 원리를 이해한다.
- 통신 결과를 눈으로 확인하는 방법을 배운다.
- Master와 Slave에 대해 이해한다.
- Master와 Slave를 이용한 다양한 제어를 실습을 통해서 익힌다.

**학습내용**

- UART 통신 실험
- 두 대의 아두이노를 이용하여 마스터/슬레이브 통신
- UART 통신을 이용한 원격제어 실험

이 장에서는 통신 방법을 소개한다. 통신에는 직렬통신과 병렬통신 방법이 있으며, 병렬통신은 속도는 빠르지만 한꺼번에 여러 라인을 사용해야 하므로 전력 소비가 높은 반면 직렬통신은 병렬통신보다 느리지만 전력 소비가 적으므로 임베디드 시스템에 적합하다. 전송속도는 보드레이트(Baud Rate)로 나타내며, 1초간 전송되는 비트의 수이다. UART 통신에서 마스터와 슬레이브는 항상 같은 통신속도를 사용해야 한다.

UART는 Universal Asynchronous Receiver Transmitter의 약어이며, 통신 프로토콜 중의 하나이다. UART는 병렬 데이터 버스를 통해 나머지 마이크로컨트롤러 또는 컴퓨터 시스템과 통신하고 직렬 데이터 스트림으로 변환하여 하나의 단일 와이어(또는 IR 또는 Bluetooth 신호)를 통해 다른 UART 장치로 전송할 수 있다. UART의 통신 방법은 마치 사람이 대화하는 것과 같은 원리를 가지고 있다. UART 통신을 위해 두 개의 아두이노는 RX(데이터 수신), TX(데이터 송신), GND가 규칙을 가지고 서로 연결이 되어야 하며, 비동기 통신이기 때문에 같은 전송속도(baud rate)를 사용해야 한다.

병렬 데이터 전송은 직렬보다 훨씬 빠르지만 하드웨어 및 전력 소비 측면에서 더 비싸므로 일반적으로 임베디드 시스템과 같은 상황에서는 장치 간의 직렬 데이터 라인이 바람직하다. 일부 UART에는 수신된 데이터의 병렬 및 직렬 데이터 라인 간의 조정을 돕는 버퍼가 있다. 그림 9.1에 병렬통신 방식과 직렬통신 방식을 나타내었다.

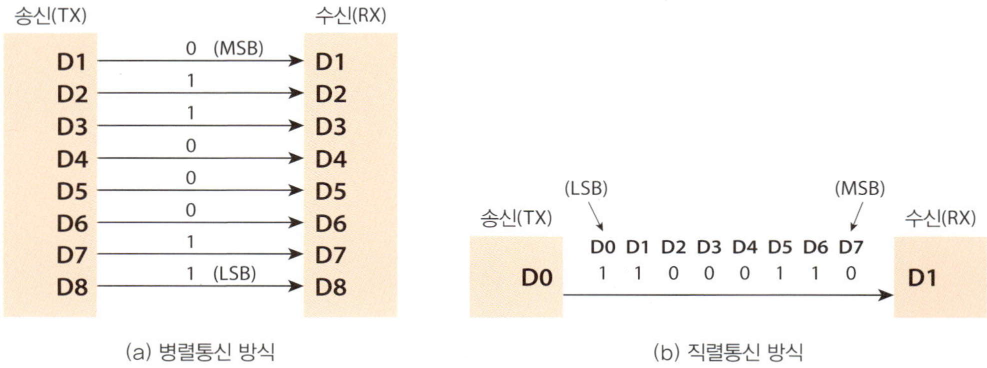


**그림 9.1** 병렬통신 방식과 직렬통신 방식

# 01 UART 통신 기초

## UART 기본 구조

UART 통신의 기본 구조 및 두 아두이노 간의 핀 위치를 그림 9.2에 나타내었다.

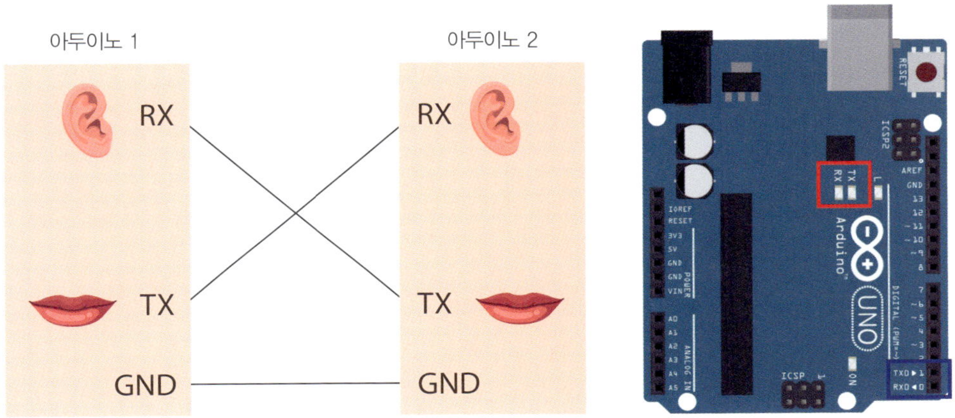


그림 9.2 UART 기본 구조 및 아두이노 위치

아두이노 1의 TX(입에 해당, 핀 번호 '1')는 데이터를 보내는 역할을 하며, 아두이노 2의 RX(귀에 해당, 핀 번호 '0')는 데이터를 수신하는 역할을 한다. 그러므로 아두이노 1의 RX와 아두이노 2의 TX 그리고 아두이노 1의 TX와 아두이노 2의 RX를 서로 연결한다. 그라운드(GND)는 공통으로 묶기 위해 서로 연결한다. 아두이노에서 통신의 상태를 보드의 LED(그림 9.2의 빨간 사각형)를 통해서 확인할 수 있다.

## 통신속도

Baud Rate는 직렬 전송의 변조 속도를 1초간에 전송되는 신호의 수로 나타낸 값을 말한다. 단위는 bps(bit per second)이다. 통신속도(Baud Rate)는 여러 가지로 설정할 수 있으며, 일반적으로 크게 영향을 받지 않는 9600bps를 사용한다. 속도가 높을수록 송수신 속도는 빠르지만 값이 너무 높거나 서로 다른 값의 통신속도를 사용할 경우 통신 장애가 발생된다. 아두이노에서 Serial.begin(통신속도 값)을 이용하여 통신속도를 초기화 한다. Serial.begin(9600)으로 하면 9600bps로 데이터 송수신을 한다는 의미이다.

# 02 아두이노와 컴퓨터 사이의 통신 실험

이번 실험은 아두이노와 컴퓨터 간의 통신 실험이다. 가장 간단한 실험으로서, 통신 결과를 시리얼 모니터를 이용하여 확인할 수 있다. 기본 소스코드는 스케치 9-1과 같다.

**스케치 9-1** **아두이노와 컴퓨터 사이의 통신 실험**

```
void setup() {
    // put your setup code here, to run once:
    Serial.begin(9600);
}
void loop() {
    // put your main code here, to run repeatedly:
    int LED_ON = 1;
    int LED_OFF = 0;
    Serial.println(LED_ON);
    delay(1000);
    Serial.println(LED_OFF);
    delay(1000);
}
```

통신속도는 setup() 함수에서 "Serial.begin();"을 이용하여 결정한다. 실험에서는 9600으로 설정하였다. loop() 함수 내의 Serial.println() 함수는 시리얼 통신의 데이터를 화면에 출력한다. print 함수와 동일하며 출력 이후 개행문자(\n)를 추가로 출력한다. 프로그램을 업로드한 후 시리얼 화면을 열기 위해 그림 9.3의 빨간색 부분을 클릭한다.

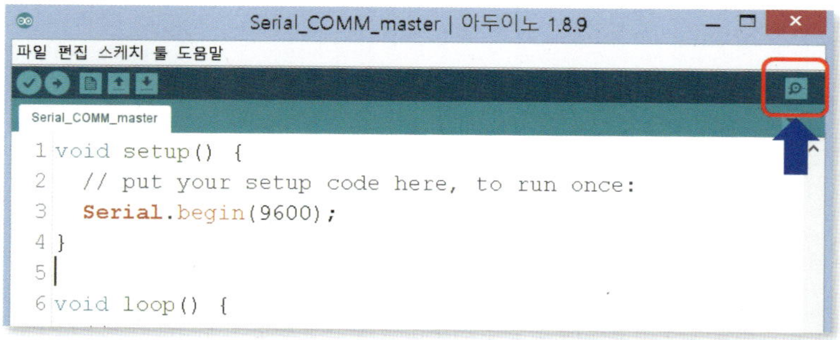


**그림 9.3** 시리얼 화면 열기

시리얼 화면은 그림 9.4와 같으며, 아두이노에서 보내는 데이터 '1'과 '0'을 1초 간격으로 출력한다.

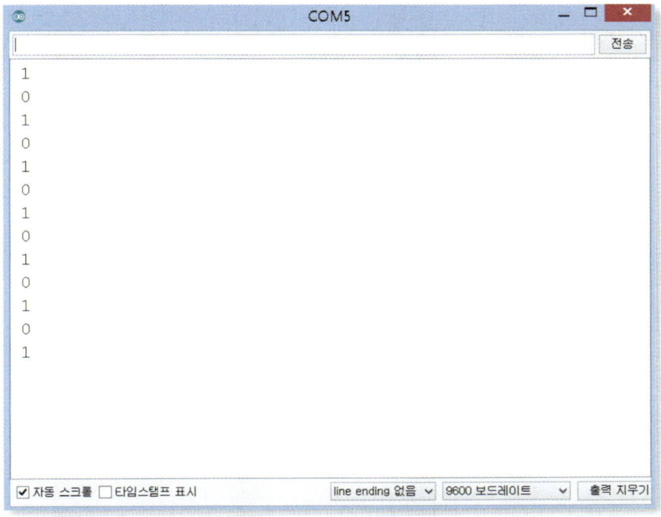


**그림 9.4** 시리얼 화면 열기 결과

# 03 두 대의 아두이노를 이용하여 마스터/슬레이브 통신

### 회로 구성도 및 동작

두 개의 아두이노를 사용하여 아두이노 1에서 아두이노 2로 데이터를 전송하는 실험을 해 보자. 아두이노 1의 TX 포트(1번)를 통하여 1과 0을 1초 간격으로 아두이노 2의 RX 포트(0번)로 보낸다. 아두이노 2는 RX 포트를 통하여 데이터를 수신하며, '1'이 수신되면 LED를 ON시키며, '0'이 수신되면 LED를 OFF시킨다. 그림 9.5에 전체 구성도를 나타내었다.

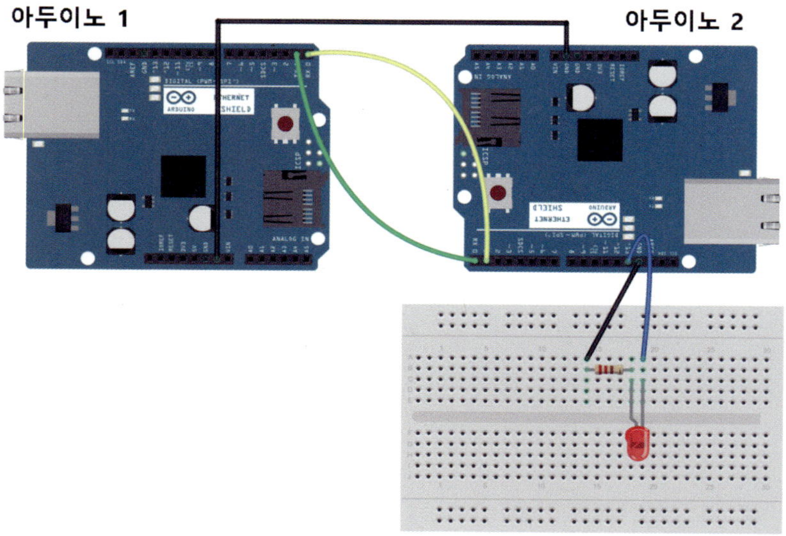


**그림 9.5** 마스터/슬레이브 통신 회로 구성도

**준 | 비 | 물**

아두이노 2개, 아두이노 케이블 2개, LED 1개, 저항 1개(220Ω), 전선 여러 개

**스케치 9-2** 두 대의 아두이노 이용 통신 실험 – 마스터 아두이노

```
void setup() {
    Serial.begin(9600);
```

```
}
void loop() {
    // put your main code here, to run repeatedly:
    int LED_ON = 1;
    int LED_OFF = 0;
    Serial.write(LED_ON);        // 아두이노 2로 '1'을 보냄
    Serial.println(LED_ON);      // 시리얼 화면에 출력
    delay(1000);
    Serial.write(LED_OFF);       // 아두이노 2로 '0'을 보냄
    Serial.println(LED_OFF);
    delay(1000);
}
```

스케치 9-2를 아두이노 1(마스터)에 업로드 한다. Serial.write() 함수는 정수 '1'과 '0'을 아두이노 2(슬레이브)로 전송하며, 1초 간격의 지연을 사용하였다.

**스케치 9-3** **두 대의 아두이노 이용 통신 실험 – 슬레이브 아두이노**

```
void setup() {
    Serial.begin(9600);
    pinMode(13,OUTPUT);                       // LED 출력
}
void loop() {
    if(Serial.available()){
        int received_data = Serial.read();  // 수신된 데이터 읽기
        Serial.println(received_data);      // 수신된 데이터 화면 출력
        if (received_data == 1){
            digitalWrite(13, HIGH);         // 수신된 데이터가 '1'이면 LED 켜기
        }
        else{
            digitalWrite(13, LOW);
        }
    }
}
```

먼저 Serial.available() 함수는 Serial 버퍼에 데이터가 있는지를 검사한다. 만약 버퍼에 데이터가 있으면 Serial.read() 함수를 이용하여 데이터를 복사한 후 received_data에 저장한다. received_data 변수에 저장된 데이터가 '1'이면 아두이노 2의 13번 핀에 HIGH 신호(LED ON)를 '0'이면 LOW 신호(LED OFF)를 보낸다. 다른 값은 무시한다.

# 04 UART 통신을 이용한 원격제어 실험

## 회로 구성도 및 동작

이번 실험은 버튼에 의한 UART 통신을 이용한 원격제어 실험이다. 아두이노 1은 스위치에 의해 생성된 신호를 각각의 포트(아두이노 1의 12번과 13번)를 통해 HIGH 혹은 LOW신호를 입력받는다. 입력된 신호가 HIGH이면 '1' 값을 그리고 LOW이면 '0' 값을 TX포트를 통해 아두이노 2에 전달한다. 아두이노 2는 수신된 신호가 '1'이면 아두이노 2의 포트 12와 포트 13를 통해 HIGH 신호를 출력하며, '0'이면 LOW 신호를 출력한다.

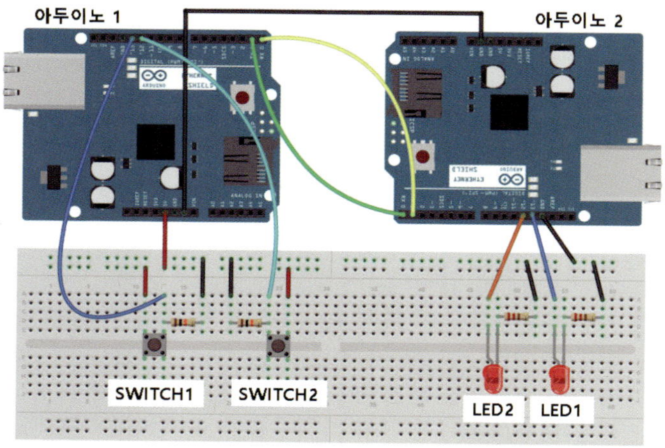


**그림 9.6** 스위치와 UART 통신을 이용한 LED 제어 회로도

**준 | 비 | 물**

아두이노 2개, 아두이노 케이블 2개, LED 2개, 저항 4개(220Ω 2개, 10KΩ 2개), 스위치 2개, 전선 여러 개

**스케치 9-4** UART 통신을 이용한 원격제어 실험 – 마스터 아두이노

```
int pin_switch1 = 13;
int pin_switch2 = 12;
int pin_LED1 = 8;
```

```
boolean buttonState1=false;
boolean buttonState2=false;
boolean buttonState3=false;

boolean buttonSwitch1_State_old=false;
boolean buttonSwitch2_State_old=false;

void setup() {
    Serial.begin(9600);
    Serial.print("Sketch: "); Serial.println(__파일__);
    Serial.print("Uploaded: "); Serial.println(__날짜__);
    Serial.println(" ");

    pinMode(pin_LED1, OUTPUT);
    pinMode(pin_switch1, INPUT);
    pinMode(pin_switch2, INPUT);
}
void loop() {
    buttonState1=digitalRead(pin_switch1); delay(1);
    buttonState2=digitalRead(pin_switch1);delay(1);
    buttonState3=digitalRead(pin_switch1);delay(1);

    if((buttonState1 == buttonState2)&& (buttonState1 == buttonState3)){
        if (buttonState1 != buttonSwitch1_State_old){
            buttonSwitch1_State_old = buttonState1;
            if(buttonSwitch1_State_old == HIGH){
                Serial.write(1);
            }
            else{
                Serial.write(0);
            }
        }
    }
    buttonState1=digitalRead(pin_switch2); delay(1);
    buttonState2=digitalRead(pin_switch2);delay(1);
    buttonState3=digitalRead(pin_switch2);delay(1);
    if((buttonState1 == buttonState2) && (buttonState1 == buttonState3)){
        if (buttonState2 != buttonSwitch2_State_old){
            buttonSwitch2_State_old = buttonState2;
            if(buttonSwitch2_State_old == HIGH){
                Serial.write(3);
```

```
            }
            else{
                Serial.write(2);
            }
        }
    }
}
```

digitalRead() 함수를 이용하여 스위치 상태(HIGH 혹은 LOW)값을 읽어 들인다. 스위치의 상태가 이전과 다르다면 현재의 스위치 상태(buttonState1)를 buttonSwitch1_State_old에 저장한다. 그리고 buttonSwitch1_State_old가 HIGH이면 UART를 통해 1을 전송하며, 그렇지 않을 경우 0을 전송한다. 스위치 2에서는 buttonState2와 buttonSwitch2_State_old가 같지 않을 경우 buttonState2를 buttonSwitch2_State_old에 저장한다. 그리고 buttonSwitch2_State_old가 HIGH일 경우 UART를 통해 3을 전송하며 그렇지 않을 경우 2를 전송한다.

**스케치 9-5** **UART 통신을 이용한 원격제어 실험 – 슬레이브 아두이노**

```
int pin_LED1 = 13;
int pin_LED2 = 12;
int received_data = 5;

void setup() {
    // put your setup code here, to run once:
    Serial.begin(9600);
    Serial.print("Sketch: "); Serial.println(__파일__);
    Serial.print("Uploaded: "); Serial.println(__날짜__);
    Serial.println("START!! ");

    pinMode(pin_LED1, OUTPUT);
    pinMode(pin_LED2, OUTPUT);
}
void loop() {
    if(Serial.available()){
        received_data = Serial.read();
        if(received_data == 0){
            digitalWrite(pin_LED1,LOW);
            Serial.println("Received Data 0");
        }
        if(received_data == 1){
            digitalWrite(pin_LED1, HIGH);
```

```
            Serial.println("Received Data 1");
        }
        if(received_data == 2){
            digitalWrite(pin_LED2, LOW);
            Serial.println("Received Data 2");
        }
        if(received_data == 3){
            digitalWrite(pin_LED2, HIGH);
            Serial.println("Received Data 3");
        }
    }
}
```

Serial.available()를 이용하여 Serial 버퍼에 데이터가 있으면, Serial.read() 함수를 이용하여 여 데이터를 읽은 후 received_data에 저장한다. received_data가 1인 경우는 LED1를 ON 시키며, 2인 경우 LED2를 ON 시킨다.

# 05 마스터가 원하는 시점에 슬레이브 값 읽기 및 제어

이번 실험은 UART 통신의 TX와 RX를 이용하여 마스터가 원하는 시점에 슬레이브에 장착된 센서 값을 읽어 오는 실험이다. 스위치를 통하여 신호를 보내면 다른 보드에서는 이 신호를 감지한 후 센서가 작동되어 그 센서 값을 송신된 보드로 되돌려주며, 송신 보드는 이 값을 이용하여 제어를 한다. 실험을 위한 회로 구성도는 그림 9.7과 같다.

### 회로 구성도 및 동작

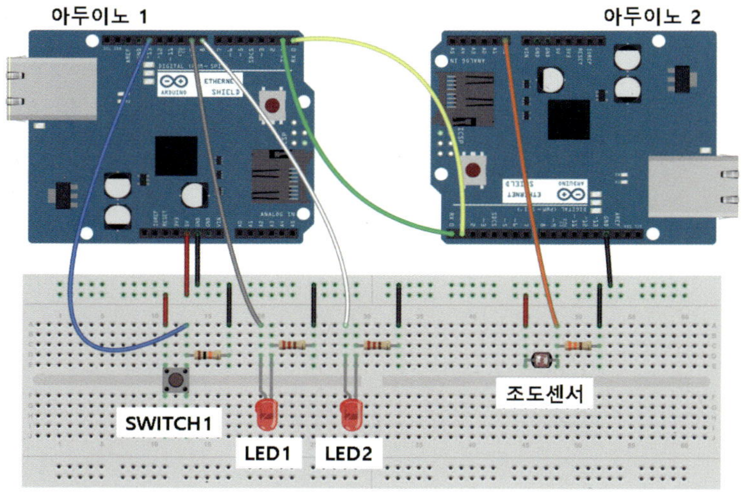


**그림 9.7** 원격제어 회로 구성도

**준 | 비 | 물**

아두이노 2개, 아두이노 케이블 2개, LED 2개, 저항 4개(220Ω 2개, 330Ω 2개, 10KΩ 1개),
스위치 1개, 전선 여러 개

**스케치 9-6** UART 통신을 이용한 원격제어 실험 – 마스터 아두이노

```
int pin_switch1 = 13;
int pin_LED1 = 8;
int pin_LED2 = 9;
boolean buttonState1=false;
boolean buttonSwitch1_State_old=LOW;
boolean buttonSwitch1_State_new=LOW;
boolean statusLED=LOW;
void setup() {
    Serial.begin(9600);
    pinMode(pin_LED1, OUTPUT);
    pinMode(pin_LED2, OUTPUT);
    digitalWrite(pin_LED1, LOW);
    digitalWrite(pin_LED2, LOW);
    pinMode(pin_switch1, INPUT);
}
void loop() {
    if(Serial.available()){
        int received_data = Serial.read();
        if (received_data == 1){
            digitalWrite(pin_LED2, HIGH); delay(500);
            digitalWrite(pin_LED2, LOW);
        }
    }
    buttonSwitch1_State_new=digitalRead(pin_switch1); delay(1);
    if(buttonSwitch1_State_new != buttonSwitch1_State_old){
        if(buttonSwitch1_State_new == HIGH){
            if(statusLED == LOW){
                Serial.write(1);
                digitalWrite(pin_LED1,HIGH);
                statusLED = HIGH;
            }
            else{
                Serial.write(0);
                digitalWrite(pin_LED1,LOW);
                statusLED = LOW;
            }
        }
        buttonSwitch1_State_old=buttonSwitch1_State_new;
    }
}
```

**스케치 9-7** **UART 통신을 이용한 원격제어 실험 – 슬레이브 아두이노**

```
int cds = A0;

void setup() {
    Serial.begin(9600);
}
void loop() {
    if(Serial.available()){
        int received_data = Serial.read();
        if(received_data == 1){
            int cdsValue = analogRead(cds);
            delay(1);
            if (cdsValue > 300){
                Serial.write(1);
            }
            else{
                Serial.write(0);
            }
        }
    }
}
```

아두이노 1에서 스위치 1과 LED1은 토글 형식으로 동작한다. 스위치 1을 한 번 누르면 LED1이 켜지며, 스위치 1을 다시 한 번 더 누르면 LED1이 꺼진다. 아두이노 1에서 스위치 1을 눌렀을 때 LED1이 켜지면 아두이노 2로 HIGH(1) 신호를 보내며, LED1이 꺼지면 LOW(0) 신호를 보낸다. 아두이노 2에서는 조도센서를 이용하여 현재의 조도 값을 아날로그 포트(A0)를 이용하여 읽어 들인다. 만약 조도센서가 빛의 양을 많이 흡수하여 조도센서 값이 300이상이 되면 아두이노 1로 HIGH(1) 신호를 보내며, 300이하인 경우는 LOW(0) 신호를 보낸다. 아두이노 1에서는 Serial 버퍼에 있는 데이터를 읽어 HIGH(1) 신호이면 LED2를 ON 시키며, LOW(0)인 경우는 LED2를 OFF 시킨다.

# [요약]



- 데이터를 주고받는 통신에는 직렬통신과 병렬통신이 있다.
- UART는 Universal Asynchronous Receiver Transmitter의 약어이다.
- UART는 비동기 통신 방식이다.
- UART는 연결된 두 개의 시스템이 같은 전송속도(baud rate)를 사용한다.
- 직렬통신은 속도는 병렬통신보다 느리지만 전력소비가 적으므로 임베디드 시스템에서는 대부분 이 방식을 많이 사용한다.
- 병렬통신은 속도는 빠르지만 한꺼번에 여러 라인을 사용해야 하므로 전력소비가 높다.
- UART 통신은 아두이노 1의 TX와 아두이노 2의 RX 그리고 아두이노 1의 RX와 아두이노 2의 TX를 연결한다.
- Baud Rate는 직렬 전송의 변조 속도를 1초간에 전송되는 신호의 수로 나타낸 것이다.
- UART 통신에서는 마스터와 슬레이브의 통신 속도를 같게 해야 한다.
- 아두이노에서 통신 시작 함수는 "Serial.begin()"이며, 괄호 안에 통신 속도를 넣는다.
- "Serial.write()" 함수를 이용하여 다른 아두이노 시스템으로 데이터를 보낸다.
- TX는 데이터의 송신을 의미하며, RX는 데이터의 수신을 의미한다.

**01.** (참/거짓) 시리얼 데이터 통신은 병렬 데이터 통신보다 속도가 빠르다.

**02.** (참/거짓) 시리얼 데이터 통신에서 마스터와 슬레이브는 같은 통신속도를 사용하지 않아도 된다.

**03.** 시리얼 데이터 통신에서 데이터 전송을 시작하기 위해 사용하는 함수는 무엇인가?

**04.** 직렬통신과 병렬통신 중에서 소비 전력이 높은 것은 어느 것인가?

**05.** (참/거짓) 아두이노는 통신속도가 자동으로 설정되므로 setup() 함수에서 새로 설정할 필요가 없다.

**06.** 아두이노에서 사용하는 통신속도를 모두 고르시오.

❶ 2400 ❷ 4800 ❸ 9600 ❹ 14400 ❺ 19200

**07.** UART 통신을 위해 두 개의 아두이노가 서로 연결하지 않아도 되는 것은 무엇인가?

❶ RX ❷ TX ❸ GND ❹ 5V

08. Baud Rate의 정의에 대해 맞는 것은 어느 것인가?

❶ 1초당 신호가 변조되는 횟수
❷ 1초당 데이터를 보낼 수 있는 횟수
❸ 1초당 데이터를 받을 수 있는 횟수
❹ 1초당 LED를 깜박일 수 있는 횟수

09. 데이터 버퍼에 데이터가 있는지를 검사하는 명령어는 무엇인가?

10. 시리얼 통신의 데이터를 화면에 출력하는 함수는 무엇인가?

11. 슬레이브에서 수신된 데이터를 읽기 위한 함수는 무엇인가?

12. 아두이노의 시리얼 플로터("툴 → 시리얼 플로터")를 이용하여 sin곡선과 cos곡선을 나타내시오.

13. 마스터 아두이노에서 '0'과 '1'을 내보내며, 슬레이브 아두이노에서는 '0'과 '1'를 받아서 LED를 제어하시오. 슬레이브 아두이노에서 '0'을 수신하면 LED를 OFF시키고, '1'을 수신하면 LED를 ON 시키며, 시리얼 화면에도 "LED OFF"와 "LED ON"을 출력하시오.

14. 온도/습도센서를 이용하여 적정 이상인 경우 마스터 아두이노에서 "삐" 소리를 출력하시오.

Introduction to **Arduino**

10

# 아두이노 통신

**학습목표**

- UART 통신의 회로를 구성할 수 있다.
- 블루투스 통신을 위한 회로를 구성할 수 있다.
- 앱 인벤터로 블루투스 통신을 위한 디자인을 구현할 수 있다.
- 앱 인벤터로 블록 코딩을 이용해 앱을 구현할 수 있다.

**학습내용**

- UART 통신(시리얼 통신)
- 블루투스 통신
- 블루투스 통신 앱 만들기
- 블루투스를 이용한 원격제어
- 실습에 필요한 부품: 아두이노 우노, 블루투스 HC-06

이 장에서는 아두이노 통신에 대해서 설명을 한다. 아두이노 보드와 컴퓨터와 대화하기 위해서 USB 케이블을 이용하여 통신을 한다. 아두이노 보드에는 송신(TX), 수신(RX) 포트가 UART 통신 포트에 할당되어 있어 아두이노 보드와 시리얼 모니터의 통신속도를 지정해주면 유선 통신이 가능하다. 또한 소프트웨어 시리얼 방식을 이용하여 아두이노 보드의 다른 번호에서도 시리얼 통신 포트로 지정하여 통신할 수 있다. 또한 무선 통신을 실행하기 위해 블루투스 모듈을 이용하여 통신할 수도 있다. 이때도 시리얼 통신 방식을 사용한다.

# 01 UART 통신이란?

UART(Universal Asynchronous Receiver Transmitter, 범용 비동기화 송수신기)는 직렬통신 방법을 말하며 아두이노에서는 아두이노와 컴퓨터 또는 다른 디바이스와 통신을 하여 데이터를 주고받는 것을 의미한다. 아두이노는 한 개 이상의 시리얼 포트를 설정하여 통신할 수 있다. 이번 실습에서 사용하는 아두이노 우노 보드는 그림 10.1과 같이 디지털 핀 0번(RX), 1번(TX)가 UART 통신 포드에 할당되어 있다.

**참고**

시리얼 통신에는 SPI(Serial Peripheral Interface), I2C(Inter-Integrated Circuit), UART(Universal Asynchronous Receiver/Transmitter) 등이 있다.

**그림 10.1** 아두이노 시리얼 포트

## 시리얼 핀 연결 방식

아두이노의 RX는 Receive, 즉 수신용 핀이고 TX는 Transmit, 즉 송신용 핀이다. 그러므로 아두이노의 RX핀인 '0'번은 다른 디바이스의 TX에 연결되고 아두이노의 TX핀인 '1'번은 다른 디바이스의 'RX'에 연결해야 한다. 서로 핀이 바뀌면 데이터 송수신이 안 되므로 반드시 번호를 확인한다. 아두이노와 다른 디바이스와 연결 방식은 그림 10.2와 같다. 각 디바이스의 RX와 TX는 서로 교차해서 연결해야 한다.

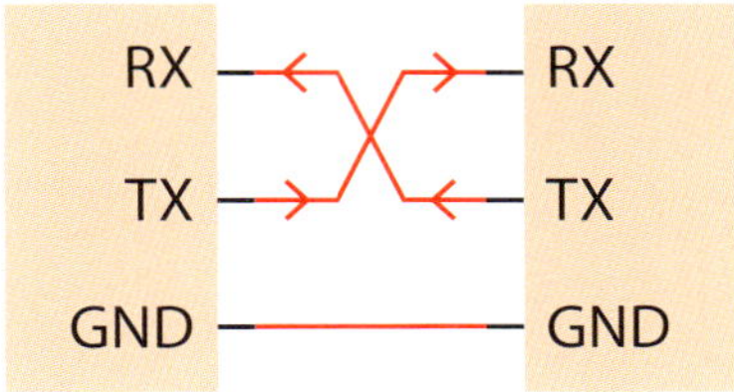


그림 10.2 시리얼 포트 연결 방법

### 통신속도(보드레이트)

이 핀에 통신이 연결되어 있을 때 보드 업로드 오류가 날 수 있다. 아두이노에서 시리얼 통신을 시작할 때는 Serial.begin() 함수를 사용하여 속도를 선택한 후 사용한다.

시리얼 통신을 사용할 때는 보드레이트(Baud rate)를 설정한다. 보드레이트는 시리얼 통신의 속도이다. 통신을 주고받을 때 기기들 간의 통신속도가 같아야 한다. 아두이노에서는 일반적으로 9600bps(1초에 9600비트)를 많이 사용하지만 다른 속도를 사용할 때도 있다.

### 소프트웨어 시리얼 통신

시리얼 통신은 1대 1 통신을 사용하기 때문에 통신 포트를 확장하기 위해 소프트웨어 시리얼을 사용한다. 시리얼 통신 핀으로 '0'과 '1'을 사용할 때는 라이브러리를 따로 불러올 필요가 없다. 그러나 다른 핀 번호를 이용하여 소프트웨어 통신을 하려면 SoftwareSerial.h 라이브러리를 불러와야 한다. 그림 10.3은 소프트웨어 시리얼 통신을 위한 회로 연결이다. 아두이노의 '0'번 핀과 '1'번 핀을 사용하지 않고 아두이노의 '10'번 핀과 '11'번 핀을 사용하여 연결한 모습이다.

그림 10.3은 아두이노와 블루투스를 소프트웨어 시리얼 방식으로 연결하였다. 아두이노의 10번을 RX, 11번을 TX로 설정하여 연결한다. 블루투스 디바이스의 RX와 TX 핀을 번호에 맞게 연결하면 된다.

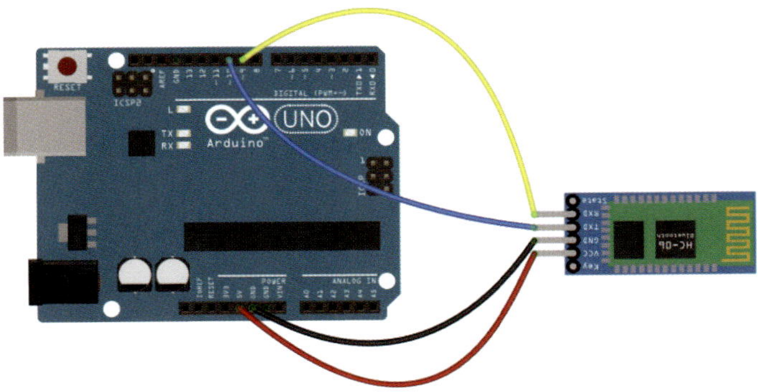


그림 10.3 소프트웨어 시리얼 연결 모습

소프트웨어 시리얼 스케치는 다음과 같다. 이 스케치에서는 일반 시리얼 통신과 소프트웨어 시리얼 통신을 동시에 하고 있다. 시리얼 통신 결과는 시리얼 모니터에서 확인할 수 있다. 블루투스 모듈을 아두이노와 연결할 때 소프트웨어 시리얼을 사용한다.

**스케치 10-1** **소프트웨어 시리얼 스케치**

```
#include <SoftwareSerial.h>                 // 라이브러리 가져오기

SoftwareSerial mySerial(10, 11);            // RX, TX

void setup() {
     // 시리얼 시작 선언, 통신속도 설정
    Serial.begin(9600);
    Serial.println("Hi, serial!");          // 시리얼 모니터에 표시

    // 소프트웨어 시리얼 통신속도
    mySerial.begin(9600);
    mySerial.println("Hello, world?");      // 시리얼 모니터에 'Hello, World?' 표시
}

void loop() { //반복
    if (mySerial.available()) {             // mySerial 통신에 데이터가 있으면
        Serial.write(mySerial.read());
    }
    if (Serial.available()) {               // Serial 통신에 데이터가 있으면
        mySerial.write(Serial.read());
    }
}
```

### [스케치 설명]

```
#include <SoftwareSerial.h>
```

- 소프트 시리얼 통신을 위해 라이브러리를 불러온다.

```
SoftwareSerial mySerial(10, 11);
```

- 소프트웨어 시리얼 통신의 포트 번호를 지정한다. 이 경우 10번이 RX이고 11번이 TX가 된다. 다른 기기와 연결할 때는 TX는 RX에 연결하고 RX는 TX에 연결한다.

# 02 블루투스 통신

우리가 인터넷을 사용하거나 스마트폰에서 정보를 검색할 때 통신을 이용한다. 일반적인 통신 방법에는 유선통신과 무선통신 방법이 있다. 유선 통신은 선을 이용하는 것으로 컴퓨터에서 인터넷 선을 연결하여 사용하는 방법을 예로 들 수 있다. 반면에 무선통신은 최근 수년 동안 급격하게 발전하여 대부분의 통신 기기들은 무선통신을 이용하고 있다. 블루투스, 와이파이, NFC 등 일상생활에서 이루어지는 많은 영역에서 무선통신 방법을 사용한다.

예를 들어 버스를 탈 때 교통카드를 대거나 교통카드가 내장된 스마트폰을 버스 입구에 있는 카드 입력기에 대면 버스 요금이 지급되는 NFC 통신 방법부터 손목에 차고 있는 스마트 시계는 스마트폰과 블루투스로 통신하고 있다. 또한, 우리 몸의 일부처럼 가지고 다니는 스마트폰은 LTE를 넘어 5G통신이 이루어지고 있다. 무선통신은 일상적이고 대부분의 전자기기에서 사용하는 통신 방법이다. 이번 절에서는 IoT 기기에서 많이 사용되는 블루투스 통신 방법을 알아보고 실습을 해본다.

## 블루투스 통신

블루투스(Bluetooth)는 근거리 무선통신 중 하나로 주로 수십 미터 이내에서 통신이 이루어진다. 최근에는 IoT(사물인터넷) 제품이 다양하게 출시되면서 스마트폰과의 통신에 자주 이용된다. 스마트폰에는 블루투스 모듈이 내장되어 있어서 일상에서 사용하는 통신에 쉽게 적용할 수 있다. 블루투스는 1994년 에릭슨이 최초로 개발한 개인 근거리 무선통신 산업 표준이다. 이어폰, 스피커, 가정용 전자제품 등 실내에서 주로 이용하거나 가까운 거리의 통신에 편리하게 적용된다. 블루투스의 IEEE의 규격명은 IEEE 802.15.1로 등제되어 있다. 블루투스는 Bluetooth Special Interest Group(SIG)를 통해 관리되고 SIG의 표준 규격을 만족해야 블루투스 장비로 인증받을 수 있다.

블루투스는 사용하는 용도에 따라 다양한 모양이 있다. 그림 10.4와 같은 SMD형은 아두이노에서 자주 사용하는 형태이다. 이번 실습에서는 HC-06 모듈을 사용한다.

그림 10.4　SMD형 블루투스 모듈 HC-06

## 블루투스 무선통신 실습

스마트폰의 블루투스로 아두이노의 LED를 켜고 끄는 실습을 해보자. 스마트폰 앱은 앱 인벤터로 간단하게 작성할 수 있다. 스마트폰에 내장된 블루투스는 아두이노에 연결된 블루투스와 페어링(Pairing)을 하여 연결하면 서로 통신 가능한 상태가 된다. 이때 스마트폰에서 데이터를 보내면 아두이노의 블루투스에서 데이터를 받아서 시리얼 통신으로 아두이노에 데이터를 전달하여 LED를 제어할 수 있게 된다. 그림 10.5는 스마트폰과 아두이노의 블루투스 통신 모습을 표현한 그림이다.

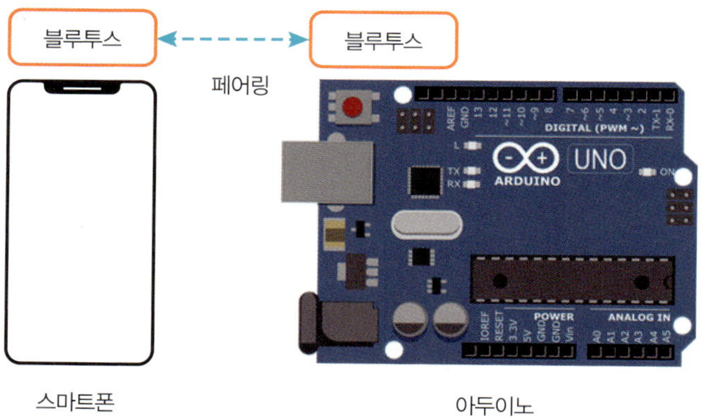


그림 10.5　스마트폰과 아두이노의 블루투스 통신

**준 | 비 | 물**

아두이노 보드, 프로그래밍 USB 케이블, HC-06 블루투스 모듈 1개, 스마트폰

## 회로 만들기

1단계: 블루투스의 (+)는 아두이노의 (5V)에 연결한다.

2단계: 블루투스의 (-)는 아두이노의 (GND)에 연결한다.

3단계: 블루투스의 (TX, 송신)는 아두이노의 (10, 수신)에 연결한다.

4단계: 블루투스의 (RX, 수신)는 아두이노의 (11, 송신)에 연결한다.

5단계: 주의할 점은 전원이 충분한지 확인해야 한다. 5V 전압이 충분하고 건전지에 축전량이 충분한지 확인한다.

블루투스의 TX, RX를 다른 번호에 연결하고 소프트웨어 시리얼(SoftwareSerial) 프로그램을 사용하면 해당 번호를 TX, RX로 사용할 수 있다.

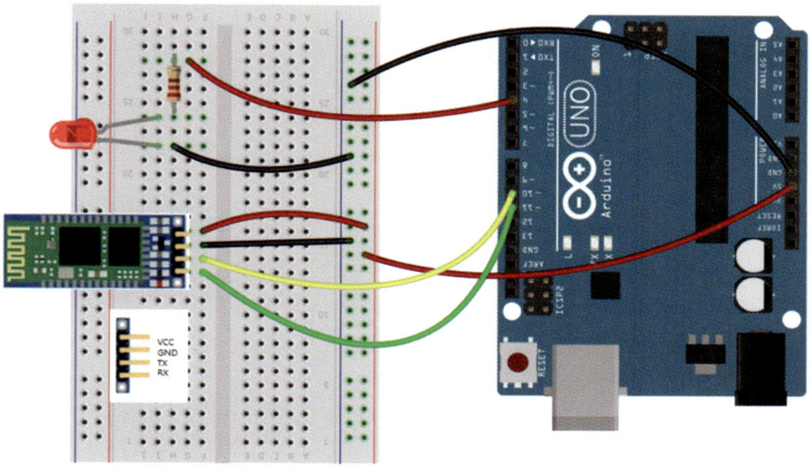


그림 10.6 아두이노와 블루투스 연결 모습

## 스케치 작성하기

이 스케치는 스마트폰 앱에서 신호를 보내면 아두이노와 연결된 블루투스에서 데이터를 받아 아두이노의 LED를 켜고 끄는 스케치이다. 스마트폰 앱은 앱 인벤터로 만들 수 있다.

**스케치 10-2** **블루투스에서 데이터 받기**

```
#include <SoftwareSerial.h>        // 소프트웨어 시리얼 설정
SoftwareSerial mySerial(10, 11);   // RX, TX
void setup() {
    mySerial.begin(9600);          // 전송 속도를 9600 bps로 설정
    pinMode(4, OUTPUT);            // 4번 LED를 출력으로 설정
}
int a;
void loop() {
```

```
    if (mySerial.available() > 0) {
        String m =  mySerial.readString();
            // 문자열로 읽은 값을 m에 저장
        if (m.indexOf("1") == 0) digitalWrite(4, HIGH);
            // '1'이면 HIGH 신호 보냄(LED 켬)
        if (m.indexOf("0") == 0) digitalWrite(4, LOW);
            // '0'이면 LOW 신호 보냄(LED 끔)
    }
}
```

### [스케치 설명]

```
#include <SoftwareSerial.h>
```

- 헤더파일 SoftwareSerial.h을 포함한다. 소프트웨어 시리얼을 시작하기 위한 라이브러리이다.

```
SoftwareSerial mySerial(10, 11);
```

- 시리얼 통신 이름을 'mySerial'로 선언한다. 이 이름은 변경할 수 있다.
- 시리얼 통신 수신, 송신 핀을 선언한다. 10번은 RX, 11번은 TX이다.
- RX(Transmit Data)는 받는 신호, TX(Receive Data)는 보내는 신호이다. 아두이노의 RX는 블루투스의 TX에 연결하고 아두이노의 TX는 블루투스의 RX에 연결한다.

```
mySerial.begin(9600);
```

- 시리얼 통신을 9600bps 속도로 시작하는 것을 의미한다.

```
if (mySerial.available() > 0)
```

- 시리얼 통신으로 신호가 들어올 때 다음 명령을 실행시킨다.

```
String m = mySerial.readString();
```

- m을 문자열로 지정한다.
- mySerial로 저장된 값을 문자열 m에 저장한다.

```
if (m.indexOf("1") == 0);
```

- m.indexOf는 m에 저장된 문자열의 순서값을 의미한다.
- m.indexOf("1") == 0은 m에 저장된 첫 번째 문자열의 값이 "1"을 의미한다. 즉 시리얼 통신으로 읽은 값의 첫 번째 글자가 '1'이라는 의미이다. 앱에서 '1'을 보내면 아두이노 블루투스에서 받은 숫자 중에 첫 번째 글자가 '1'로 참일 때 다음 명령을 수행한다.

```
digitalWrite(4, HIGH);
```

- 4번 핀에 HIGH 신호를 보낸다(LED ON).

## 블루투스 등록

회로가 완성되고 스케치를 업로드한 다음 앱이 완성되지 않았더라도 스마트폰의 블루투스와 등록할 수 있다. 아두이노에 있는 블루투스와 스마트폰에 있는 블루투스가 통신하기 위해서는 페어링을 하여야 한다. 먼저 스마트폰에 아두이노 블루투스를 등록해야 한다. 블루투스를 등록하는 방법은 다음과 같다.

HC-06 블루투스의 비밀번호는 1234 또는 0000을 입력한다. usb어댑터에 끼워서 설정을 변경할 수 있다.

- 스마트폰에서 블루투스를 켠다.
- 블루투스 검색을 하고 HC-06을 선택한다.
- 페어링 등록을 한다. 비밀번호: 0000 또는 1234
- 작성한 앱 인벤터를 실행한다.
- 제일 윗줄의 [블루투스 선택] 버튼을 누른다.
- 리스트 중에 00:??:??: HC-06을 선택한다.
- 블루투스와 앱이 연결되지 않으면 블루투스의 LED가 계속 깜박인다.
- 연결이 성공되면, 블루투스의 LED가 깜박이지 않고 계속 켜져 있다.
- 페어링이 완성되면 블루투스 앱을 만들어 보자.

그림 10.7 블루투스 검색 화면

# 03 블루투스 통신 앱 만들기

스마트폰의 앱에서 버튼을 클릭하여 블루투스가 연결된 아두이노의 LED를 제어하려면 스마트폰 앱을 만들어야 한다. 이 실습에서는 MIT 앱 인벤터(App Inventor)를 이용하여 앱을 만든다. 앱 인벤터는 안드로이드 스마트폰에 작동되는 앱을 만들 수 있고 브라우저는 반드시 구글사의 크롬(Chrome) 브라우저를 사용해야 한다.

## 앱 인벤터로 앱 만들기

안드로이드 스마트폰 앱 작성은 MIT 앱 인벤터로 쉽고 간단하게 작성할 수 있다. 앱 인벤터 사이트에 접속하여 새로운 앱을 만들어 보자. 컴퓨터에서 작성된 앱은 구글의 Play Store에서 "MIT AI2 Companion" 앱을 폰에 설치하고, PC에 만들어진 QR코드를 폰으로 읽으면 앱이 설치된다. 앱 만드는 자세한 방법은 앱 인벤터 카페를 참고하자.

앱 인벤터 카페 `http://cafe.naver.com/appinv`

앱 인벤터는 디자인(Design) 부분과 프로그램(Blocks) 부분으로 나누어서 작업한다. 디자인 창에서는 스마트폰 사용자 인터페이스(UI)를 주로 만들고 각 컴포넌트(Component)에 대해 속성 변경을 할 수 있다.

### 앱 인벤터 접속하기

크롬 브라우저를 실행시키고 검색창에 한글로 '앱 인벤터'를 입력하면 MIT App Inventor2 검색 결과가 나타난다. 'MIT App Inventor2'를 클릭하면 앱 인벤터 사이트에 접속할 수 있다. 바로 접속하는 주소는 http://ai2.appinventor.mit.edu/이다.

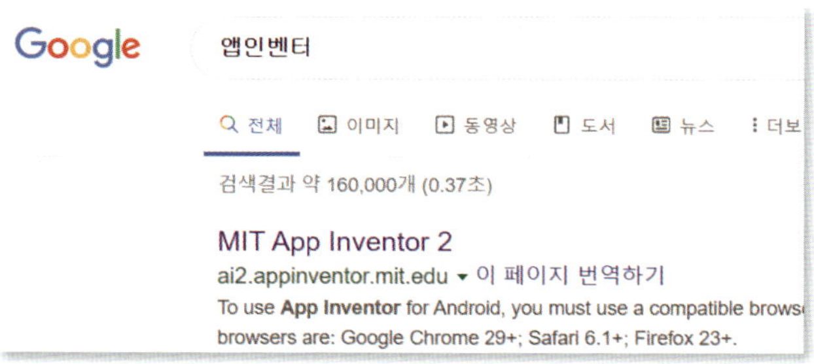


그림 10.8 앱 인벤터 검색

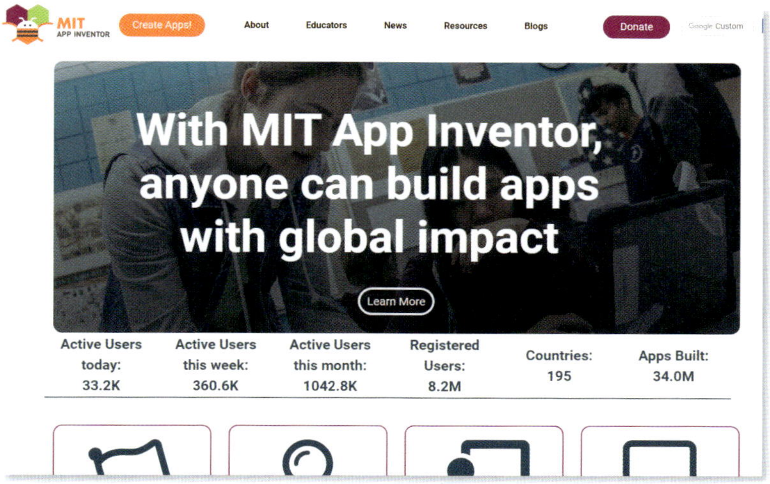


**그림 10.9** 앱 인벤터 메인 사이트

### 앱 인벤터 로그인

'앱 인벤터 2' 페이지에 접속하면 로그인 창이 표시된다. 본인 아이디와 비밀번호를 입력하여 로그인 한다.

- 아이디: 구글 아이디
- 비밀번호: 비밀번호

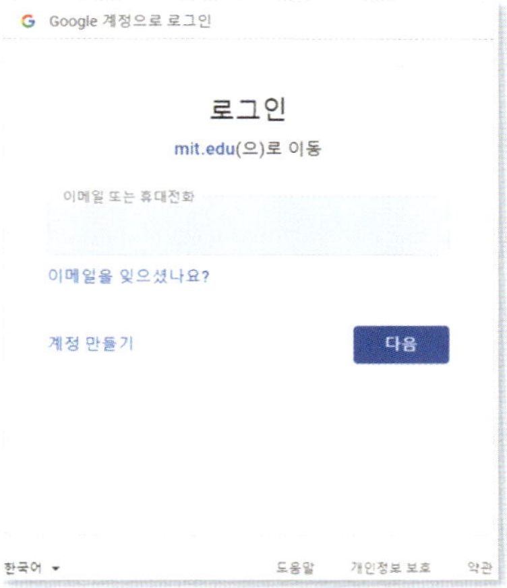


**그림 10.10** 로그인 화면

본인 아이디가 없으면 계정 만들기를 클릭해서 아이디를 만든다. 로그인을 하고 앱 인벤터 화면에 접속하면 다음과 같은 첫 화면이 나타난다. 개인의 컴퓨터 환경에 따라 동의를 묻는 화면이 나타난다. 화면에서 주황색 'Create Apps!'를 클릭하면 앱 편집 창이 나타난다.

그림 10.11 앱 인벤터 초기 화면

### 새로운 앱 만들기

메뉴에서 [Projects] → [Start new project]를 클릭한다.

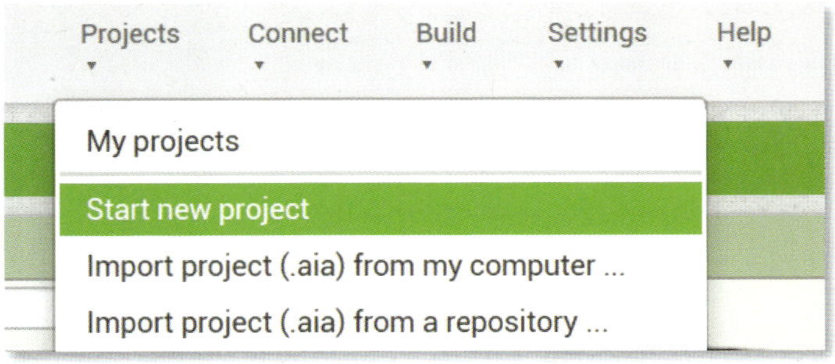


그림 10.12 새 프로젝트 만들기

'Project name'칸에 앱의 이름을 입력한다. 프로젝트 이름은 영문자 소문자로 시작하고 띄어쓰기는 하지 않는다. 이름을 입력한 다음 'OK'를 클릭한다.

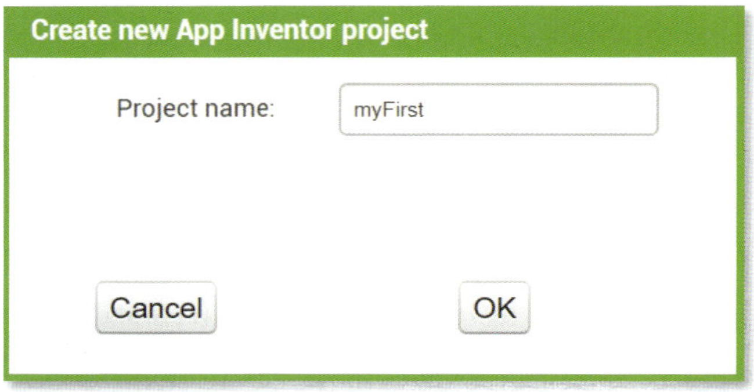


그림 10.13 프로젝트 이름 입력

프로젝트 이름을 입력하고 'OK'를 클릭하면 디자인 창이 나타난다.

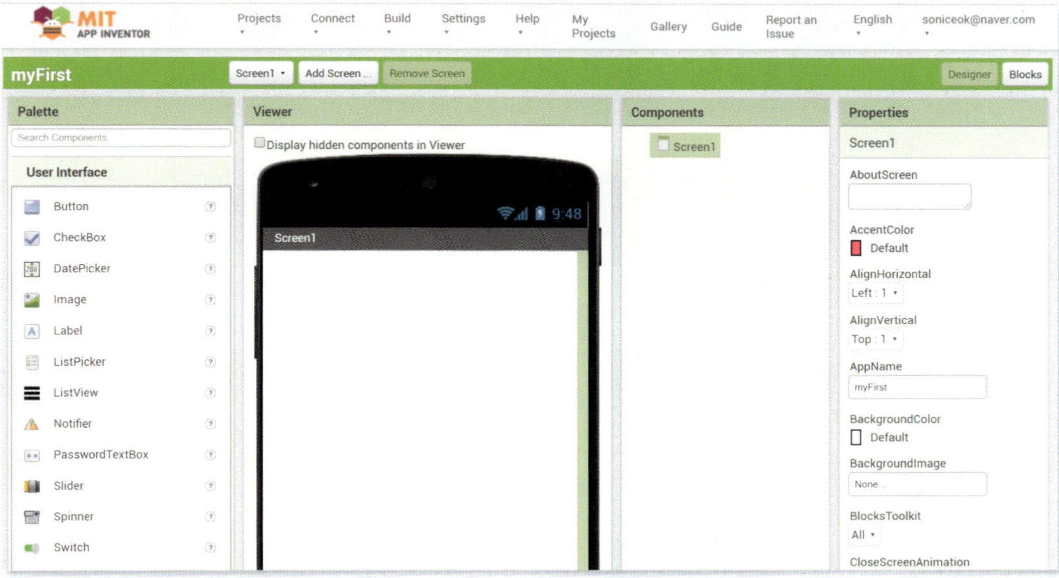


**그림 10.14** 앱 화면

앱 인벤터는 [Designer]창과 [Blocks]창이 있다. [Designer]창에서는 앱의 구성에 필요한 '컴포넌트'를 선택하고 속성을 지정한다. 라면 끓이는 것을 예로 들면 라면 끓이는데 필요한 재료로 라면, 물, 파, 냄비 등을 준비하는 단계라고 생각하면 된다.

[Blocks]창에서는 블록 형태로 앱의 기능을 프로그램할 수 있다. 라면을 끓이는 재료가 준비되었으면 [Blocks]창에서는 라면을 끓인다고 생각할 수 있다. 물을 끓인 다음 라면을 먼저 넣을 것인지, 스프를 먼저 넣을 것인지 방법을 생각해서 실행한다고 생각하면 이해에 도움이 될 것이다.

블루투스 통신으로 스마트폰과 연결하여 아두이노의 LED를 제어하기 위한 앱을 만들기 위해 필요한 컴포넌트는 다음과 같다.

#### 디자이너(Designer)

필요한 컴포넌트를 Viewer에 가지고 온다.

- [User Interface] → [ListPicker1] //블루투스 선택을 위한 컴포넌트
- [User Interface] → [Label1] //메시지를 표시
- [User Interface] → [TextBox] //보낼 메시지를 입력
- [User Interface] → [Button1] //데이터를 보내는 버튼
- [Connectivity] → [BluetoothClient1] //블루투스 사용

각 컴포넌트들은 속성(Properties)창에서 색상과 크기 등을 변경시킨다.

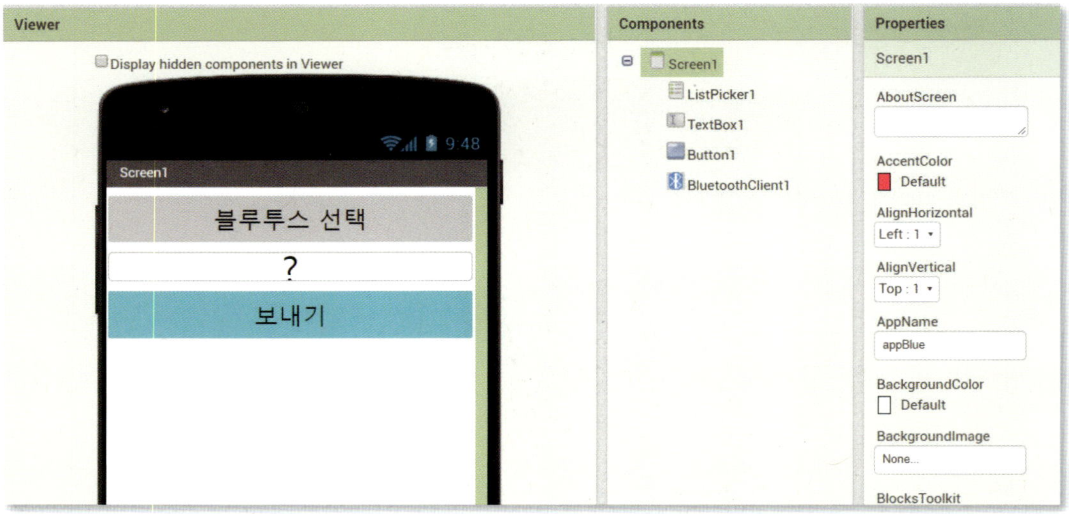


**그림 10.15** 앱 디자인

속성

- [ListPicker1] 가로 크기(Width)를 'Fill parent'로 지정한다. 'Fill parent'는 컴포넌트의 가로 크기를 화면 크기만큼 크게 만드는 속성이다. 글자 내용은 (Text)에서 '블루투스 선택'으로 입력한다.
- [TextBox] 숫자나 문자를 입력할 수 있다.
- [Button1] 버튼을 누르면 동작을 지시할 수 있다. 이 앱에서는 [TextBox]에 입력된 데이터를 블루투스로 보내는 기능을 설정한다.
- [BluetoothClient1] 블루투스를 사용하는 기능이다.

**블록(Blocks)**

블록에서 각 컴포넌트의 기능을 지정한다. 이 장에서는 블루투스 통신에 대해서만 알아본다.

**[블록 설명]**

**리스트 준비하기**

[ListPicker] 컴포넌트를 클릭하여 [BeforePicking]을 선택한다. 리스트를 열어서 연결 가능한 블루투스 목록을 보여주는 기능이다.

그림 10.16 ListPicker에서 블루투스 검색하기

### 블루투스 주소 가져오기

리스트에서 블루투스가 선택된 후 동작이다. [evaluate but ignore result]는 화면 왼쪽의 [Blocks]에서 Built-in 아래에 [Control]을 클릭하면 나타난다. 블록의 모양이 달라서 연결이 되지 않을 때 사용하는 블록이다.

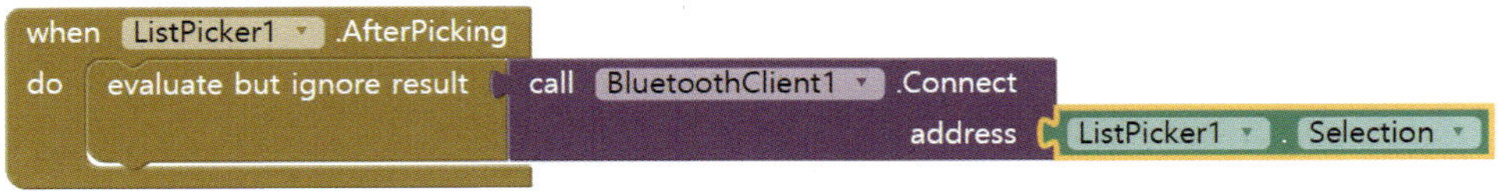


그림 10.17 리스트에서 블루투스 선택 후 연결하기

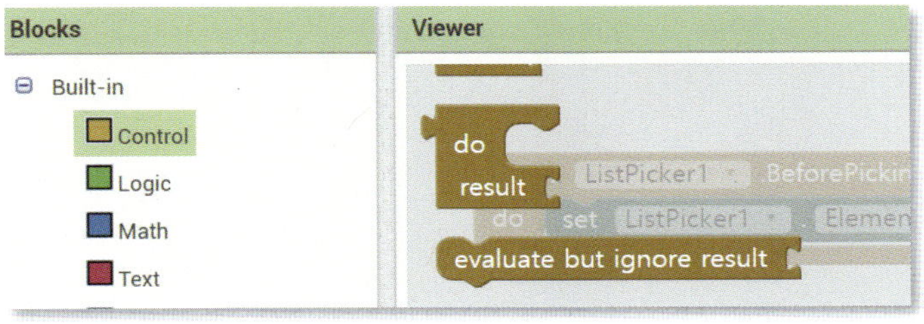


그림 10.18 Control에서 [evaluate but ignore result] 선택

### 버튼 클릭하기

버튼을 클릭하면 [TextBox]에 입력된 숫자를 스마트폰 블루투스를 이용하여 아두이노 블루투스에 보내는 기능을 하는 블록이다. 데이터를 보내기 전에 조건문 블록(if-then)을 넣어서 블루투스가 연결되었을 때 데이터를 보내도록 블록을 만든다. 아두이노에 프로그램을 작성할 때 '1'을 보내면 LED가 켜지게 하고 '0'을 보내면 LED가 꺼지게 프로그램을 작성한다.

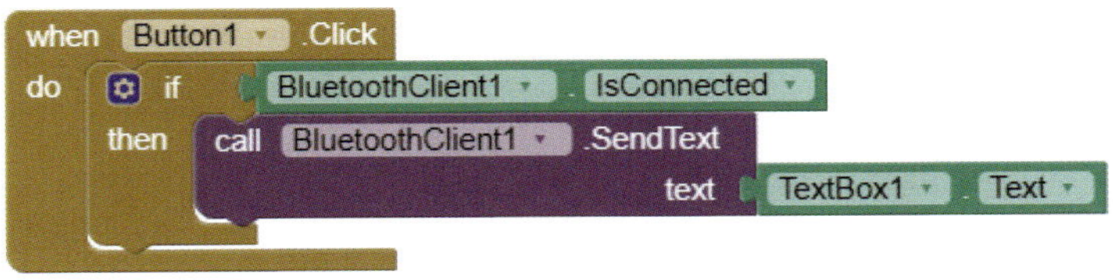


그림 10.19 TextBox에 입력된 데이터를 아두이노로 보내는 블록

if then else 블록은 'if-then' 블록에서 'else'를 끼워 넣어 만들 수 있다.

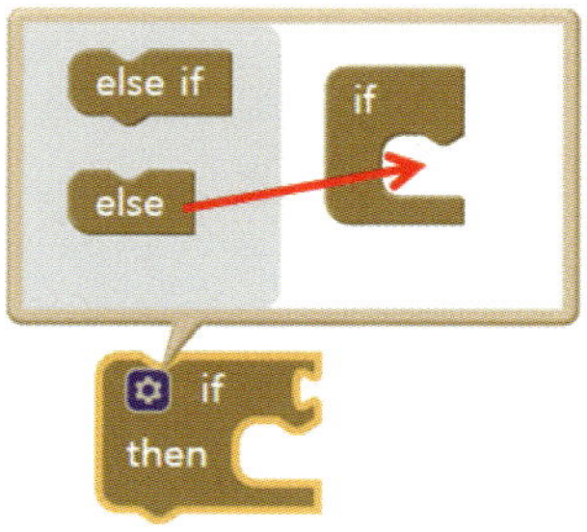


그림 10.20 if then 블록에서 else 블록을 끼워 넣어 만들기

### 앱 테스트 하기

스마트폰에 실시간 테스트 앱인 'MIT AI2 Companion'을 다운로드 받아서 설치한다.

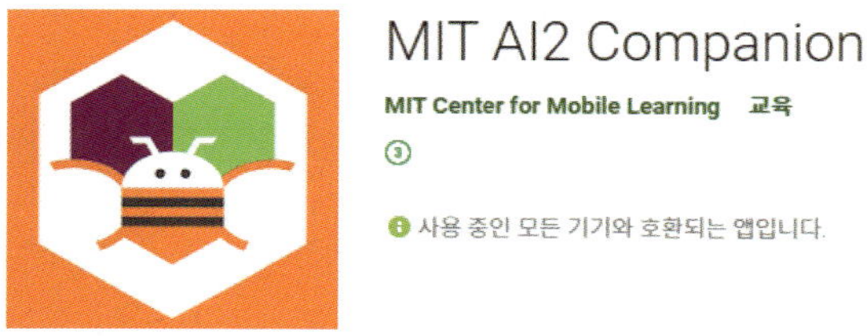


그림 10.21 MIT AI2 Companion

블록 창에서 프로그램을 마친 후에 실시간 테스트를 하려면 메뉴에서 'Connect'를 클릭한다. 화면에 QR코드가 생성되면 AI2 Companion을 실행시켜 QR 코드를 찍거나 QR코드 옆의 숫자 또는 문자를 입력하면 스마트폰에서 실시간 테스트가 가능하다.

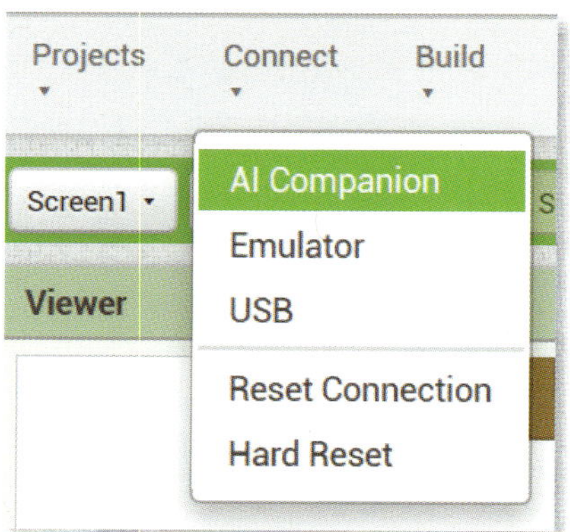


그림 10.22 AI Companion 메뉴

그림 10.23 실시간 테스트 QR 코드

앱 다운로드 받기

완성된 앱은 스마트폰에 다운로드 받아서 계속 사용할 수 있다. 메뉴에서 [Build] → [App(provide QR code for .apk)]를 클릭한다. QR 코드가 나타나면 AI2 Companion으로 QR 코드를 찍어서 앱을 다운로드 받을 수 있다.

앱을 다운로드 받을 때 스마트폰에서 '다운로드'된 다음 '설치' 할지 묻는 내용이 나타날 때 '설치'를 클릭하고 설치가 완료되면 '열기'를 선택한다.

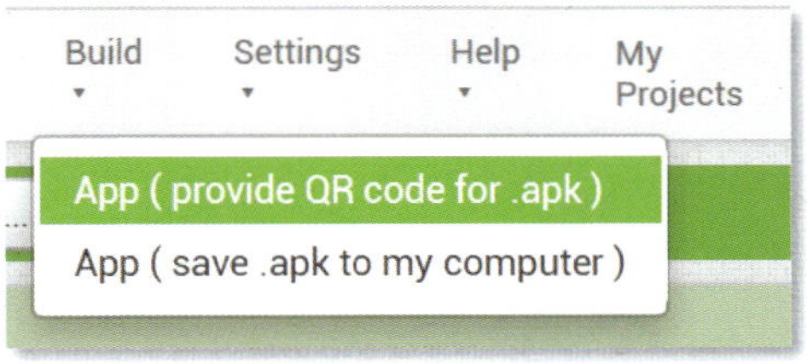


그림 10.24 실행파일(.apk) 생성하기

스마트폰에 앱을 설치하고 실행시키면 그림 10.25와 같은 모습이 된다. TextBox에 'Hint for TextBox1'이라고 나타나면 이곳에 입력할 데이터를 넣으면 된다. 처음에 표시된 'Hint for TextBox1'는 자동으로 사라진다.

그림 10.25 스마트폰에 설치한 앱

블루투스 페어링하기

앞에서 설명한 등록 단계를 하지 않았으면 스마트에서 아두이노의 블루투스를 등록한다.

스마트폰의 앱을 실행시키고 [블루투스 선택]을 클릭하면 주변의 블루투스가 있으면 블루투스가 검색된다. 앱에서 그림 10.26과 같이 버튼을 누른다.

그림 10.26 블루투스 선택 버튼

그림 10.27과 같이 블루투스가 선택 창이 열리면서 블루투스가 검색된다. 아두이노에 연결된 블루투스는 'HC-06'이므로 'HC-06'을 찾아본다. 'HC-06'이 여러 개 검색될 때는 본인의 블루투스가 무엇인지 'HC-06' 앞의 번호를 잘 기억해 둔다. 실습실일 경우 여러 개의 블루투스를 동시에 테스트 할 때는 다른 회로는 모두 전원을 빼고 하나씩 테스트 하면서 본인의 블루투스 번호를 찾아본다. 블루투스의 이름을 변경하는 것은 구글 검색해서 '블루투스 이름 변경하기'를 찾아보면 설명이 여러 개 검색되므로 따라서 쉽게 할 수 있다.

그림 10.27 블루투스 선택 창

#### 데이터 보내기 테스트

스마트폰 앱을 실행하고 블루투스 검색을 마친 후 아두이노의 블루투스에 빨간색 LED가 깜박이다가 깜박이지 않으면 두 개의 블루투스가 연결되었다는 신호이다. 이때 스마트폰 TextBox에 '1'을 입력하거나 '0'을 입력해서 데이터를 보내는 모습은 그림 10.28과 그림 10.29이다.

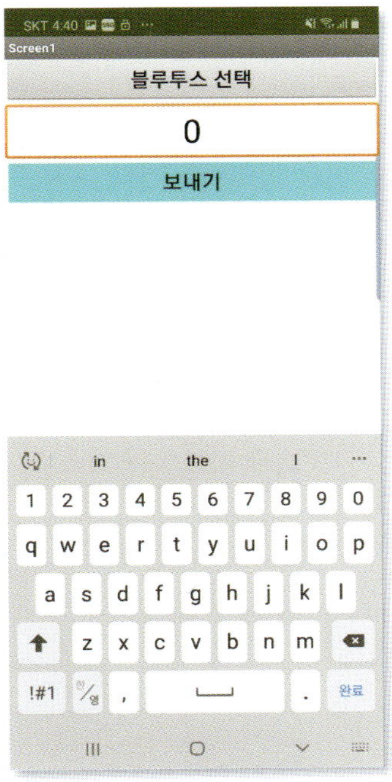


그림 10.28 데이터 0입력

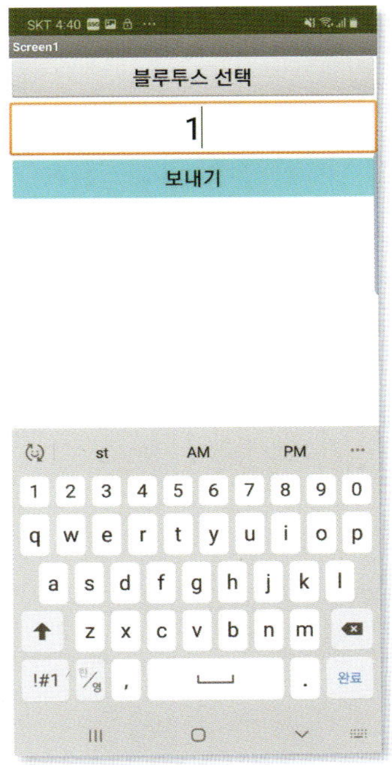


그림 10.29 데이터 1입력

그림 10.30은 앱을 실행시키고 테스트한 모습이다. '1'을 전송하니 LED가 켜지고 '0'을 전송하니 LED가 꺼졌다.

그림 10.30 블루투스 테스트 모습

# [요약]

- UART 직렬통신 방법이며 아두이노와 컴퓨터 또는 다른 디바이스와의 통신을 하여 데이터를 주고받는 것을 의미한다.
- 아두이노의 RX 핀은 수신(Receive) 핀이고 TX 핀은 송신(Transmit) 핀이다.
- 시리얼 통신에서 다른 디바이스와 TX는 RX에 연결하고 RX는 TX에 연결한다.
- 블루투스 통신은 전자기기를 연결할 때 자주 사용되며 근거리 무선통신에 이용된다.
- 블루투스 모듈을 연결할 때도 시리얼 통신 방법을 사용한다.
- 스마트폰에는 블루투스 모듈이 들어 있어 블루투스 통신을 할 때 별도의 모듈이 필요 없다.
- 스마트폰에서 블루투스를 연결할 때 페어링 등록을 해야 한다.
- 스마트폰 앱은 앱 인벤터로 만든다.
- 앱 인벤터는 블록 코딩으로 앱을 만들 수 있는 프로그램이다.
- 앱 인벤터는 크롬 브라우저에서 실행된다.
- 앱 이름은 영문 소문자로 시작하고 띄어쓰기를 하지 않는다.
- 앱 인벤터로 만든 앱을 실시간 테스트 하려면 'MIT AI2 Companion'을 스마트폰에 설치한다.
- 앱 인벤터로 만든 앱은 안드로이드 스마트폰에 다운로드 받아서 사용할 수 있다.

# [연습문제]

01. (참/거짓) UART 통신은 유선으로 아두이노와 컴퓨터와 통신하는 방법을 말한다.

02. (참/거짓) 아두이노의 통신 핀 중 RX는 다른 디바이스의 TX에 연결되어야 한다.

03. (참/거짓) 앱 인벤터는 모든 브라우저에서 실행된다.

04. 무선 통신 설명 중 잘못된 것을 하나만 고르시오.

❶ 블루투스 통신의 거리는 근거리로 수십 미터의 거리안에서 통신이 가능하다.

❷ 아두이노에 연결된 블루투스 모듈과 스마트폰에서 블루투스 통신을 사용하려면 페어링을 해야 한다.

❸ 아두이노에서 블루투스 모듈을 연결할 때는 TX와 RX 핀이 정해져 있다.

❹ 아두이노에서 블루투스를 연결하기 위해서 시리얼 통신을 이용한다.

05. 앱 인벤터 설명 중 잘못된 것을 하나만 고르시오.

❶ 앱 인벤터로 만든 앱은 어떤 스마트폰에도 다운로드할 수 있다.

❷ 앱 인벤터에는 스마트폰에 내장된 센서를 프로그램하여 사용할 수 있다.

❸ 앱 인벤터에서 만든 앱은 실시간 테스트가 가능하다.

❹ 앱 인벤터 사이트에서 한글을 사용할 수 있다.

06. 앱 인벤터 설명 중 잘못된 것은?

❶ 앱 인벤터에서 스마트폰 디자인을 하는 곳은 [Designer]이다.

❷ 앱 인벤터에서 블록 코딩하는 곳은 [Blocks]이다.

❸ 앱 인벤터에서 블루투스 기능을 코딩할 수 있다.

❹ 앱 인벤터에서 블록 복사를 할 수 없다.

**07.** 아두이노의 블루투스 연결 시 연결 방법에 맞게 빈칸에 적으시오.

❶ 블루투스의 (+)는 아두이노의 (                    )에 연결한다.

❷ 블루투스의 (−)는 아두이노의 (                    )에 연결한다.

❸ 블루투스의 (TX, 송신)는 아두이노의 (                    )에 연결한다.

❹ 블루투스의 (RX, 수신)는 아두이노의 (                    )에 연결한다.

**08.** 무선 통신 중 통신 거리가 수십 미터이고 스마트폰과 통신이 가능하면서 페어링이 필요한 무선 통신은 무엇인가?

**09.** 안드로이드 앱을 만들기 위해 앱 인벤터(App Inventor)를 실행하려면 접속해야 하는 브라우저는 무엇인가?

**10.** 아두이노에서 DHT11 센서를 이용하여 측정한 온도값을 스마트폰에서 받는 프로젝트를 완성하시오.

11

# SPI & I2C 통신

**학습목표**

- SPI 통신의 기본 원리를 이해한다.
- I2C 통신의 기본 원리를 이해한다.
- 1:N의 아두이노를 이용하여 데이터 송신과 수신을 실험한다.
- I2C 통신을 실험을 통해서 이해한다.

**학습내용**

- SPI 통신의 기본 원리
- I2C 통신의 기본 원리
- 1:N의 데이터 송신과 수신 실험
- I2C 통신 실험

이 장에서는 SPI와 I2C 통신 방식에 대해서 설명을 한다. 동기식 전송 방식인 SPI통신은 4개의 선(MISO, MOSI, SCK, SS)이 필요하지만 I2C통신은 2개의 선(Data, clock)이 필요하다. I2C는 마스터와 슬레이브의 조합으로 되어 있으며, 마스터가 슬레이브에 자료를 요청하면 슬레이브가 보내는 방식이다. 슬레이브와 슬레이브 간의 통신은 할 수 없다.

# 01 SPI와 I2C통신에 대하여

TX와 RX핀을 이용하는 직렬 포트는 비동기식이므로(클럭 데이터가 전송되지 않음), 두 장치는 끊임없이 상대방이 데이터를 보내는지 확인해야 한다. 그래서 UART 통신에서는 1초를 몇 개의 간격으로 나누어 데이터를 보낼지(통신속도, Baud Rate)를 미리 정해야한다. 이 간격을 지키기 위해 통신에 참여하는 두 장치는 같은 클럭(컴퓨터에 장착된 main crystal에 의해 생성)을 사용해야 하며, 클럭이 조금이라도 다르게 되면 데이터 전송에 오류가 발생한다. 이 문제를 해결하기 위해 UART 통신은 1byte를 송신할 때마다 추가로 start/stop bit를 추가한다. 하나의 start(시작) 및 stop(정지) 비트는 각 데이터 프레임의 일부이며, 이는 전송되는 8비트 데이터 각각에 대해 2비트를 더하여 총 10비트의 전송 시간이 필요하며 데이터 속도에 영향을 미친다. 비동기식 직렬 포트의 또 다른 결함은 기본적으로 두 장치 사이의 통신에 적합하다는 것이다. 여러 장치를 단일 직렬 포트에 연결할 수는 있지만 버스 경합(두 장치가 동시에 동일한 회선을 구동하려고하는 경우)은 항상 문제가 되며 해당 장치의 손상을 방지하기 위해 신중하게 처리해야 한다.

동기식 직렬통신은 데이터를 보낼 때마다 데이터가 전달된다고 알려주는 별도의 클럭 라인을 이용한다. 클럭 라인을 통신 라인에 연결된 다수의 장치(참여 장치)가 공유함으로써 데이터 라인으로 언제 데이터가 들어오는지를 알 수 있도록 해주는 방법이다. 이 방법의 대표적인 시스템이 SPI와 I2C 통신이다. 그러므로 UART처럼 start/stop 비트가 필요 없으며, 통신속도를 공유할 필요도 없다.

SPI는 Serial Peripherial Interface의 약자이며, 1:N 통신을 지원하는 동기식 통신 방식이다. SPI 통신을 위해서는 반드시 하나의 마스터와 하나 이상의 슬레이브 기기가 있어야 한다. SPI는 마스터에서 클럭 신호를 생성한다. 마스터는 클럭을 생성할 때 미리 수신용 클럭 신호도 순서대로 생성한다. 속도가 빠르기 때문에 주로 빠른 데이터 전송속도가 필요한 곳에 많이 사용된다.

SPI 통신을 위해서 4개의 선이 필요하며 각 선은 MISO, MOSI, SCK, SS이다. 각각의 역할은 아래와 같다.

- **MISO(Mater In Slave Out)**: 슬레이브에서 마스터로 데이터를 출력하기 위한 선
- **MOSI(Master Out Slave In)**: 마스터에서 슬레이브로 데이터를 출력하기 위한 선

- **SCK**: Clock 선
- **SS(Slave Select)**: 데이터를 송수신 할 슬레이브를 선택하기 위한 선

SPI의 단점은 필요한 핀의 개수가 비효율적이라는 것이다. SPI 버스를 사용하여 단일 마스터를 단일 슬레이브에 연결하려면 기본적으로 4개의 회선이 필요하다. 그리고 추가 슬레이브 개수만큼 마스터에서는 SS신호선이 늘어나게 되므로 물리적으로 비효율적이다.

I2C(혹은 IIC)라는 용어는 "Inter Integrated Circuits"를 의미한다. 그리고 일부에서는 I2C 또는 I 제곱 C 또는 2 와이어 인터페이스 프로토콜 (TWI)로 표시되지만 모두 동일한 의미이다. I2C는 동기식 통신 프로토콜의 의미로, 정보를 공유하는 두 장치 모두 공통 클럭 신호를 공유한다. 정보를 공유하기 위해 두 개의 신호선이 필요하다. 그 중 하나는 Clock 신호에 사용되고 다른 하나는 데이터 송수신에 사용된다.

I2C 통신은 Phillips에 의해 처음 소개되었다. 두 개의 신호선을 이용하여 두 개의 장치에 연결된다. 여기서 한 장치는 마스터이고 다른 장치를 슬레이브이다. 통신은 항상 마스터와 슬레이브 사이에서 발생한다. I2C 통신의 장점은 하나 이상의 슬레이브를 마스터에 연결할 수 있다는 것이다. 본 장에서는 I2C 통신 방식을 이용하여 실습한다.

I2C에서는 Master와 Slave의 조합이 원칙으로 되어있다. 통신의 주도권은 항상 Master가 있고 Master의 요청에 따라 Slave가 조건을 충족하면 응답한다. 따라서 Slave끼리 통신하거나 Slave에서 Master에 요청을 보낼 수는 없다.

# 02 I2C 동작 원리

I2C 버스에는 전원 및 접지 연결과 함께 두 개의 신호가 있으며 그림 11.1과 같다.

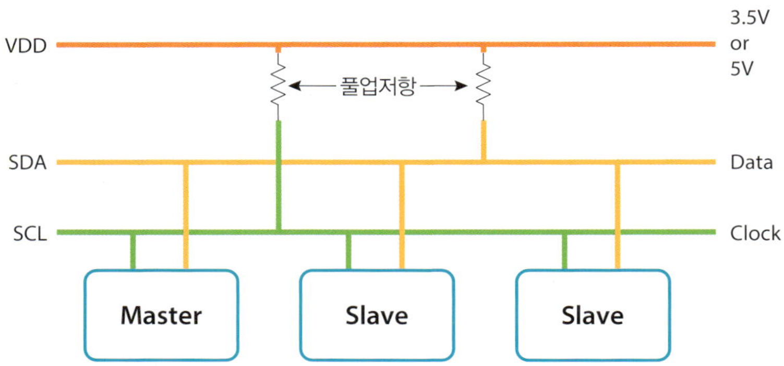


**그림 11.1** I2C 신호선 연결도

두 신호선의 역할은 다음과 같다.

- **SDA**: 양방향 데이터 선이다.
- **SCL**: 클럭 신호이다.

각 신호 라인에는 2개의 풀업 저항이 연결되어 있으며, 비활성 상태일 때 버스를 공급 전압까지 끌어 올린다. 공급 전압은 표준이 아니며 3.3V 또는 5V 일 수 있다. 또한 일부 고속 I2C 구현의 경우 더 낮은 전압일 수도 있다.

I2C 버스에 연결할 수 있는 것은 마스터 및 슬레이브 두 가지 유형이다. 마스터 장치는 버스를 제어하고 클럭 신호를 공급한다. 슬레이브에서는 개별적으로 데이터를 요청한다. 버스에는 하나 이상의 마스터 장치가 있을 수 있지만 특정 순간에는 하나만 활성 마스터가 될 수 있다. 마스터 장치에는 할당된 주소가 없다.

슬레이브 장치에는 주소가 있으며 이 주소는 버스에서 고유해야한다. 7비트 주소 지정 체계를 사용하므로 하나의 I2C 버스에 최대 128개의 슬레이브를 사용할 수 있다. 실제로 이 대규모 장치 컬렉션은 사용되기 어렵다. 아두이노에서 사용되는 I2C Wire 라이브러리는 표 11.1과 같다.

**표 11.1** I2C 라이브러리

| 함수명 | 내용 |
|---|---|
| begin() | • I2C통신 초기화 및 활성화하는 함수<br>• Slave 모드일 경우 자신의 번호를 지정<br>• 번호가 지정되지 않으면 Master 모드로 설정 |
| requestFrom() | • Slave로부터 데이터를 요청하기 위해 Master에 의해 설정 |
| beginTransmission() | • Master에서 전송하기 위해 Slave의 주소 값을 지정<br>• 데이터를 버퍼에 저장 후 한꺼번에 전송<br>• Master 모드에서만 사용 |
| endTransmission() | • 데이터 버퍼에 저장된 데이터를 전송<br>• Master 모드에서만 사용 |
| write() | • I2C버스로 데이터를 보내기 위해 사용<br>• Master/Slave 모드에서 사용 |
| available() | • 수신된 데이터의 Byte 수를 반환 |
| read() | • I2C버스(버퍼)로부터 데이터를 읽어옴<br>• available() 함수로 수신 여부가 확인된 후 사용 |
| SecClock() | • 특정 주파수를 설정하기 위해 Master에 의해 사용 |
| onReceive() | • Master로부터 데이터가 수신되었을 때 호출될 이벤트 처리<br>• 수신된 데이터의 길이가 전달됨 |
| onRequest() | • Master로부터 데이터를 요청받았을 때 호출되는 함수<br>• 이벤트 처리의 매개변수는 없음 |

I2C의 예제 코드는 아두이노 IDE 메뉴의 "[파일] → [예제] → [Wire]"에서 불러올 수 있다. 코드는 Mster 코드와 Slave 코드 쌍으로 사용하면 된다. "master_writer/slave_receiver" 혹은 "master_reader/slave_sender"의 쌍으로 사용할 수 있다.

- **master_reader/slave_sender**: 센서 값을 읽기
- **master_writer/slave_receiver**: EEPROM에 쓰기

# 03 master_reader / slave_sender 통신 실험

이번 실험은 [master_reader / slave_sender] 쌍을 변경하여 Master에서 Slave (ID # 8)에 1Byte 데이터를 요구하고, Slave는 요청마다 1씩 카운트가 증가된 값을 반환하는 것이다. 개념도는 그림 11.2와 같으며, 회로도는 그림 11.3과 같다.

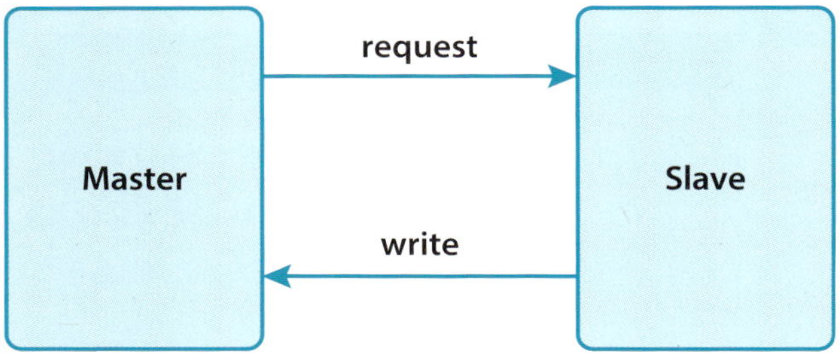


**그림 11.2** master_reader / slave_sender 통신 개념도

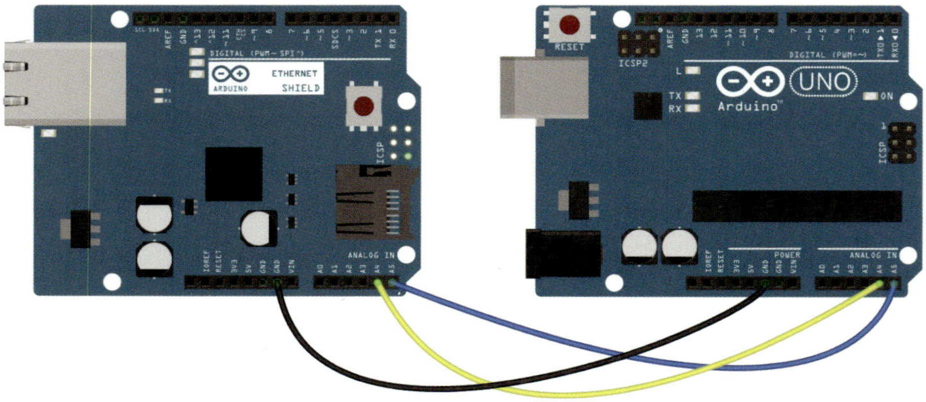

**그림 11.3** master_reader / slave_sender 통신 실험 연결도

**준 | 비 | 물**

아두이노 2개, 아두이노 케이블 2개, 점퍼선 여러 개

## 소스코드 – 마스터 아두이노

**스케치 11-1 master_reader / slave_sender 통신 실험**

```
#include <Wire.h>

void setup() {
    Wire.begin();
    Serial.begin(9600);
}

void loop() {
    Wire.requestFrom(8, 1); // Slave ID #8로부터 1 bytes 요청

    while (Wire.available()) {
        byte b = Wire.read();
        Serial.println(b);
    }

    delay(500);
}
```

## 소스코드 – 슬레이브 아두이노

**스케치 11-2 master_reader / slave_sender 통신 실험**

```
#include <Wire.h>

byte b=0;

void setup() {
    Wire.begin(8);     // Slave ID #8 지정
    Wire.onRequest(requestEvent);
    Serial.begin(9600);
}

void loop() {
}

void requestEvent() {
    Wire.write(b++);
    Serial.println(b);
}
```

### 실험결과

master의 시리얼 통신을 열고, 제대로 동작하면 그림 11.4와 같이 나타난다.

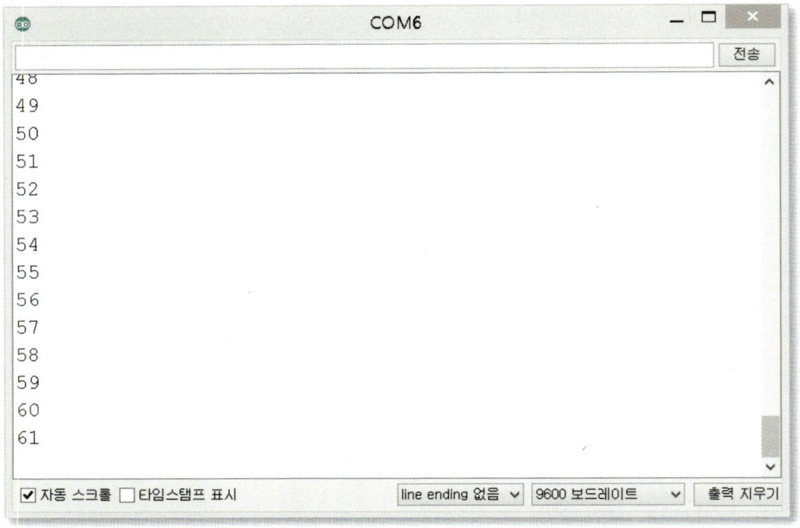


**그림 11.4** master_reader / slave_sender 실험 결과

Introduction to **Arduino**

# 04 master_write / slave_receiver 통신 실험

[master_write / slave_receiver] 쌍을 변경하여 Master에서 Slave (ID # 8)에 1Byte 데이터를 보내고, Slave는 수신된 데이터를 시리얼 모니터에 출력하는 코드를 작성해보자. 마스터와 슬레이브의 통신을 위한 개념도는 그림 11.5와 같으며, 회로도는 그림 11.6과 같다.

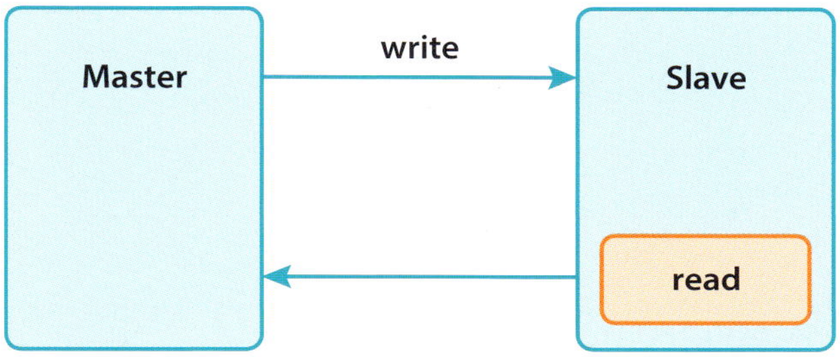


**그림 11.5** master_write / slave_receiver 통신 개념도

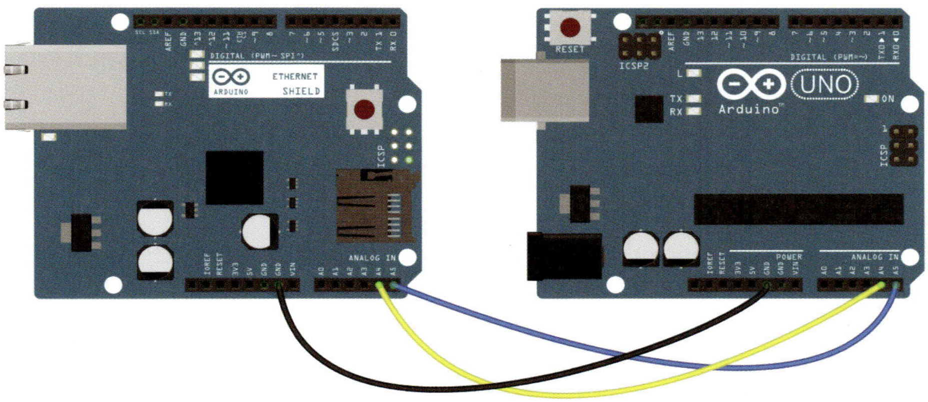

**그림 11.6** master_write / slave_receiver 실험 연결도

**준 | 비 | 물**

아두이노 2개, 아두이노 케이블 2개, 점퍼선 여러 개

## 소스코드 – 마스터 아두이노

**스케치 11-3** master_write / slave_receiver 통신 실험 – 마스터 아두이노

```
// Master Writer
#include <Wire.h>

void setup() {
    Wire.begin();
    Serial.begin(9600);
}
byte x=0;
void loop() {
    Wire.beginTransmission(8); // Master에서 전송하기 위해 Slave의 주소 값을 지정
    Wire.write("x is ");       // sends five bytes
    Wire.write(x);             // sends one byte
    Wire.endTransmission();    // 데이터 버퍼에 저장된 데이터를 전송

    x++;
    delay(500);
    Serial.println(x);
}
```

## 소스코드 – 슬레이브 아두이노

**스케치 11-4** master_write / slave_receiver 통신 실험 – 슬레이브 아두이노

```
#include <Wire.h>
void setup()
{
  Wire.begin(8);                    //  I2C 버스가 ID #8로 연결
  Wire.onReceive(receiveEvent);   // register event
  Serial.begin(9600);              // 시리얼 시작
}

void loop()
{
  delay(100);
}

void receiveEvent(int howMany)
{
  while(1 < Wire.available()) // loop through all but the last
```

```
    {
      char c = Wire.read();      // receive byte as a character
      Serial.print(c);           // print the character
    }
    int x = Wire.read();         // receive byte as an integer
    Serial.println(x);           // print the integer
}
```

### 실험결과

Master의 시리얼 통신을 열고, 제대로 동작하면 그림 11.7과 같이 나타난다.

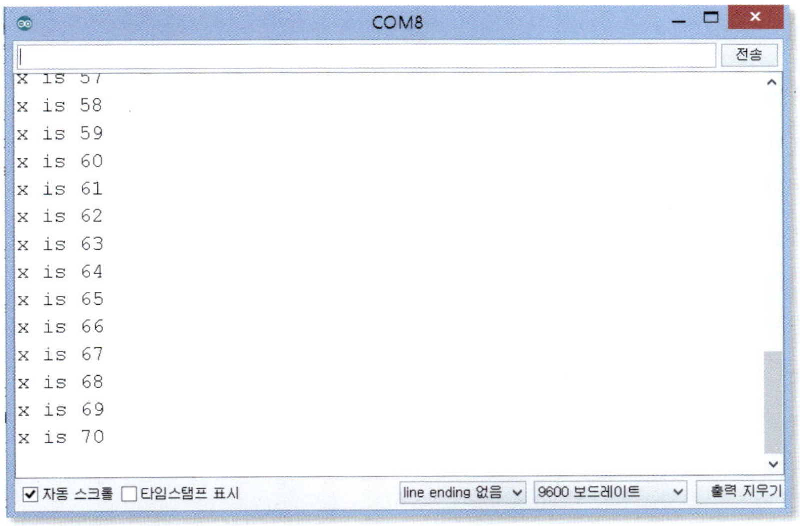


그림 11.7 master_write / slave_receiver 실험 결과

# 05 가변저항을 이용하여 원격지 LED 깜박임 조절

이번 실험은 가변저항기를 이용하여 원격지 LED의 ON/OFF 주기를 I2C 통신을 이용하여 실시한다. 그림 11.8에 실험 회로도를 나타내었다.

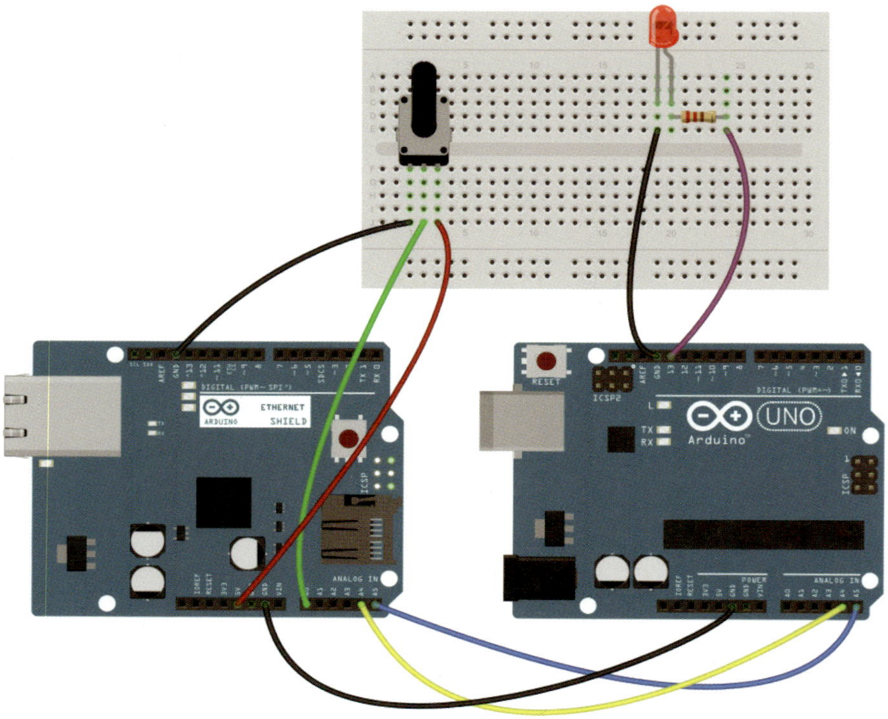


**그림 11.8** 가변저항기 이용 원격지 LED 깜박임 조절 실험 연결도

**준 | 비 | 물**

아두이노 2개, 아두이노 케이블 2개, 저항 220Ω, 가변저항기, 점퍼선 여러 개

## 소스코드 – 마스터 아두이노

**스케치 11-5** 원격지 LED 깜박임 조절 실험 – 마스터 아두이노

```
#include <Wire.h>
#define SLAVE_ADDR 9 // 슬레이브 ID 지정
int analogPin = 0;
int val = 0;
void setup() {
    Wire.begin(); // 마스터로써 I2C 통신 초기화
}

void loop() {
    delay(50);
    // 읽은 값을 1-255로 정규화 시킴
    val = map(analogRead(analogPin), 0, 1023, 255, 1);
    // 슬레이브로 값 보내기
    Wire.beginTransmission(SLAVE_ADDR);
    Wire.write(val);
    Wire.endTransmission();
}
```

## 소스코드 – 슬레이브 아두이노

**스케치 11-6** 원격지 LED 깜박임 조절 실험 – 슬레이브 아두이노

```
// Slave 아두이노
#include <Wire.h>

#define SLAVE_ADDR 9           // 슬레이브 ID 지정
int LED = 13;                  // Define LED Pin
int rd;                        // Variable for received data
int br;                        // Variable for blink rate
void setup() {
    pinMode(LED, OUTPUT);
    // Initialize I2C communications as Slave

    Wire.begin(SLAVE_ADDR);
    // Function to run when data received from master
    Wire.onReceive(receiveEvent);

    // Setup Serial Monitor
```

```
    Serial.begin(9600);
    Serial.println("I2C Slave Demonstration");
}
void receiveEvent() {
    rd = Wire.read();          // read one character from the I2C
    Serial.println(rd);        // Print value of incoming data
}
void loop() {
    delay(50);
    br = map(rd, 1, 255, 100, 2000);  // 수신된 값을 이용하여 delay시간 계산
    digitalWrite(LED, HIGH);
    delay(br);
    digitalWrite(LED, LOW);
    delay(br);
}
```

### 실험결과

Master의 시리얼 통신을 열고, 제대로 동작하면 그림 11.9와 같이 나타난다. 그림 11.9 (a)는 가변저항기를 오른쪽으로 최대한 돌린 경우이며 슬레이브에 있는 LED의 ON/OFF 주기가 매우 빠르게 변한다. 그림 11.9 (b)는 가변저항기를 천천히 왼쪽으로 돌릴 때의 결과를 시리얼 모니터에 나타내었으며, 슬레이브에 있는 LED의 ON/OFF 주기가 점점 느려지는 것을 눈으로 확인할 수 있다. 그림 11.9 (c)는 LED가 ON상태를 나타내었다.

수신된 데이터를 저장하는 변수와 깜박임 속도에 대한 시간 지연 값을 전달하는 변수가 정의 된다. setup()함수에서 LED의 I/O 핀을 출력으로 설정하고 I2C 버스를 초기화한다. begin() 함수에서 슬레이브 주소를 사용할 때 Wire 라이브러리는 우리가 슬레이브 역할을 하고 있음을 알고 있다.

여기서는 onReceive 함수만 정의하면 된다. 그리고 시리얼 모니터를 설정하여 들어오는 데이터를 화면에서 볼 수 있다. receiveEvent() 함수는 수신 데이터를 읽고 rd 변수에 저장한다. 시리얼 모니터에 값을 나타낸다.

마지막으로 loop()에서 수신 데이터를 사용하여 LED를 깜박인다. Map 함수를 사용하여 1-255의 수신 값을 더 넓은 범위로 변경한다. 이 범위를 변경하여 가변저항기를 이용하여 LED가 더 빠르게 또는 느리게 깜박이도록 실험할 수 있다.

(a)

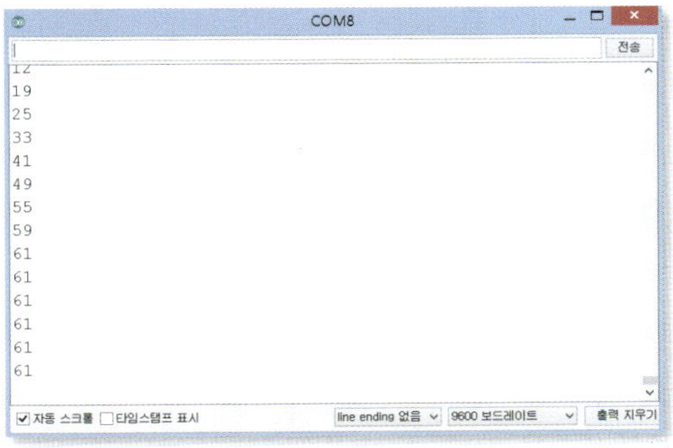


(b)

(c)

**그림 11.9** 슬레이브 시리얼 모니터 결과

# 06 버튼을 눌렀을 때 원격지 센서 값 읽기



이번 실험은 마스터에서 슬레이브의 센서 값을 읽어오는 실험이다. 마스터에 있는 버튼을 누르면 마스터는 지정된 슬레이브에 자료를 요청한다. 슬레이브는 마스터로부터 요청이 있는지를 검사하여 요청이 있을 경우, 해당된 데이터를 마스터로 보낸다. 전체 회로도를 그림 11.10에 나타내었다.

## 회로도

**그림 11.10** 원격지 센서 값 읽기 회로도

**준 | 비 | 물**

아두이노 2개, 아두이노 케이블 2개, 저항 220Ω, 10kΩ, 온습도센서 1개, 점퍼선 여러 개 마스터와 슬레이브의 소스코드는 아래와 같다.

## 소스코드 - 마스터 아두이노

**스케치 11-7 원격지 센서 값 실험 – 마스터 아두이노**

```
#include <Wire.h>
const int button1Pin = 2;               // push button을 디지털 2번 핀에 연결
const int ledPin = 13;                  // led를 디지털 13번 핀에 연결
int button1State = 0;                   // 버튼에서 읽어올 디지털 값을 저장

void setup() {
    Wire.begin();
    Serial.begin(9600);
    pinMode(button1Pin, INPUT);         // 2번 핀을 입력 핀으로 설정
    pinMode(ledPin, OUTPUT);            // 13번 핀을 출력 핀으로 설정
}
void loop() {
    // 버튼의 상태를 읽고 변수에 저장
    button1State = digitalRead(button1Pin);
    // 버튼이 눌렸다면
    if(button1State == LOW){
        // i2c 통신으로 센서값(습도) 요청
        Wire.beginTransmission(18);
        Wire.write('H');
        Wire.endTransmission();

        Wire.requestFrom(18, 2);
        byte response[2];
        int index = 0;

        // 센서값 받기를 기다림
        while (Wire.available()) {
            byte b = Wire.read();
            Serial.println(int(b));
        }
        digitalWrite (ledPin, HIGH);
        //Serial.println("Button on");
        delay(1000);
    }
    else{                           // 버튼이 눌리지 않았다면
        digitalWrite(ledPin, LOW);
```

```
    }
    delay(100);
}
```

## 소스코드 – 슬레이브 아두이노

**스케치 11-8 원격지 센서 값 실험 – 슬레이브 아두이노**

```
#include "DHT.h"                        // DHT.h 라이브러리를 포함
#include <Wire.h>
#define DHTPIN 2                        // DHT핀을 2번으로 정의(DATA핀)

#define DHTTYPE DHT11                   // DHT타입을 DHT11로 정의

DHT dht(DHTPIN, DHTTYPE);               // DHT설정 - dht (디지털2, dht11)

char c;
int h;
int t;

void setup() {
    Wire.begin(18);
    Wire.onRequest(requestEvent);   // data request to slave
    Wire.onReceive(receiveEvent);   // data slave received

    Serial.begin(9600);             // 9600 속도로 시리얼 통신을 시작
}
void loop() {

    h = dht.readHumidity();         // 변수 h에 습도 값을 저장
    t = dht.readTemperature();      // 변수 t에 온도 값을 저장

    Serial.print("Humidity: ");     // 문자열 Humidity:를 출력
    Serial.print(h);                // 변수 h(습도)를 출력
    Serial.print("%\t");            // %를 출력
    Serial.print("Temperature: "); // 이하 생략
    Serial.print(t);
    Serial.println(" C");

    delay(1000);
}
```

```
void receiveEvent(int howMany) {
    // remember the question: H=humidity, T=temperature
    while (0 < Wire.available()) {
        byte x = Wire.read();
        c = x;
        Serial.println(c);
    }
}
void requestEvent() {

    // respond to the question
    if (c == 'H') {
        Wire.write(h);
        Serial.print("Current humidity =");
        Serial.println(h);
    }
    else {
        Wire.write(t);
        Serial.print("Current temperature =");
        Serial.println(t);
    }
}
```

### 실험결과

마스터에서 버튼을 누르면, 마스터는 버튼이 눌러진 상태를 LED(13번)를 이용하여 나타낸다. 동시에 마스터는 슬레이브(18)를 지정하며, 'H' 신호를 보낸다. 그리고 지정된 슬레이브에게 requestFrom() 함수를 이용하여 자료를 요청한다. 마스터는 지정된 슬레이브로부터 보내온 데이터를 읽어서 시리얼 모니터를 통해 확인할 수 있다.

슬레이브는 매 초마다 센서 값을 읽어서 저장한다. receiveEvent() 함수는 마스터로부터 보내온 데이터를 읽어서 변수 c에 저장한다. 그리고 requestEvent()를 이용하여 보내온 데이터를 확인하여 센서값을 마스터로 보낸다. 마스터는 수신된 데이터를 시리얼 모니터를 통하여 표시한다. 마스터와 슬레이브에 표시된 결과를 그림 11.11에 각각 나타내었다. 슬레이브에서는 습도값이 변화되고 있는 것을 알 수 있으며, 마스터에서는 이 값을 받아서 나타내었다. 그리고 그림 11.11(c)은 실제 버튼을 눌렀을 때의 사진이다.

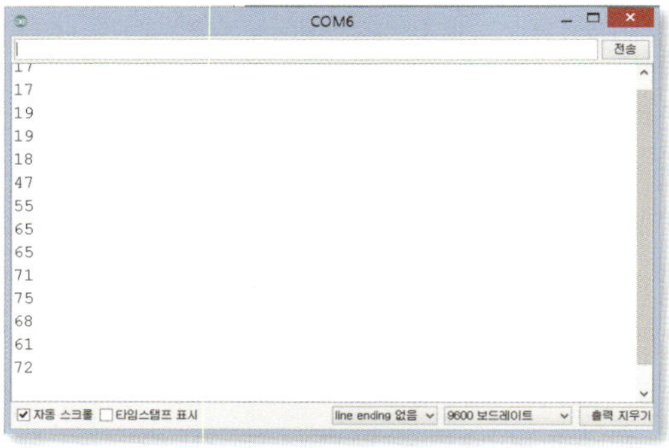



(a) 마스터 결과

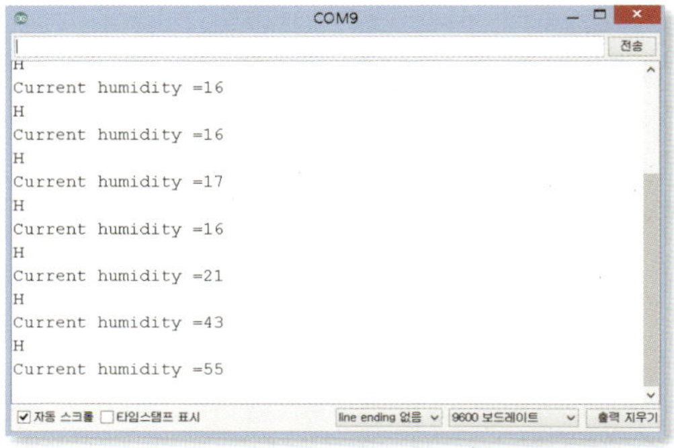



(b) 슬레이브 결과

(c)

**그림 11.11** 마스터에서 버튼을 눌렀을 때 결과

# [요약]



- I2C(Inter Intergrated Circuits) 통신을 이용한 실험을 할 수 있다.
- I2C 통신은 마스터와 슬레이브의 조합이다.
- SPI(Serial Periperal Interface) 통신은 동기식 데이터 전송 방식이다.
- SPI 통신은 4개의 선(MISO, MOSI, SCK, SS)이 필요하다.
- I2C 통신은 2개의 선(Data, Clock)이 필요하다.
- UART 통신은 총 10비트의 전송 시간이 필요하다.
- I2C는 동기식 프로토콜이며, 클럭 신호를 공통으로 사용한다.
- I2C 통신에서 사용되는 풀업 저항은 비활성 상태일 때 버스를 공급 전압까지 끌어올린다.
- 마스터에서 슬레이브로 데이터를 보내거나 요청을 할 수 있다.
- 슬레이브는 수신된 데이터를 표시하거나 마스터의 요청에 따라 데이터를 마스터로 보낸다.
- 슬레이브는 마스터에 데이터를 요청할 수 없다.
- 슬레이브끼리는 통신을 할 수 없다.

# [연습문제]

**01.** I2C 통신을 위해 최소로 사용되는 선은 몇 개인가?

**02.** (참/거짓) I2C 통신은 1:N 통신이 불가능하다.

**03.** (참/거짓) I2C통신은 슬레이브가 마스터에게 데이터를 요청할 수 있다.

**04.** Master로부터 데이터가 수신되었을 때 호출될 이벤트 처리를 위해 사용하는 함수는 무엇인가?

**05.** (참/거짓) SPI와 I2C 통신은 start/stop 비트가 필요하다.

**06.** (참/거짓) I2C 통신에서 마스터와 슬레이브는 서로 다른 Clock 장치를 사용한다.

**07.** I2C 통신에서 슬레이브는 최대 몇 개까지 가능한가?

**08.** SPI 통신을 위해 필요한 4개의 선이 아닌 것은?

❶ SCK ❷ MISO ❸ MOSI ❹ SDA

**09.** Master에서 전송하기 위해 Slave의 주소 값을 지정하기 위한 명령어는 무엇인가?

① requestFrom()　　② beginTransmission()

③ SecClock()　　④ available()

**10.** 마스터로부터 데이터가 수신되었을 때 이벤트 처리 함수는 어느 것인가?

① begin()　　② requestFrom()

③ avaialble()　　④ onReceive()

**11.** 슬레이브에서 슬레이브 ID가 10번일 경우 지정하는 문장을 기술하시오.

**12.** SPI통신과 I2C통신의 차이점 두 가지를 기술하시오.

**13.** I2C통신에서 슬레이브 장치의 주소에 대해 간략히 설명하시오.

**14.** I2C통신을 이용하여 조도센서를 통해 읽은 값을 LCD 모니터에 출력하고 조도 값이 500 이하일 경우 LED를 켜는 시스템을 제작하시오.

[참고그림]

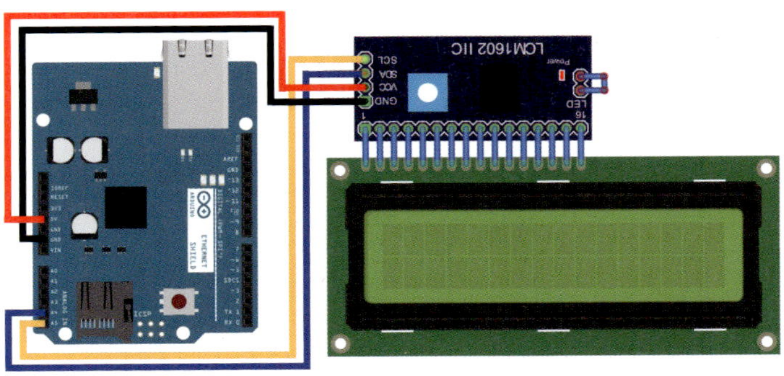

Introduction to **Arduino**

12

# 이더넷(Ethernet) 통신

**학습목표**

- 이더넷 쉴드를 이해한다.
- 아두이노에서의 인터넷 원리를 이해한다.
- IP 주소 확인과 웹서버 확인을 이해한다.

**학습내용**

- IP 주소 확인과 웹서버 확인
- 웹서버를 이용한 LED제어
- 통신 테스트 및 웹서버에서 LED ON/OFF 실험

이 장에서는 인터넷의 표준 통신 방식인 이더넷 통신에 대해서 학습한다. 아두이노 이더넷 쉴드를 부착하여 인터넷 통신을 한다. 이 쉴드를 사용하여 연결된 인터넷의 IP 확인이 가능하며 웹서버 IP 확인이 가능하다. 프로그램에서 IP 획득 방법을 알 수 있으며, 웹 서버를 통해 원격으로 아두이노에 연결된 디바이스들을 제어할 수 있다. 그리고 아두이노에 연결된 여러 센서나 디바이스들의 값들을 나타낼 수 있다.

# 01 이더넷 쉴드

이더넷 칩 기반의 이더넷 쉴드 호환보드 Wiznet W5100을 사용한다. 이더넷 쉴드 호환보드는 아두이노 우노 등에 장착해서 이더넷에 접속하여 이더넷 통신을 할 수 있게 해준다. TCT와 UDP 프로토콜을 모두 지원하는 네트워크 스택을 제공하며 동시에 4개까지의 소켓 연결이 가능하다. Ethernet library를 사용하여 아두이노 IDE에서 프로그래밍이 가능하다. IDE는 Arduino.cc에서 내려받아서 사용하는 것이 좋다. 이더넷 쉴드의 모양은 그림 12.1과 같다.

**그림 12.1** 이더넷 쉴드 모양

# 02 이더넷 쉴드 이용 IP확인 및 웹서버 확인

Introduction to **Arduino**

이더넷 쉴드를 아두이노에 장착하고 랜선을 RJ45 포트에 연결한 후 IDE를 실행한다. 그리고 그림 12.2처럼 "[파일] → [예제] → [Ethernet] → [DhcpAddressPrinter]"순으로 클릭해서 예제 프로그램을 불러온다.

**준 | 비 | 물**

아두이노 1개, 아두이노 쉴드 1개, 아두이노 케이블 1개

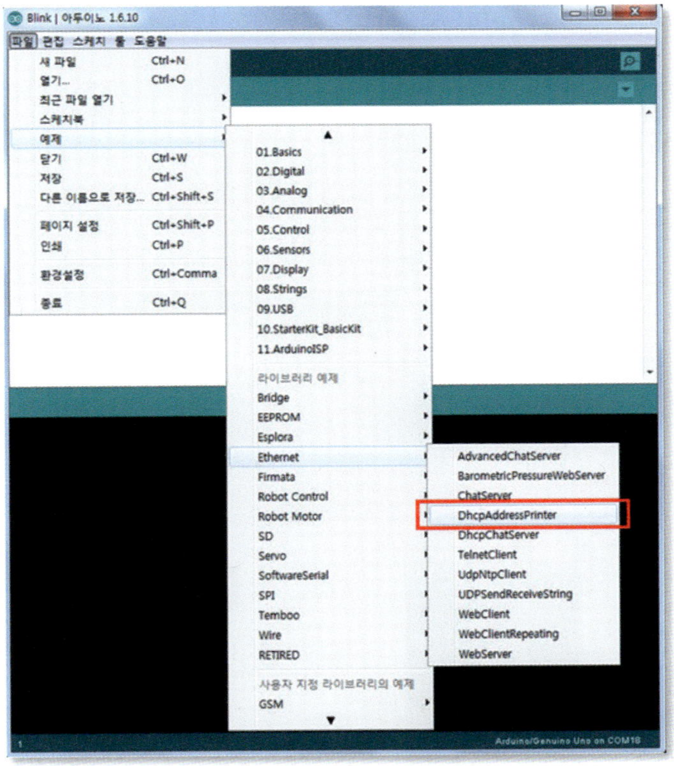

그림 12.2 예제 프로그램 불러오기

그리고 파일을 업로드 한 후 시리얼 모니터를 실행하면 그림 12.3처럼 연결된 IP 주소를 확인할 수 있다.

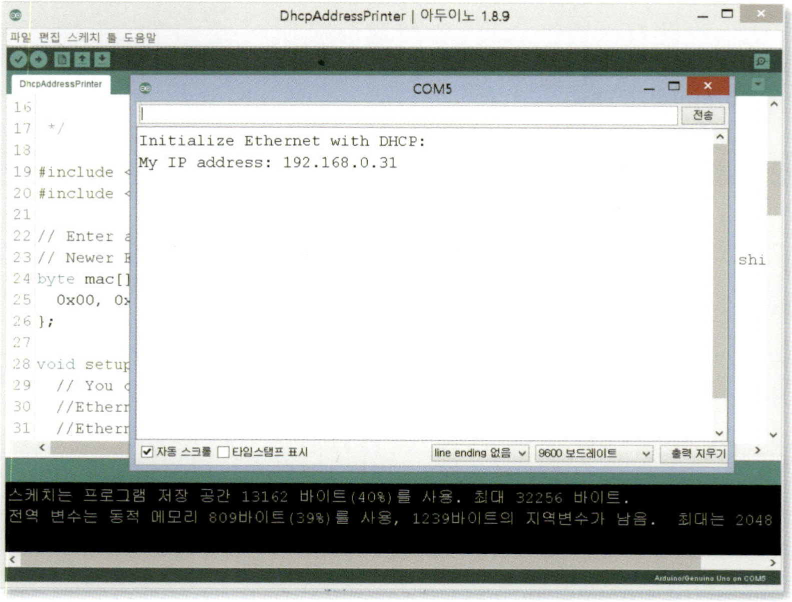

그림 12.3 IP주소 확인 결과

My IP Address가 192.168.0.31을 확인할 수 있다. 주소를 확인하였으므로 WebServer 예제를 불러온다. "[파일] → [예제] → [Ethernet] → [WebServer]" 순서로 클릭해서 Websever 예제를 불러온다. 결과는 그림 12.4와 같다.

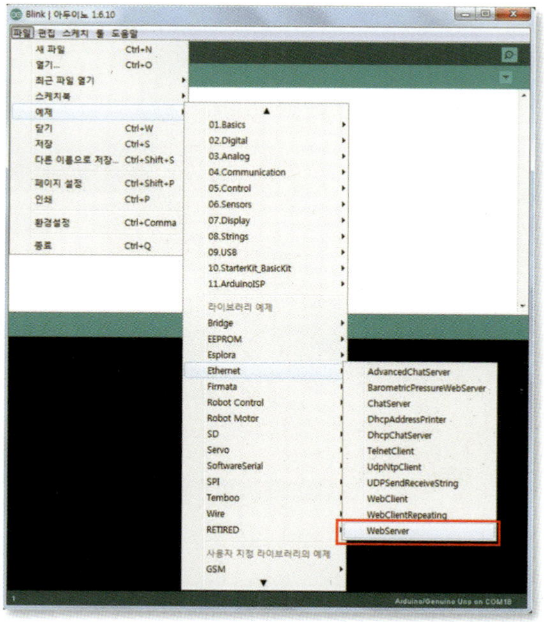

그림 12.4 Websever 예제 불러오기

프로그램에서 'IPAddress ip()'에 위에서 찾은 주소를 그림 12.5처럼 입력한다.

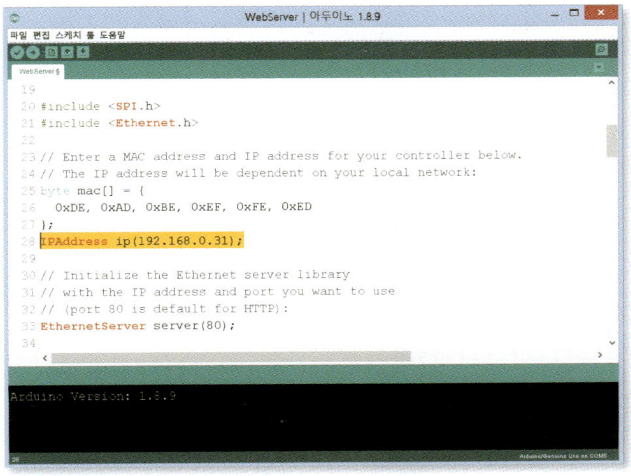

그림 12.5 IPAddress ip()에 주소 입력

그리고 스케치를 다시 업로드 한 후 시리얼 모니터를 열면 그림 12.6과 같이 웹서버의 IP 주소가 나타난다.

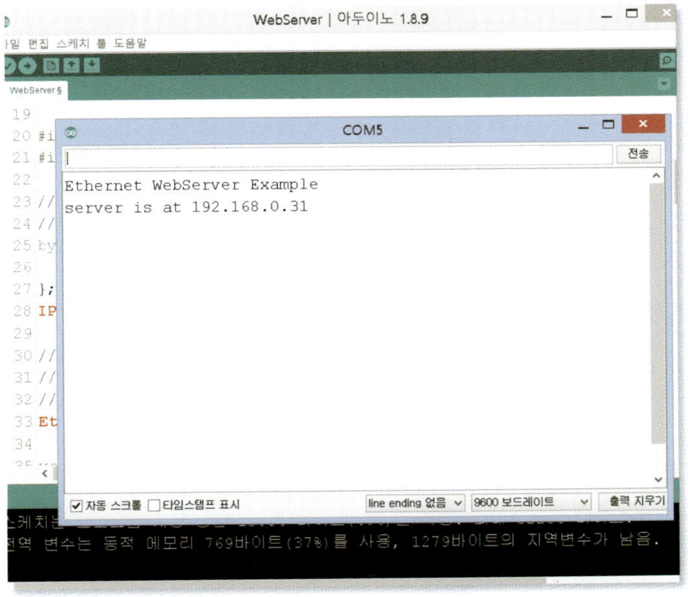

그림 12.6 IP 주소 결과 화면

웹 브라우저를 열어서 주소창에 웹서버 IP 192.168.0.31(혹은 본인의 IP 주소)을 입력하면 그림 12.7과 같이 아날로그 포트의 입력값이 출력되는 것을 확인할 수 있다.

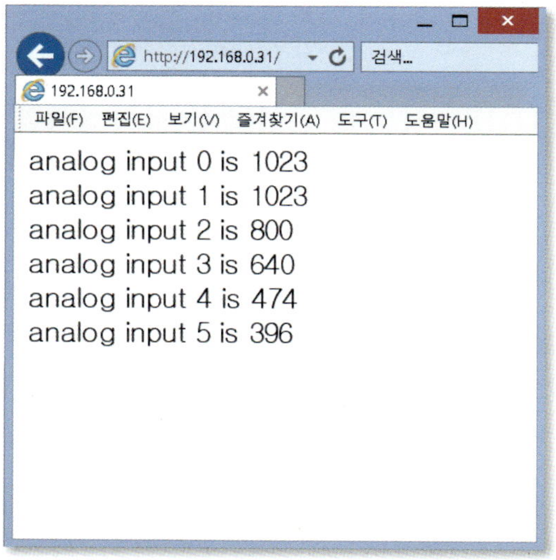

**그림 12.7** 인터넷 익스플로러 창에서 결과 확인

# 03 웹서버를 이용한 LED 제어

이 예제는 아두이노 핀 2~5에 LED를 연결하여 제어한다. 그림 12.8에 아두이노의 이더넷 쉴드와 LED 연결을 나타내었다. Arduino를 서버로 사용하면 특정 URL로 이동하여 간단히 제어할 수 있다. Ethernet Shield는 자체적으로 디지털 핀 10, 11, 12 및 13을 사용하므로 이들을 그대로 두고 다른 용도로는 사용하지 않는 것이 가장 좋다. SPI에서 사용된다.

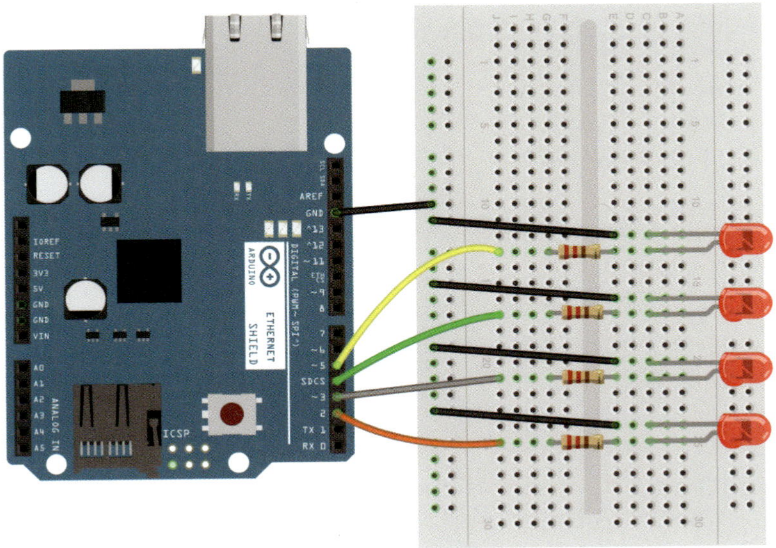

**그림 12.8** 웹서버를 이용한 LED 제어 회로도

**준 | 비 | 물**

아두이노 1개, 아두이노 쉴드 1개, 아두이노 케이블 1개, LED 4개, 저항 4개(220Ω), 전선 여러 개

앞의 실험 방법을 이용하여 그림 12.6처럼 웹서버 IP 주소를 확인한다. 그리고 아래 프로그램을 업로딩한 후 인터넷 익스플로러 주소창에 "https://192.168.0.31/?2345"를 입력한다. 인터넷 익스플로러 창에는 "Turning on pin"과 함께 입력된 핀 번호가 그림 12.9처럼 나타난다. 그리고 아두이노 쉴드에 연결된 LED는 250ms 간격으로 ON된다. ON/OFF 간격은 delay() 함수를 이용하여 사용자가 조절할 수 있다. 소스코드는 아래와 같다.

## 소스코드

**스케치 12-1 웹서버를 이용한 LED 제어 실험**

```
#include <SPI.h>
#include <Ethernet.h>
boolean reading = false;
byte mac[] = { 0xDE, 0xAD, 0xBE, 0xEF, 0xFE, 0xED };
IPAddress ip(192,168,0,31);
EthernetServer server(80); //port 80
////////////////////////////////////////////////////
void setup(){
    Serial.begin(9600);

    //Pins 10,11,12 & 13 are used by the ethernet shield
    pinMode(2, OUTPUT);
    pinMode(3, OUTPUT);
    pinMode(4, OUTPUT);
    pinMode(5, OUTPUT);

    // Open serial communications and wait for port to open:
    while (!Serial) {
        ; // wait for serial port to connect.
          // Needed for native USB port only
    }

    Serial.println("Ethernet WebServer Example");
    // start the Ethernet connection and the server:
    Ethernet.begin(mac, ip);

    // Check for Ethernet hardware present
    if (Ethernet.hardwareStatus() == EthernetNoHardware) {
        Serial.println("Ethernet shield was not found. ");
        while (true) {
            delay(1); // do nothing,
                      // no point running without Ethernet hardware
        }
    }
    if (Ethernet.linkStatus() == LinkOFF) {
        Serial.println("Ethernet cable is not connected.");
    }
    // start the server
```

```
    server.begin();
    Serial.print("server is at ");
    Serial.println(Ethernet.localIP());
}
void loop(){

    // listen for incoming clients, and process qequest.
    checkForClient();

}
void checkForClient(){
    EthernetClient client = server.available();
    if (client) {
    // an http request ends with a blank line
    boolean currentLineIsBlank = true;
    boolean sentHeader = false;

    while (client.connected()) {
        if (client.available()) {

            if(!sentHeader){
                // send a standard http response header
                client.println("HTTP/1.1 200 OK");
                client.println("Content-Type: text/html");
                client.println();
                sentHeader = true;
            }
            char c = client.read();
            if(reading && c == ' ') reading = false;
            if(c == '?') reading = true;
                                       //found the ?, begin reading the info
            if(reading){
                Serial.println(c);
                switch (c) {
                    case '2':
                        //add code here to trigger on 2
                        triggerPin(2, client);
                        break;
                    case '3':
                        //add code here to trigger on 3
                         triggerPin(3, client);
                         break;
```

```
                    case '4':
                        //add code here to trigger on 4
                            triggerPin(4, client);
                            break;
                    case '5':
                    //add code here to trigger on 5
                            triggerPin(5, client);
                            break;
                }
            }
            if (c == '\n' && currentLineIsBlank) break;
            if (c == '\n') {
                currentLineIsBlank = true;
            } else if (c != '\r') {
             currentLineIsBlank = false;
            }

        }
    }
    delay(1);        // give the web browser time to receive the data
    client.stop();   // close the connection:
    }
}
void triggerPin(int pin, EthernetClient client){
    //blink a pin - Client needed just for HTML output purposes.
    client.print("Turning on pin ");
    client.print(pin);
    client.print("\n");

    digitalWrite(pin, HIGH);
    delay(250);
    digitalWrite(pin, LOW);
    delay(250);
}
```

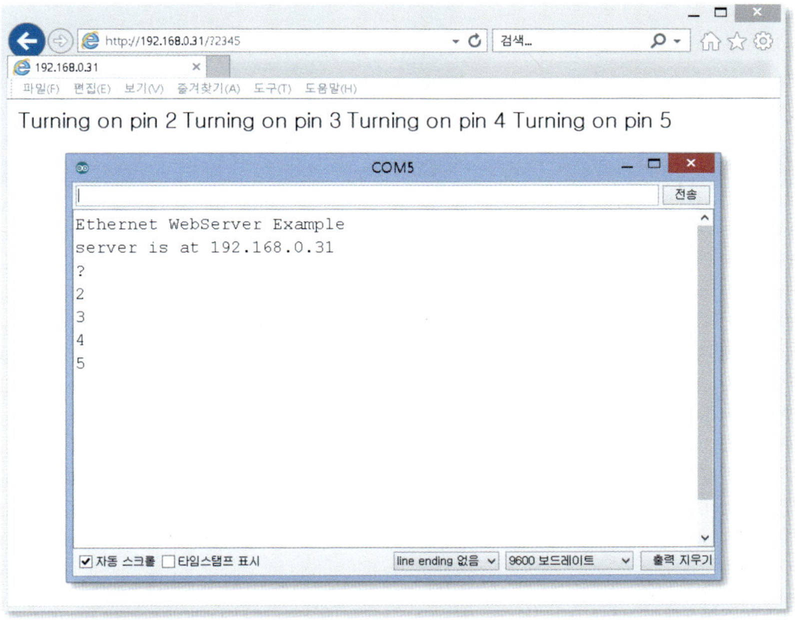
http://192.168.0.31/?2345
검색...
192.168.0.31
파일(F) 편집(E) 보기(V) 즐겨찾기(A) 도구(T) 도움말(H)
Turning on pin 2 Turning on pin 3 Turning on pin 4 Turning on pin 5
COM5
전송
Ethernet WebServer Example
server is at 192.168.0.31
?
2
3
4
5
자동 스크롤
타임스탬프 표시
line ending 없음
9600 보드레이트
출력 지우기

**그림 12.9** 실험 결과

# 04 통신 테스트 및 웹서버에서 LED ON/OFF 실험



이번 실험은 웹서버에서 LED를 ON/OFF 시키는 실험이다. 그리고 브라우저가 작동하는 PC와 이더넷 쉴드를 모두 동일한 네트워크에 연결하여 실험한다. 먼저 비어있는 IP address가 작동이 되는지를 ping 명령을 이용하여 검사한다. 검사 결과 그림 12.10처럼 통신이 잘 되는지를 확인한다.

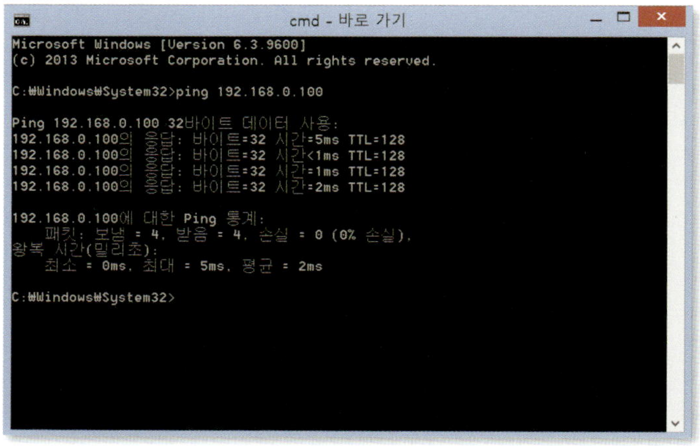


**그림 12.10** ping test 결과

연결이 확인되었으면 그림 12.11처럼 회로도를 구성한 후 소스코드를 업로드한다.

**그림 12.11** 실험 회로 구성도

**준 | 비 | 물**

아두이노 1개, 아두이노 쉴드 1개, 아두이노 케이블 1개, LED 2개, 저항 2개(220Ω), 전선 여러 개

## 소스코드

**스케치 12-2** 웹서버에서 LED ON/OFF 실험

```
#include <SPI.h>
#include <Ethernet.h>
byte mac[] = { 0xDE, 0xAD, 0xBE, 0xEF, 0xFE, 0xED };
                                         //physical mac address
byte ip[] = { 192, 168, 0, 100 };
// IP address in LAN - need to change according to your Network address
byte gateway[] = { 192, 168, 0, 1 };     // internet access via router
byte subnet[] = { 255, 255, 255, 0 };    //subnet mask
EthernetServer server(80); //server port
String readString;
int BlueledPin = 2;
int RedledPin = 3;
void setup(){
    pinMode(BlueledPin, OUTPUT);         //pin selected to control
    pinMode(RedledPin, OUTPUT);          //pin selected to control
    // Test LED
    digitalWrite(BlueledPin, HIGH);      delay(500);
    digitalWrite(BlueledPin, LOW);       delay(500);
    digitalWrite(RedledPin, HIGH);       delay(500);
    digitalWrite(RedledPin, LOW);        delay(500);
    //start Ethernet
    Ethernet.begin(mac, ip, gateway, subnet);
    server.begin();
}
void loop(){
    // Create a client connection
    EthernetClient client = server.available();
    if (client) {
        while (client.connected()) {
            if (client.available()) {
                char c = client.read();
                //read char by char HTTP request
                if (readString.length() < 100) {
                    //store characters to string
```

```
                readString += c;
            }
          // if HTTP request has ended-
          // 0x0D is Carriage Return \n ASCII
           if (c == 0x0D) {
                client.println("HTTP/1.1 200 OK"); //send new page
                client.println("Content-Type: text/html");
                client.println();
                client.println("<HTML>");
                client.println("<HEAD>");
                client.println("<TITLE> Arduino Ethernet Shield Test
                                                          </TITLE>");
                client.println("</HEAD>");
                client.println("<BODY>");
                client.println("<hr>");
                client.println("<hr>");
                client.println("<br>");
                client.println("<H1 style=\"color:green;\">
                         Arduino Ethernet Shield: LED ON/OFF</H1>");
                client.println("<hr>");
                client.println("<br>");
                client.println("<H2><a href=\"/?BLUELEDON\"\">
                         BLUE LED ON</a><br></H2>");
                client.println("<H2><a href=\"/?BLUELEDOFF\"\">
                         BLUE LED OFF</a><br></H2>");
                client.println("<br>");
                client.println("<H2><a href=\"/?REDLEDON\"\">
                         RED LED ON</a><br></H2>");
                client.println("<H2><a href=\"/?REDLEDOFF\"\">
                         RED LED OFF</a><br></H2>");
                         client.println("</BODY>");
                client.println("</HTML>");
                delay(10);
                client.stop(); //stopping client
                // control arduino pin
                if(readString.indexOf("?BLUELEDON") > -1)
                 //checks for LEDON
                {
                    digitalWrite(BlueledPin, HIGH);
                 // set pin high
                }
                else if(readString.indexOf("?REDLEDON") > -1)
                 //checks for LEDON
```

```
                        {
                            digitalWrite(RedledPin, HIGH); // set pin high
                        }
                        else{
                            if(readString.indexOf("?BLUELEDOFF") > -1)
                           //checks for LEDOFF
                            {
                                digitalWrite(BlueledPin, LOW);
                           // set pin low
                            }
                            else if(readString.indexOf("?REDLEDOFF") > -1)
                           //checks for LEDOFF
                            {
                                digitalWrite(RedledPin, LOW);
                           // set pin low
                            }
                        }
                        readString=""; //clearing string for next read
                    }
                }
            }
        }
    }
```

프로그램을 아두이노에 업로드한 후, 익스플로러 창에서 해당 주소를 연결하면 그림 12.12처럼 나타난다. 해당 LED를 ON/OFF 시키기 위해 익스플로러 창에 나타난 "BLUE LED ON", "BLUE LED OFF", "RED LED ON" 그리고 "RED LED OFF" 글자를 클릭하면 된다.

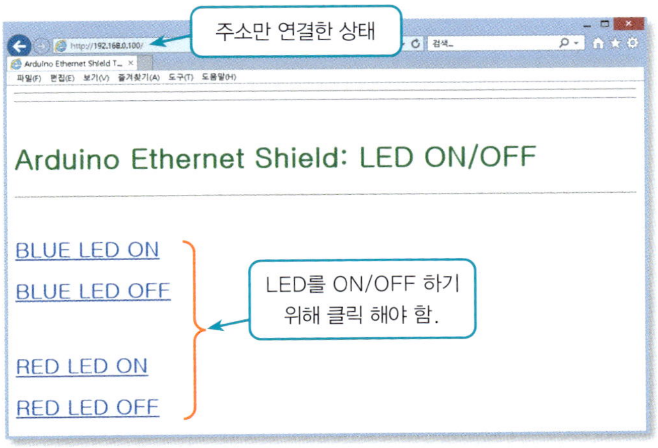


(a) 인터넷 익스플로러 연결 결과

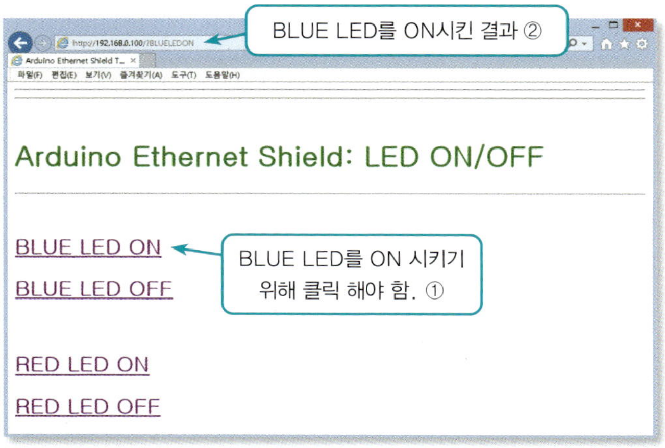


(b) 클릭(①) LED 결과(②)

**그림 12.12** 인터넷 익스플로러에 연결된 상태 및 LED ON/OFF를 실행하기 위해 클릭한 결과

# [요약]

- 이더넷 쉴드를 이용한다.
- Ethernet library를 사용하여 아두이노 IDE에서 프로그래밍이 가능하다.
- TCP와 UDP 프로토콜을 모두 지원하는 네트워크 스택을 제공한다.
- 동시에 연결할 수 있는 소켓은 4개까지 가능하다.
- 아두이노에서 인터넷 통신을 사용할 수 있다.
- 인터넷 통신을 통해 아두이노의 센서 값을 웹서버로 보낼 수 있다.
- 본인 PC의 DHCP 인터넷 IP 확인과 웹서버의 IP를 확인할 수 있다.
- IPAddress ip()를 이용하여 주소를 입력한다.
- 웹서버를 이용하여 LED의 ON/OFF 간격을 조절할 수 있다.
- 인터넷 익스플로러를 통해서 LED를 ON/OFF 가능하다.

**01.** 아두이노가 인터넷 통신을 위해서 추가로 필요한 보드는 (                    ) 이다.

**02.** 이더넷 쉴드 호환보드에서 제공하는 기능이 아닌 것은 무엇인가?

❶ TCT 프로토콜 ❷ UDP 프로토콜

❸ 4개까지 소켓 연결 ❹ 데이터 클라우드

**03.** 이더넷 쉴드를 아두이노에 장착하고 랜선을 (                    )에 연결한 후 IDE를 실행한다.

**04.** Ethernet library를 사용하여 아두이노 IDE에서 프로그래밍 하고자 할 경우 먼저 IP주소를 알아야 한다. 이 주소를 알기위해 아두이노 예제에서 실행해야 하는 프로그램은 무엇인가?

❶ TelnetClient ❷ WebClient

❸ DhcpAddressPrinter ❹ WebServer

**05.** (참/거짓) IPAddress ip()는 기본적인 주소로 "192.168.0.1"를 사용한다.

**06.** (참/거짓) 이더넷 쉴드 호환보드를 이용하여 웹 서버에서 IoT 디바이스의 제어가 가능하다.

**07.** 현재 아두이노와 연결된 컴퓨터의 IP 주소를 찾아서 나열하시오.

08. 아두이노의 이더넷 예제에서 현재 사용 중인 PC의 IP 주소를 확인할 수 있는 프로그램은 무엇인가?

❶ DhcpAddressPrinter ❷ TelnetClient

❸ ChatServer ❹ DhcpChatServer

09. IP주소가 잘 작동되는지 확인하는 명령어는 무엇인가?

10. (참/거짓) 웹서버가 만들어지면 인터넷 익스플로러에서 아두이노의 LED 제어가 가능하다.

11. 아두이노에 최대로 연결이 가능한 소켓의 개수는 몇 개인가?

12. (참/거짓) 이더넷 쉴드를 이용하는 아두이노의 인터넷 통신은 표준 방식이 아니라 Wiznet통신 방식을 사용한다.

13. 웹서버에서 조도센서를 ON 시킨 후 조도센서가 값이 일정 이상이면 LED가 켜지는 프로그램을 작성하시오.

14. 현재 아두이노 연결된 센서(조도, 습도, 온도 등)의 값을 인터넷 익스플로러에서 제어하여 시리얼 모니터에 나타내시오.

Introduction to **Arduino**

13

# 아두이노 다중 작업 (멀티태스킹)

**학습목표**

- 아두이노에서 CPU의 다중 작업을 설명할 수 있다.
- delay() 함수 대신 millis()를 활용할 수 있다.
- MSTimer2 라이브러리를 설치하고 활용할 수 있다.
- 아두이노에서 Interrupt를 활용할 수 있다.

**학습내용**

- 아두이노에서 다중 작업 적용
- 대기함수 delay() 대신 millis() 활용
- Timer와 MSTimer2 라이브러리를 설치 및 활용
- 인터럽트 실습

이 장에서는 아두이노에서 한꺼번에 여러 가지 작업을 수행하는 멀티태스킹에 대해서 살펴본다. 멀티태스킹에 대해서 정의를 하고, 시간을 지연시키는 delay() 함수 대신 millis() 함수를 이용하는 방법을 소개한다. 그리고 MSTimer() 및 Timer() 함수를 활용한 멀티태스킹을 소개한다. 그리고 인터럽트를 활용하는 attachInterrupt() 함수를 활용하는 예제를 설명한다.

# 01 멀티태스킹이란?

멀티태스킹(Multitasking)은 CPU 하나를 시간 간격을 조절하여 여러 가지 일을 한꺼번에 처리하는 다중 작업을 말한다. 실제로는 두 개의 일을 하나의 CPU가 시간 간격을 나누어서 하지만 CPU의 속도가 빨라 마치 한꺼번에 처리하는 것처럼 보인다.

**실제 멀티태스킹**

- 1000 밀리초(ms) = 1초
- 10~20 ms 단위로도 실행 응용 프로그램이 바뀜
- 사용자에게는 동시에 실행되는 것처럼 보임

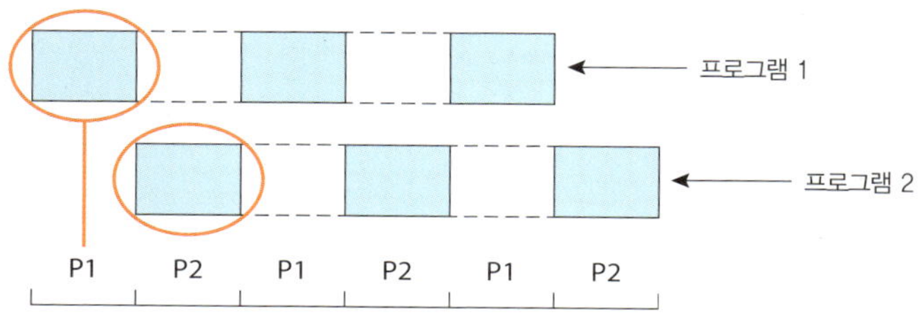


**그림 13.1** 실제 멀티태스킹

# 02 아두이노에서 millis() 함수 활용

## delay() 함수의 문제점

아두이노에서 LED를 깜박이면서 부저를 울려야 하는 경우와 같이 두 가지 작업을 동시에 해야 하는 경우가 있다. 1초마다 LED를 깜박일 경우 일반적으로 delay(1000)함수를 활용하며 delay(1000)는 1초 동안 아무 일도 하지 않고 기다리기만 한다. delay(time)함수가 실행되면 설정된 시간이 될 때까지 다음 코드로 넘어가지 않는다.

스케치 13-1은 1초간 LED를 켜고, 1초간 LED를 끄는 응용이다. delay(1000); 은 1초간 정지한다. 이 경우 delay()함수는 한 가지 작업만 수행하므로 아무 문제가 되지 않는다. 그러나 LED를 깜박이면서 그 사이에 다른 작업을 하고 싶다면 이 방법으로는 해결이 되지 않는다.

**스케치 13-1** delay()를 활용한 LED 점멸하기

```
void setup(){
    pinMode(13, OUTPUT);
}
void loop(){
    digitalWrite(13, HIGH);
    delay(1000);
    digitalWrite(13, LOW);
    delay(1000);
}
```

함수 중에 millis()를 이용하면 시간 간격을 나누어 활용할 수 있다. millis()함수는 1/1000초 간격으로 시간을 읽는 함수이다.

이전에 저장된 시각보다 현재 시각이 1000이 더 크면 1초가 지난 것이다. 이전 시각(pt)을 읽고, 현재 시각(ct)을 읽은 후 두 값을 비교해서 1초를 계산할 수 있다.

**스케치 13-2** millis()를 활용한 LED 깜박이기

```
void setup(){
    pinMode(13, OUTPUT);
```

```
}
long pt=0;  // 이전 시간
int flag=1;  // LED 켜고 끄는 플래그
void loop(){
    long ct=millis();  // 현재시간
    if(ct-pt>1000){  // 1초가 지났는지 확인하기
        pt = ct;
        flag= !flag;
        digitalWrite(13, flag);
    }
    // 코드를 여기에 넣으세요.
}
```

loop() 속의 if문 밖에 다른 프로그램을 넣으면 다중 작업을 실행할 수 있다. loop()에서 반복될 때마다 그때 경과된 밀리 초(1/1000)를 읽고 1초가 되지 않은 경우 if()문 아래의 코드를 실행한다.

## 함수 millis() 응용

1초마다 숫자를 1씩 증가시킨 값을 시리얼 모니터로 보내서 화면에 출력하는 아두이노 코드를 작성해보자.

**스케치 13-3** **millis를 활용해서 시리얼 모니터로 1초에 1씩 증가시켜 보내기**

```
void setup() {
    Serial.begin(9600);
}
long cnt, Mil;
void loop() {
    if (millis() - Mil >= 1000) { // 1초를 계산하는 프로그램
        Mil = millis();
        Serial.println(cnt++);
    }
}
```

아두이노의 오른쪽 상단에 있는 [시리얼 모니터]를 열면 숫자가 1씩 증가되는 것을 확인할 수 있다.

컴퓨터 PC에서 시리얼 포트로 보내온 데이터를 화면에 출력하고 하드디스크에 저장하기 위해, 프로세싱 코드를 작성해보자.

**스케치 13-4 프로세싱으로 시리얼 포트에서 값을 받아 하드 디스크에 저장하기**

```
import processing.serial.*;
PrintWriter out;           // 파일 선언
Serial p;
void setup() {
    p = new Serial(this, "COM5", 9600); // COM#는 아두이노 툴에서 확인
    out = createWriter("c:/my.txt");    // 파일 이름
}
void draw() {
    if (p.available () > 0) {
        String m = p.readString();
        print(m);
        if (m!=null) {
            out.print(m); // 저장하기
        }
    }
}
void keyPressed() {        // 아무키나 누르면 프로그램 종료하기
    out.flush();           // Writes the remaining data to the file
    out.close();           // Finishes the file
    exit();                // Stops the program
}
```

# 03 멀티태스킹 MSTimer2 함수 활용

## MSTimer2 라이브러리 활용

MSTimer2 라이브러리를 설치해서 멀티태스킹을 구현할 수 있다. MSTimer2를 설치하는 두 가지 방법을 살펴보자.

### 아두이노 통합개발환경(IDE)에서 설치하기

아두이노를 실행하고 [스케치] → [라이브러리 포함하기] → [라이브러리 관리]에서 "MS-Timer2"로 검색한 후 설치를 한다.

### 라이브러리를 다운로드 받고 압축 풀어서 설치하기

- http://playground.arduino.cc/Main/MsTimer2에서 라이브러리를 다운 받는다.
- 압축을 풀고, MsTimer2를 아두이노의 libraries 폴더에 복사한다.
- 아두이노 IDE를 실행한다.

설치를 완료한 후 아두이노 프로그램을 실행하고, 예제에서 MsTimer2-FlashLed를 선택하면 다음 코드를 참조할 수 있다.

**스케치 13-5** MsTimer2 라이브러리를 활용한 멀티태스킹

```
#include <MsTimer2.h>
int onoff=1;
void flash() {
    digitalWrite(13, output);
    output = !onoff;            // onoff는 1과 0을 반복함, ! 연산자는 값을 반전함.
}
void setup() {
    pinMode(13, OUTPUT);
    MsTimer2::set(1000, flash); // 1초마다 flash 함수를 호출
    MsTimer2::start();          // 시작
}
void loop() {
    // 여기에 다른 코드를 넣을 수 있다.
}
```

이 프로그램은 1초마다 LED를 깜박인다. loop() 속에 다른 프로그램을 넣어서 다중 작업을 실행할 수 있다.

### Timer 라이브러리 활용

타이머로 일정 주기의 클록이 생길 때마다 특정 작업을 처리하면 멀티태스킹과 비슷한 효과를 만들 수 있다. http://playground.arduino.cc/Code/Timer에 타이머 라이브러리에 대한 설명이 있으니 참고한다. https://github.com/JChristensen/Timer에 접속하여 타이머 라이브러리를 다운받을 수 있다. 라이브러리를 다운받고 압축을 푼 후 전체 폴더를 [내 문서] → [Arduino] → [Library] 폴더에 이동시키고 아두이노를 다시 실행시킨다. 아두이노 IDE에서 [파일] → [예제] → [Timer-master] → [blink2]를 열어서 실행해보면 LED가 깜박인다.

만약 1초당 A0 포트로부터 10번의 아날로그 신호를 읽으려면 every() 함수로 해결할 수 있다.

**스케치 13-6** 1초당 10번 아날로그 신호 모니터링

```
#include "Timer.h"
Timer t;                              // instantiate the timer object
Timer led;                            // timer for analogRead function.
void setup(void){
    Serial.begin(9600);
    pinMode(13, OUTPUT);
    t.oscillate(13, 1000, HIGH);      // 1초 마다
    led.every(100, readData);
}
void loop( ){
    t.update();
    led.update();
}
void readData(){
    Serial.println(analogRead(A0));
}
```

메인 루프에 delay() 함수를 넣으면 모든 타이머들이 뒤로 밀려나기 때문에 주의가 필요하다.

# 04 인터럽트를 활용한 아두이노 멀티태스킹

인터럽트는 마이크로프로세서가 프로그램을 실행하는 도중에 예기치 않은 상황이 발생하여 현재 실행 중인 작업을 잠시 멈추고 발생된 예외상황을 처리한 후 다시 실행 중이던 작업으로 복귀하는 것을 말한다. 예를 들어 컴퓨터의 블루스크린 현상을 인터럽트로 볼 수 있는데, 운영체제가 실행되는 영역인 커널모드에서 치명적인 오류가 발생하면 인터럽트를 호출하여 블루스크린을 띄우며 오류를 알려준다.

아두이노에서 인터럽트(외부 인터럽트)는 지정된 핀의 상태가 어떻게 변하느냐에 따라 결정되고, 인터럽트가 발생되면 loop() 안의 코드 실행이 중단되고 인터럽트로 지정된 함수가 실행된다. 보드에 따라 아두이노에 지정된 인터럽트 핀은 Arduino.cc에서 확인이 가능하다.

아두이노 Uno는 2번 핀과 3번 핀을 인터럽트 핀으로 사용하며 Mega의 경우에는 2, 3, 18, 19, 20, 21 총 6개의 인터럽트 핀을 사용 한다.

**스케치 13-7** **인터럽트 예제(https://www.arduino.cc/en/Reference/AttachInterrupt)**

```
volatile byte state = LOW;
void setup() {
    pinMode(13, OUTPUT); // LED
    pinMode(2, INPUT_PULLUP); // 인터럽트
    attachInterrupt(digitalPinToInterrupt(2), blink, CHANGE);
}
void loop() {
    digitalWrite(13, state);
}
void blink() {
    state = !state;
}
```

스케치 13-7에 대한 자세한 설명은 다음과 같다.

```
volatile byte state 5 LOW;
```

volatile은 '휘발성의'라는 뜻으로 인터럽트를 사용할 때, 인터럽트 함수 안에서 변경되는 전역 변수 앞에 붙여주어야 한다. 위 코드에서는 state라는 전역변수는 인터럽트 함수 안에서 LOW와 HIGH로 계속적으로 반복되므로 변수 앞에 volatile로 선언해주어야 한다.

```
attachInterrupt(digitalPinToInterrupt(interruptPin), blink, CHANGE);
```

attachInterrupt라는 함수는 인터럽트를 등록하는 함수이다. 매개변수가 3개가 있다. 첫 번째 값은 인터럽트의 번호이며, 두 번째 값은 인터럽트가 발생할 경우 실행할 함수로 blink() 라는 함수가 실행된다. 세 번째 값에는 인터럽트가 발생될 조건을 입력한다.

#### 4가지 인터럽트의 발생 조건

- **FALLING**: 핀의 상태가 HIGH에서 LOW로 바뀔 경우
- **RISING**: 핀의 상태가 LOW에서 HIGH로 바뀔 경우
- **CHANGE**: 핀의 상태가 바뀔 경우(LOW → HIGH, HIGH → LOW 둘 다 포함)
- **LOW**: 핀의 상태가 LOW일 경우

예제의 경우 2번 핀에 신호가 바뀌었을 경우 blink() 함수를 실행한다.

```
void blink() {
    state = !state;
}
```

blink() 코드는 ! 연산자로 인해 호출될 때마다 state의 상태를 변경한다. HIGH는 LOW로 LOW는 HIGH로 변경된다. 이 예제는 LED의 상태가 버튼을 누르고 뗄 때마다 켜지고 꺼지는 것을 확인할 수 있다.

# [요약]

- 다중 작업은 하나의 CPU를 시간 간격을 조절하여 활용하는 방법이다.
- 아두이노에서 다중 작업을 하는 방법에는 3가지가 있다.
- delay() 함수는 아무 일도 하지 않고 시간이 지나도록 기다린다.
- 아두이노에서 delay()를 사용하면 중요한 이벤트를 놓칠 수 있어 주의가 필요하다.
- millis() 함수로 시간을 나누어 동시 작업을 진행할 수 있다.
- Timer나 MSTimer2 라이브러리로 동시 작업을 할 수 있다.
- 인터럽트를 활용하여 동시 작업을 구현할 수 있다.
- 인터럽트는 우선순위가 높아 현재의 작업을 중단하고 미리 처리해준다.
- 인터럽트의 발생 조건은 4가지로 Falling, Rasing, Change, Low 중에 선택이 가능하다.

# [연습문제]

**01.** (참/거짓) 멀티태스킹은 하나의 CPU를 시간 간격을 나누어 동시에 처리하는 기법이다.

**02.** (참/거짓) 아두이노에도 인터럽트의 기능이 있다.

**03.** (참/거짓) 아두이노에서는 멀티태스킹을 할 수 없다.

**04.** 다음 중 멀티태스킹과 관련이 가장 적은 것은?

❶ 인터럽트 ❷ Timer

❸ millis() ❹ analogRead()

**05.** 다음 중 아두이노의 멀티태스킹에 대한 설명으로 부적절한 것은?

❶ delay() 함수를 활용하여 LED를 깜박인다.

❷ millis() 함수를 활용하여 LED와 사운드를 동시에 작동한다.

❸ MSTimer2 라이브러리를 활용하여 프로그래밍 한다.

❹ attachInterrupt() 함수를 활용하여 프로그래밍 한다.

**06.** 인터럽트란 무엇인가?

❶ 프로그램을 방해하는 것

❷ 현재 실행되던 프로그램을 중단시키고 인터럽트 처리를 미리 하는 것

❸ 프로그램을 종료하는 것

❹ 커널모드 등의 치명적인 오류에서는 작동할 수 없는 것

**07.** 다중 작업을 위해 millis() 함수를 사용하면 (                    )초마다 시간을 읽어 온다.

08. LED를 깜박이면서 부저에 소리를 내는 등 여러 작업을 동시에 처리하는 것을 (                    ) 라고 한다.

09. MSTimer2 함수는 (                    )에 응용하기 적합한 함수이다.

10. 아두이노 함수 delay()를 활용할 때 주의할 점은 무엇인가?

11. 아두이노의 다중 작업 방법에 대해서 설명하시오.

12. 아두이노의 인터럽트에 대해서 설명하시오.

13. 인터럽트 발생조건 4가지를 적으시오.

14. 다중 작업에 적합한 프로젝트 제안서를 디자인씽킹에 맞추어 작성하시오.

# [참고자료]


[1] millisecond 활용1, https://m.blog.naver.com/yuyyulee/220317704797

[2] millisecond 활용2, https://m.blog.naver.com/yuyyulee/220315430768

[3] 함수의 활용, MSTimer2 https://m.blog.naver.com/yuyyulee/220318647761

[4] interrupt 활용1, https://m.blog.naver.com/yuyyulee/220308240563

[5] interrupt 활용2, https://m.blog.naver.com/yuyyulee/220309555647

[6] interrupt 활용3, https://m.blog.naver.com/yuyyulee/220310875023

[7] interrupt 활용4, https://learn.adafruit.com/multi-tasking-the-arduino-part-1

Introduction to **Arduino**

14

# 스마트폰으로 아두이노 제어하기

**학습목표**

- 블루투스 통신을 이용하여 센서값을 전송하는 아두이노 프로그램을 작성할 수 있다.
- 앱 인벤터를 이용하여 앱 화면을 디자인할 수 있다.
- 앱 인벤터를 이용하여 블록 코딩을 할 수 있다.
- 블루투스 통신을 이해하고 아두이노의 전송 정보를 스마트폰으로 수신할 수 있다.
- 스마트폰에 설치된 MIT AI2 Companion 앱을 이용하여 앱을 테스트하거나 다운 받을 수 있다.

**학습내용**

- 블루투스 통신이 가능한 아두이노 온습도 모듈의 구현
- 앱 인벤터를 이용한 앱 화면 디자인
- 앱 인벤터의 블록 코딩으로 블루투스 통신 구현

이 장에서는 앱 인벤터를 이용하여 스마트폰이 아두이노와 블루투스 통신을 하면서 온습도센서의 값을 읽어들이는 앱을 제작하는 방법을 배운다. 먼저 아두이노를 이용하여 블루투스 통신이 가능한 온습도 측정기의 하드웨어와 소프트웨어를 구현한다. 이어서 스마트폰 앱을 쉽고 재미있게 제작할 수 있는 앱 제작 도구인 앱 인벤터를 소개하고 블루투스 통신으로 아두이노 온습도 모듈의 값을 읽어서 표시할 수 있는 스마트폰 앱을 작성한다.

# 01 아두이노의 블루투스 통신

Introduction to **Arduino**

먼저 블루투스 통신이 가능한 온습도 측정기를 구현해보자. 실험에 필요한 HW 장치와 부품은 다음과 같다.

**준 | 비 | 물**

아두이노 우노 보드 1개, 브레드보드 1개, DHT11 온습도 모듈 1개, HC-06 블루투스 모듈 1개, 약간의 점퍼선

그림 14.1과 같이 아두이노 보드에 DHT11 온습도 모듈과 HC-06 블루투스 모듈을 연결해보자. 6장에서 살펴본 바와 같이 DHT11 온습도 모듈은 VCC, DATA 및 GND의 세 개의 핀을 가지고 있다. DHT11 온습도 모듈과 아두이노 보드의 연결은 표 14.1과 같다.

**표 14.1** DHT11 모듈과 아두이노 보드의 회로 연결

| **DHT11 모듈** | VCC | DATA | GND |
|---|---|---|---|
| **아두이노 보드** | 5V | D2 | GND |

**표 14.2** HC-06 BT 모듈과 아두이노 보드의 회로 연결

| **HC-06 BT 모듈** | RX | TX | VCC | GND |
|---|---|---|---|---|
| **아두이노 보드** | D11 | D10 | 5V | GND |

HC-06 블루투스 모듈을 아두이노 보드에 연결하는 것은 표 14.2를 참고한다. 10장에서 스마트폰과 아두이노 보드 사이의 블루투스 통신에 대하여 살펴보았으므로 블루투스 통신에 대한 자세한 설명은 생략한다. 단, 블루투스와 아두이노를 연결할 때 다음 두 가지는 반드시 주의해야 한다. 첫째, 블루투스의 송신부인 TX(Transmitter)는 아두이노의 수신부인 RX-(Receiver)에 연결하고 블루투스의 수신부인 RX는 아두이노의 송신부인 TX에 연결한다. 블루투스와 아두이노의 RX와 TX를 서로 교차하여 연결하는 이유는 블루투스가 송신하는 정보를 아두이노가 수신하고, 아두이노가 송신한 정보는 블루투스가 수신하기 때문이다. 둘째,

아두이노에서 RX와 TX를 위한 디지털 핀으로 디지털 0번 핀과 디지털 1번 핀은 선택할 수 없다. 디지털 0번 핀과 디지털 1번 핀은 이미 아두이노와 컴퓨터 사이의 시리얼 통신 포트로 설정되어 있다. 따라서 아두이노가 다른 기기와 시리얼 통신을 하려면 다른 디지털 핀을 이용하여야 한다. 아두이노에서 0번과 1번 핀을 제외한 다른 디지털 핀이 RX, TX핀으로 동작할 수 있도록 해주는 라이브러리가 바로 'SoftwareSerial'이다. 소프트웨어 시리얼을 사용하여 블루투스 통신을 수행하려면 아두이노 코드에 SoftwareSerial.h 파일을 포함시켜야 한다.

**그림 14.1** 블루투스 통신이 가능한 아두이노 온습도 측정기의 구성

다음은 블루투스 통신이 가능한 온습도 측정기를 구현하기 위한 아두이노 코드이다. 먼저 DHT11 온습도 모듈과 HC-06 블루투스 모듈을 사용하기 위하여 DHT.h 파일과 SoftwareSerial.h 파일을 현재 작성 중인 아두이노 코드에 포함하고 DHT 클래스와 SoftwareSerial 클래스로부터 각각 dht와 BTSerial이라는 인스턴스를 생성한다. dht 인스턴스는 DHT11 타입으로 아두이노의 디지털 2번 핀에 연결되어 있다. BTSerial 인스턴스는 RX는 아두이노의 디지털 10번 핀, TX는 아두이노의 디지털 11번 핀으로 설정한다. 시리얼 통신과 블루투스 통신을 위한 통신속도는 각각 9600 보드레이트로 설정한다.

**스케치 14-1** **블루투스 통신이 가능한 아두이노 온습도 측정기의 구현**

```
#include <DHT.h>
#include <SoftwareSerial.h>
#define DHTTYPE DHT11                // DHT11
#define DHTPin 2
DHT dht(DHTPin, DHTTYPE);
SoftwareSerial BTSerial(10, 11);    // HC-06, RX : 10, TX : 11
```

```
void setup() {
    Serial.begin(9600);          // 통신속도 : 9600 보드레이트
    BTSerial.begin(9600);        // 통신속도 : 9600 보드레이트
    dht.begin();
}
void loop() {
    // 온습도센서가 표준규격에 맞게 교정할 시간이 필요
    delay(2000);
    float h = dht.readHumidity();             // 습도 읽기
    float t = dht.readTemperature();          // 온도 읽기
    // 에러 발생 시 시리얼 모니터에 에러 메시지 출력
    if (isnan(h) || isnan(t)) {
        Serial.println("DHT 센서로 값 읽기 실패!");
        return;
    }
    // 온도와 습도의 값을 콤마로 구분하여 블루투스를 통하여 송신
    BTSerial.print(t);
    BTSerial.print(",");
    BTSerial.print(h);
}
```

아두이노는 2초에 한 번씩 온도와 습도를 측정한 후 HC-06 블루투스 모듈을 통하여 스마트폰 앱으로 전달한다.

# 02 앱 인벤터 소개

앱 인벤터(App Inventor)는 구글과 MIT대학이 개발한 블록 기반의 앱 제작 툴이다. 구글 크롬 브라우저에서 클라우드 기반 서비스를 제공하므로 프로그래밍을 위하여 별도의 개발 환경을 구축할 필요가 없으며 작성 중인 앱을 내 컴퓨터의 하드디스크에 저장할 필요도 없다. 또한 인터넷과 크롬 브라우저만 있으면 언제 어디서든지 자신이 작성 중인 앱에 접근하여 개발을 계속하거나 완료된 앱을 다운로드 받을 수 있다.

일반적인 코드 기반 프로그래밍 언어와 마찬가지로 앱 인벤터는 순차적인 명령문을 실행할 수 있고 조건문, 반복문 등을 이용하여 명령문을 선택적으로 실행하거나 반복 실행할 수 있다. 데이터를 검색, 저장 및 공유할 수도 있다. 하지만 앱 인벤터가 텍스트 입력 기반의 일반적인 프로그래밍 언어와 다른 점은 블록을 이용하여 조립하듯이 프로그램을 작성한다는 것이다. 누구나 쉽게 이해할 수 있는 블록들을 시각적으로 조립하면서 앱을 개발하면 프로그래밍 언어의 문법 습득에 대한 부담이 거의 없고 재미있으며 생산성이 높다.

# 03 온습도 모니터 앱 만들기



### 새 프로젝트 만들기

스마트폰의 앱에서 DHT11 온습도 모듈이 측정한 온도와 습도값을 모니터링할 수 있는 스마트폰 앱을 만들어보자. 먼저 크롬 브라우저를 실행시킨 다음 앱 인벤터(https://ai2.appinventor.mit.edu/)에 접속한다. 구글 아이디와 비밀번호를 입력하여 로그인한 후 화면 좌측 상단에 있는 "Create Apps!" 버튼을 클릭한다.

그림 14.2 Create Apps

새로운 앱을 만들기 위하여 그림 14.3과 같이 [My Projects] 메뉴에서 [Start new project]를 클릭한다.

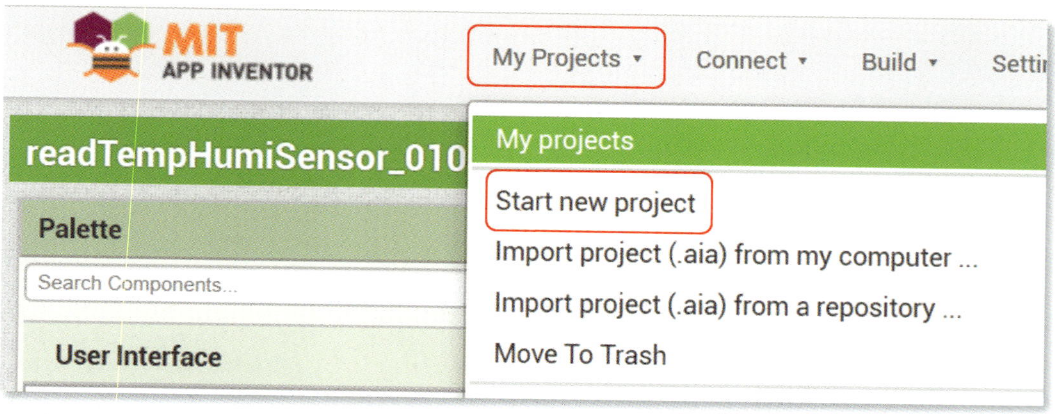


그림 14.3 새 프로젝트의 시작

'Project name'란에 프로젝트 이름을 입력한다. 프로젝트 이름은 영문 소문자로 시작하며, 그림 14.4와 같이 두 개 이상의 단어로 프로젝트 이름을 작성할 경우 두 번째 단어부터는 첫 글자를 대문자로 작성하는 것이 좋다. 이름을 입력한 다음에는 'OK'를 클릭한다.

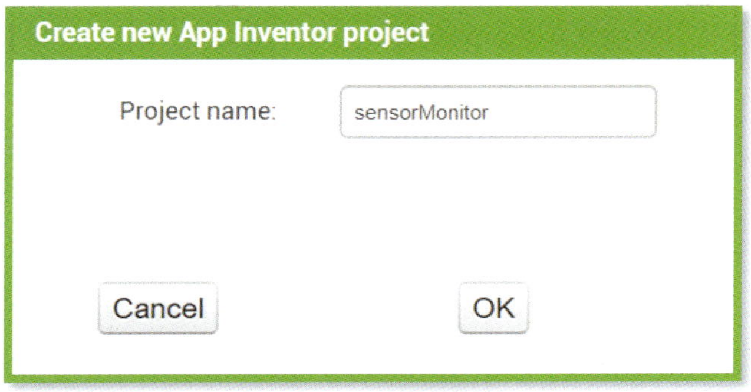


그림 14.4 프로젝트 이름 입력

### 앱 화면 디자인

디자인 창이 나타나면 화면의 오른쪽에 있는 Screen1 컴포넌트의 속성(Properties) 중에서 AlignHorizontal 항목의 속성은 "Center: 3"을 선택하고 AppName 항목에는 "BT온습도측정기"라고 입력한다. Screen1 컴포넌트의 Title 속성은 "온습도 모니터"라고 입력한다. 스마트폰 화면의 모든 컴포넌트들은 가운데 정렬되며, "온습도 모니터"라는 스크린 타이틀을 가진 "BT온습도측정기"라는 이름의 앱을 만들겠다는 뜻이다.

지금부터 아두이노에 연결된 DHT11 온습도 모듈의 값을 읽어서 스마트폰 앱에 표시하는 "온습도 모니터" 앱의 화면을 디자인해보자. 화면 왼쪽의 Palette 영역의 Layout 범주에서 HorizontalArrangement 컴포넌트를 마우스로 끌어서 폰 화면에 넣고 이 HorizontalArrangement 컴포넌트의 속성은 다음과 같이 설정한다.

- **AlignHorizontal** Center: 3
- **AlignVertical** Center: 2
- **Height** 100 픽셀
- **Width** Fill Parent...

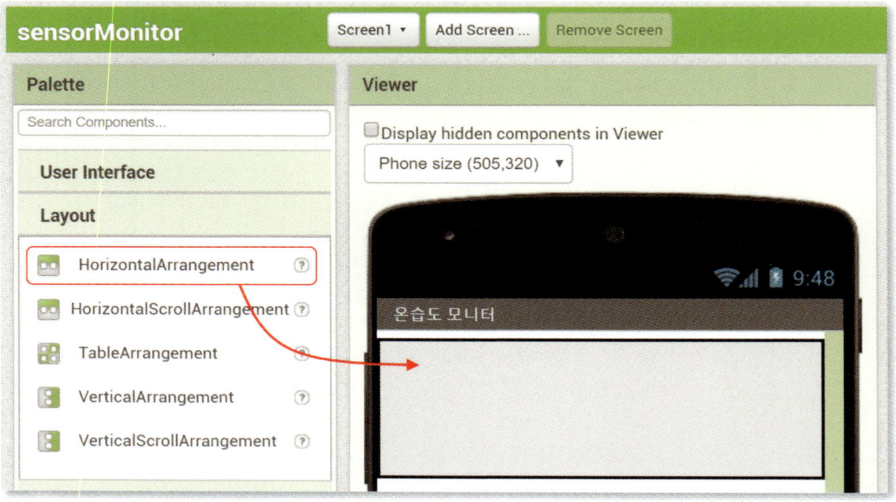


**그림 14.5** 앱 스크린에 HorizontalArrangement 컴포넌트 삽입

그림 14.6은 앱에 포함된 컴포넌트의 계층적인 구조를 보여주고 있다. Screen1은 HorizontalArrangement 컴포넌트의 부모이다. HorizontalArrangement 컴포넌트의 Width 속성을 Fill Parent...로 설정하면 HorizontalArrangement 컴포넌트의 너비는 부모인 Screen1의 너비와 같도록 꽉 채우라는 뜻이다.

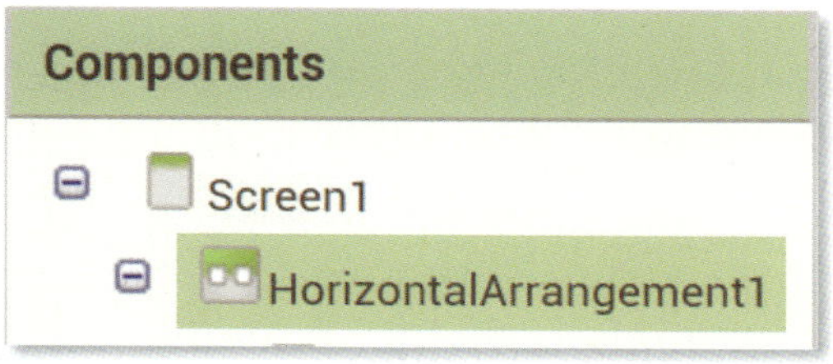


**그림 14.6** 컴포넌트의 계층 구조

HorizontalArrangement 컴포넌트는 앱 화면에 두 개 이상의 컴포넌트를 수평 방향으로 나란히 배치시킬 때 필요하다. Palette 영역의 User Interface 범주에서 스마트폰과 연결할 수 있는 블루투스 기기를 찾을 때 사용할 ListPicker와 블루투스로 연결된 기기와의 통신을 끊을 때 사용할 Button을 차례대로 끌어서 HorizontalArrangement1 컴포넌트 안에 넣는다. 화면의 Components 영역에서 ListPicker1의 이름은 "bluetoothPicker"로 수정하고 Button의 이름은 "disconnector"로 수정한다. 컴포넌트의 이름을 수정할 때에는 화면에서 수직 방향으로 세 번째 단락인 Components 영역의 아래쪽에 있는 [Rename] 버튼을 클릭한다.

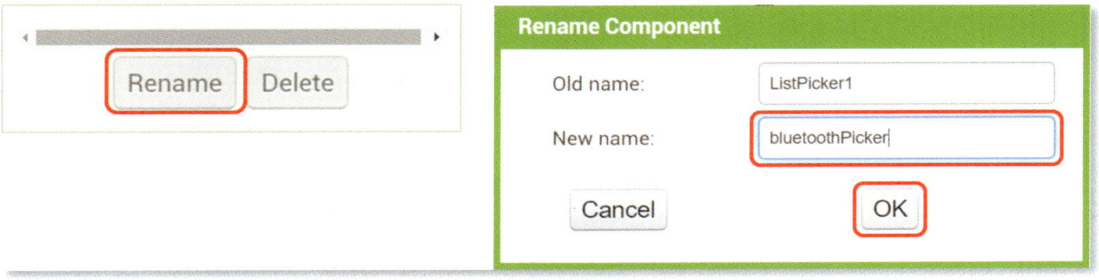


그림 14.7 컴포넌트 이름의 변경

bluetoothPicker와 disconnector 버튼의 Width 속성은 각각 150 픽셀로 설정한 다음 FontSize 속성은 16, Text 속성은 각각 "블루투스 연결"과 "블루투스 끊기"로 입력한다.

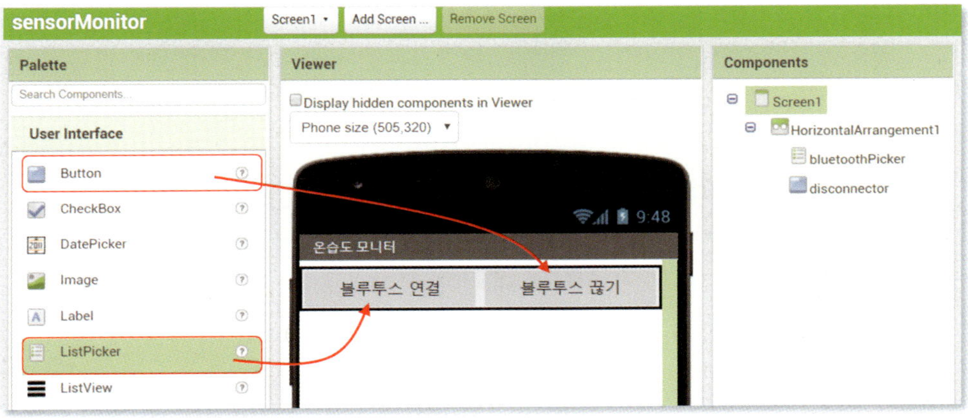


그림 14.8 ListPicker 컴포넌트와 Button 컴포넌트의 추가

만약 스마트폰이 주변의 기기와 블루투스로 연결이 되지 않았다면 [블루투스 끊기] 버튼은 보이지 않아도 된다. 따라서 disconnector 버튼의 초기 상태에서 Visible 속성은 체크를 해제하여 보이지 않도록 설정한다. 스마트폰이 주변의 기기와 블루투스 연결이 되었을 때 [블루투스 연결]이라는 bluetoothPicker가 보이지 않도록 하는 명령은 프로그래밍 과정에서 작성할 것이다.

그림 14.9와 같이 HorizontalArrangement1 컴포넌트의 아래쪽에 Label 컴포넌트 2개를 삽입한 다음 컴포넌트의 이름을 각각 "lblTemperature"와 "lblHumidity"로 수정한다. 두 Label 컴포넌트의 Width 속성은 모두 "Fill Parent..."이며, TextAlignment 속성은 "Center: 1"이다. lblTemperature에는 블루투스 통신으로 수신한 온도값을 출력할 것이며, lblHumidity에는 블루투스 통신으로 수신한 습도값을 출력할 예정이다. lblTemperature 컴포넌트의 Text 속성은 "온도 정보 표시란"으로, blHumidity 컴포넌트의 Text 속성은 "습도 정보 표시란"으로 입력한다.

그림 14.9 온도와 습도 값을 출력할 Label 컴포넌트의 삽입

블루투스 통신을 이용하여 아두이노 온습도 측정기로부터 온도와 습도 데이터를 전송받으려면 BluetoothClient 컴포넌트가 필요하다. 그리고 일정한 시간마다 지속적으로 스마트폰과 아두이노 온습도 측정기가 블루투스로 잘 연결되어 있는지를 점검하려면 시계(Clock) 컴포넌트가 필요하다. BluetoothClient 컴포넌트는 Palette 영역의 Connectivity 범주 안에서 찾을 수 있고, Clock 컴포넌트는 Sensors 범주 안에 있다. BluetoothClient 컴포넌트와 Clock 컴포넌트를 찾아서 스마트폰 화면 안에 끌어넣는다. BluetoothClient 컴포넌트와 Clock 컴포넌트는 보이지 않는 컴포넌트들(Non-visible components)이다. Clock1 컴포넌트의 TimerEnabled 속성은 체크를 해제하여 앱 시작 단계에서는 시계가 작동되지 않도록 설정하고, TimerInterval 속성은 2000ms으로 설정하여 필요할 때 Clock의 기능이 2초에 한 번씩 작동되도록 한다.

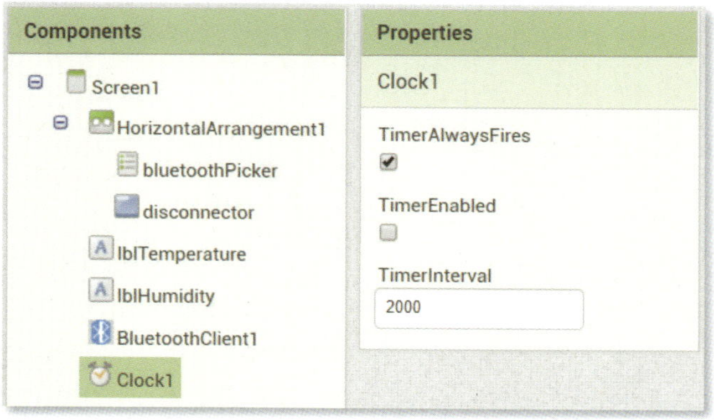


그림 14.10 Clock 컴포넌트의 속성 변경

마지막으로 앱을 종료시킬 버튼 컴포넌트를 삽입하고 컴포넌트의 이름은 “btnCloseApp”로 바꾸고, Text 속성은 “종료하기”로 입력한다.

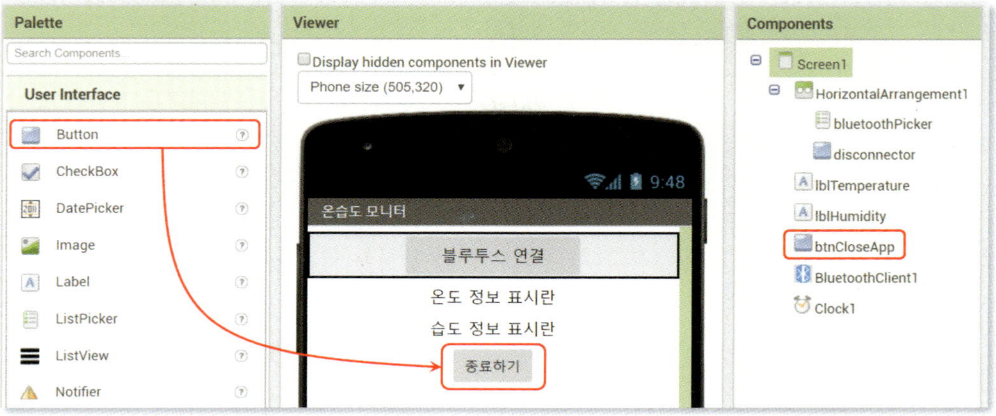


그림 14.11 Button 컴포넌트의 속성 변경

이상으로 앱을 제작하기 위한 화면의 구성은 끝이 났다.

## 블록 조립으로 앱 만들기

지금까지 앱을 제작하기 위한 모든 재료들을 모으는 과정이었다면 이제부터는 준비한 재료를 이용하여 본격적으로 앱을 제작하는 과정에 들어간다. Designer 화면의 오른쪽 상단에 활성화되어 있는 [Blocks] 버튼을 클릭하면 프로그램 작성 화면으로 이동한다.

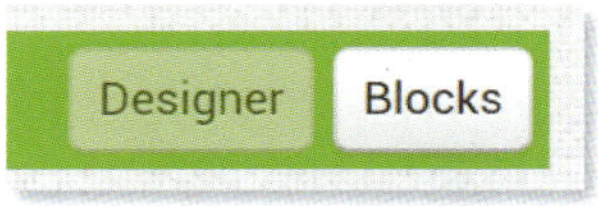


그림 14.12 Block 창 이동 버튼

이 과정에서는 앞에서 준비한 각 컴포넌트의 기능을 설정한다. 우리의 앱은 아두이노 시스템과 블루투스로 페어링이 되어야 본질적인 기능을 발휘할 수 있다. 따라서 맨 먼저 bluetoothPicker 컴포넌트의 기능을 설정하여 생명을 불어넣어 보자. [Blocks] 창의 [Blocks] 영역에서 bluetoothPicker 컴포넌트를 클릭하면 Viewer 영역에 bluetoothPicker 컴포넌트를 이용하여 프로그램을 만들 수 있는 여러 가지 블록들이 나타난다. 그 중에서 [when {bluetoothPicker}.BeforePicking] 블록과 [when {bluetoothPicker}.AfterPicking] 블록을 차례대로 선택하여 끌어낸다.

[when {bluetoothPicker}.BeforePicking] 블록은 그림 14.13과 같이 구성하여 앱 화면에서 [블루투스 연결]이라는 버튼을 누르면 연결할 수 있는 블루투스 기기의 주소와 이름(들)이 나타나도록 한다. 우리는 이 블루투스 기기 리스트들 중에서 아두이노에 연결된 HC-06 블루투스 모듈을 찾아서 연결할 것이다.

그림 14.13 [when {bluetoothPicker}.BeforePicking] 블록의 구성

[when {bluetoothPicker}.AfterPicking] 블록은 그림 14.14와 같이 구성하여 아두이노의 HC-06 블루투스 모듈과 연결이 되면 앱 화면에서 [블루투스 연결]이라는 버튼은 보이지 않고 대신 [블루투스 끊기]라는 버튼이 보이게 한다. 그리고 이때부터 타이머를 작동시킨다. 타이머(Clock)의 기능은 잠시 후에 설명한다.

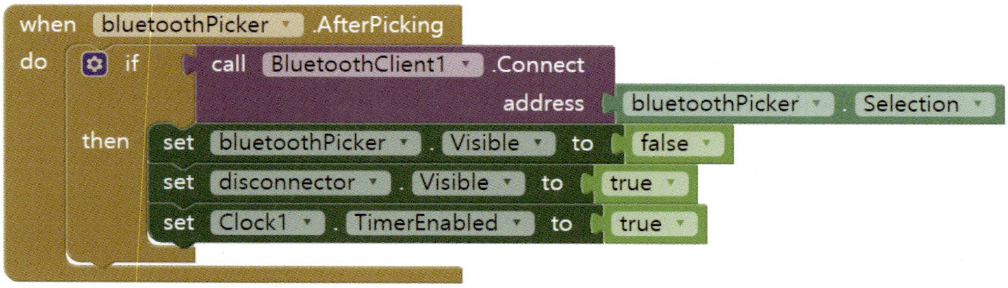


그림 14.14 [when {bluetoothPicker}.AfterPicking] 블록의 구성

[Blocks] 영역에서 [disconnector]라는 버튼을 클릭하면 나타나는 블록들 중에서 [when {disconnector}.Click]이라는 블록을 Viewer 영역으로 끌어놓고 그림 14.15와 같이 블록을 채운다. if~then 블록은 [Blocks] 영역의 [Built-in] 범주의 가장 위에 있는 [Control] 블록을 클릭하면 나타난다. if~then 블록을 구성하고 있는 나머지 블록들 역시 [Blocks] 영역에서 해당 블록을 클릭하면 자동으로 나타난다. 아두이노의 HC-06 블루투스 모듈과의 연결을 끊고 앱 화면에서 [블루투스 끊기]라는 버튼은 보이지 않고 대신 [블루투스 연결]이라는 버튼이 보이게 한다. [true]와 [false] 블록은 [Built-in] 범주의 [Logic] 블록을 클릭하여 찾을 수 있다.

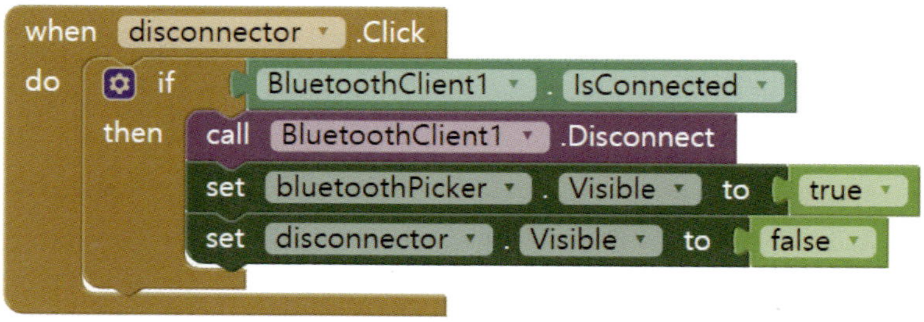


그림 14.15 [when {disconnector}.Click] 블록의 구성

그림 14.16은 아두이노가 HC-06 블루투스 모듈을 통하여 송신한 문자열을 수신할 변수(receivedString)를 선언하고 이 변수를 공백문자로 초기화한다. 예를 들어 아두이노는 "25.00,38.50"과 같이 콤마(,)로 구분한 온도와 습도값을 하나의 문자열로 송신할 것이다. 앱은 수신한 문자열에서 콤마를 기준으로 온도와 습도값을 분리하여 각각의 요소로 저장할 리스트형 변수를 선언하고 공백 리스트로 초기화한다. 전역 변수 선언 블록은 [Built-in] 범주의 [Variables] 블록을 클릭하면 찾을 수 있고, [initialize global {receivedString} to] 블록에 끼워져 있는 자주색의 공백문자 블록은 [Built-in] 범주의 [Text] 블록을 클릭하면 찾을 수 있다. [create empty list] 블록은 [Built-in] 범주의 [List] 블록을 클릭하여 찾을 수 있다. 이상의 몇 번의 동작을 통하여 '원하는 블록을 찾을 때 색깔을 참조하면 된다.'는 사실을 파악하였을 것이다.

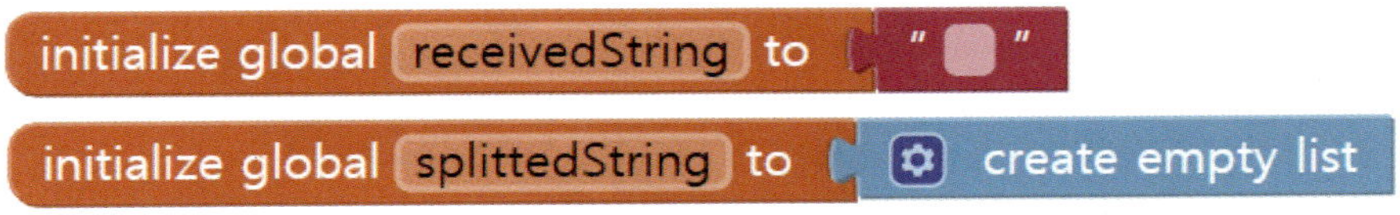


그림 14.16 전역 변수의 선언

스마트폰이 아두이노의 HC-06 블루투스 모듈과 연결이 되면 Clock을 2초에 한 번씩 작동시키면서 그림 14.17과 같은 조건문을 이용하여 아두이노로부터 수신 가능한 문자열 정보가 있는지 확인한다.

그림 14.17 2초마다 한 번씩 아두이노로부터 수신 가능한 문자열 정보가 있는지 확인

그림 14.18은 아두이노가 송신한 문자열을 수신한 후 문자열에서 온도 정보와 습도 정보를 각각 분리하여 리스트에 저장하는 명령문이다. 수신한 문자열에서 콤마를 기준으로 분리된 정보는 splittedString이라는 전역 리스트형 변수의 요소로 차례대로 저장한다. 첫 번째 요소는 온도 정보이며 두 번째 요소는 습도 정보이다. 그림 14.18의 블록들을 그림 14.17 블록의 내부 if 블록 안에 삽입한다.

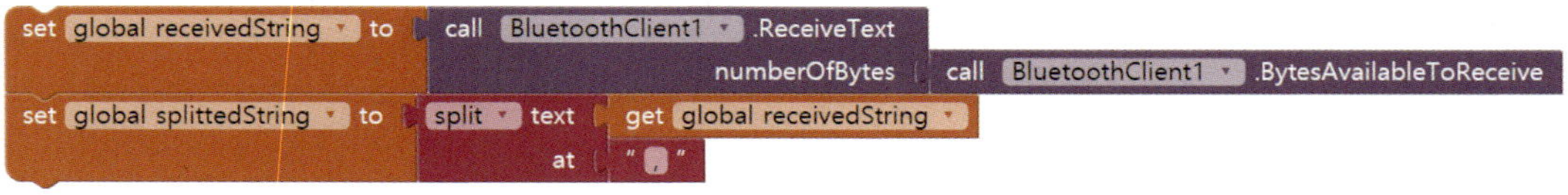


그림 14.18 문자열 수신과 정보의 분리

그림 14.18은 splittedString이라는 리스트형 변수의 요소를 하나씩 꺼내어 lblTemperature 레이블 컴포넌트와 lblHumidity 레이블 컴포넌트에 출력하는 명령어이다. splittedString이라는 리스트형 변수의 첫 번째 요소에 저장된 문자열의 앞뒤에 각각 "온도:"와 "°C"를 붙이고, splittedString이라는 리스트형 변수의 두 번째 요소에 저장된 문자열의 앞뒤에 각각 "습도: "와 "%"를 붙인다. 그림 14.19의 블록들을 그림 14.18의 블록 아래쪽에 삽입한다.

그림 14.19 출력 정보의 재구성

join 블록은 두 개 이상의 텍스트를 접속시키는 명령인데 접속할 단어가 세 개 이상일 경우 그림 14.20과 같이 구조를 변경시킬 수 있다.

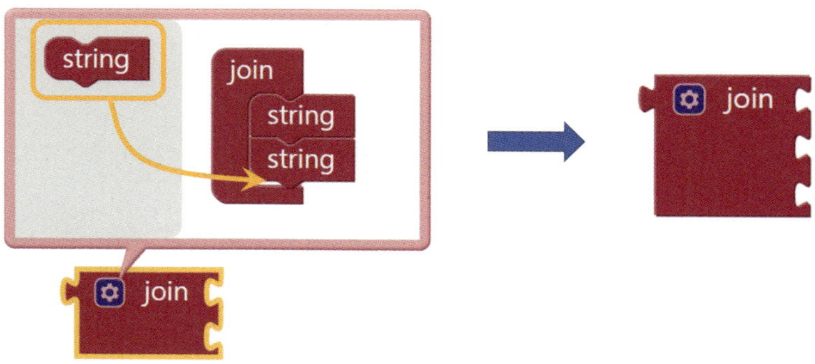


그림 14.20 join 블록의 구조 변경

앱이 블루투스 통신으로 수신한 정보를 앱 화면에 표시한 후에는 다음 정보를 수신하기 위하여 그림 14.21과 같이 receivedString 문자열 변수는 공백문자로 초기화하고 splittedString

리스트 변수는 빈 리스트로 초기화한다. 그림 14.21의 블록들을 그림 14.19의 블록 아래쪽에 삽입한다.

그림 14.21 다음 정보의 수신을 위하여 변수들을 초기화

2초에 한 번씩 Clock 컴포넌트가 작동하면서 송수신 정보를 앱 화면에 출력하는 "BT온습도측정기" 앱의 주요 기능은 그림 14.22와 같다.

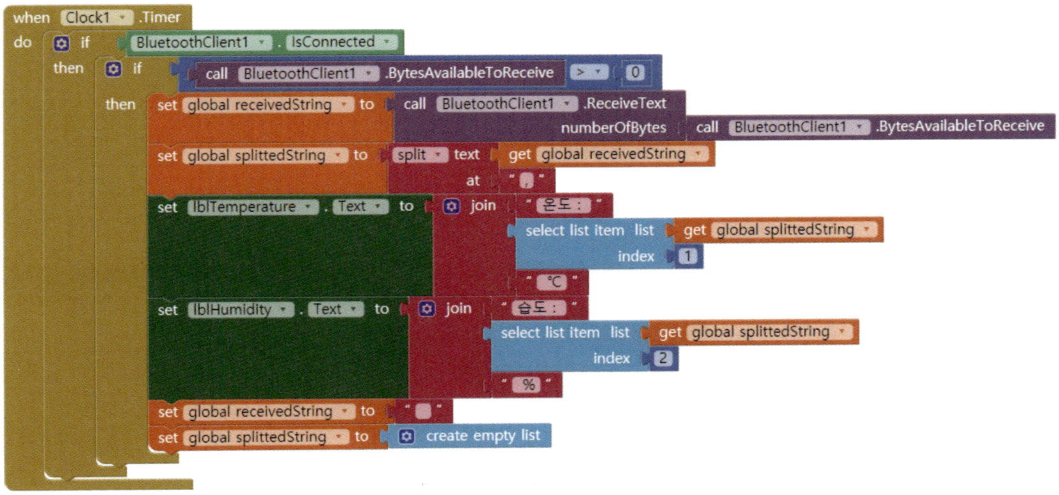

그림 14.22 BT온습도측정기 앱의 주요 기능

마지막으로 [종료하기] 버튼을 누르면 앱이 종료되는 기능을 설정하자. [Blocks] 영역에서 자신이 만들어놓은 컴포넌트 중에서 [btnCloseApp]을 클릭하고 [when {btnCloseApp}.Click] 블록을 찾아서 Viewer 영역으로 가지고 온다. 다시 [Blocks] 영역의 [Built-in] 범주의 [Control] 블록을 클릭하여 [close application]이라는 블록을 끌고 와서 [when {btnClose-App}.Click] 블록 안에 넣는다. 이상으로 모든 블록 코딩이 끝났다.

## 앱 테스트

"BT온습도측정기" 앱의 전 블록에 대한 기능 설정이 완료되었다. 제작한 앱이 정상적으로 작동하는지를 테스트해보자. 그림 14.23과 같이 앱 인벤터 툴의 [Connect ▼] 메뉴에서 [AI Companion]을 선택하면 앱에 접근하여 테스트할 수 있도록 연결하는 QR 코드가 나타난다. 스마트폰의 MIT AI2 Companion 앱에 이 QR 코드를 입력하여 테스트할 수 있다.

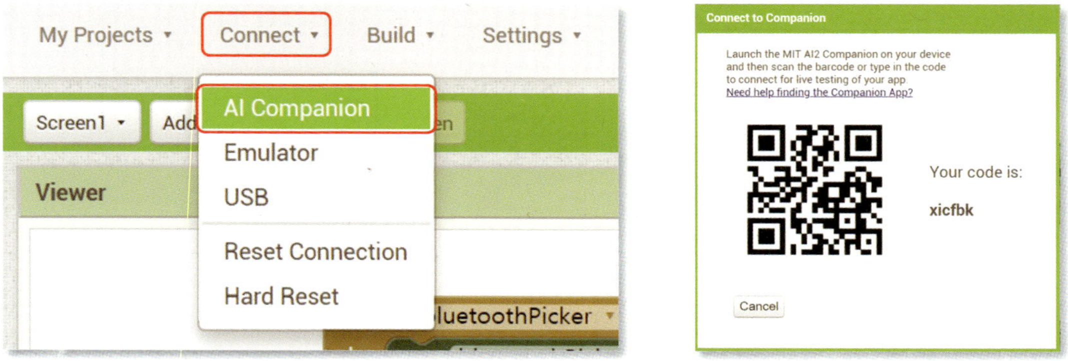


**그림 14.23** 원격 접속하여 앱 테스트하기

테스트 결과 그림 14.24와 같이 정상적으로 작동이 되는 것을 확인할 수 있다. 그림 14.24의 (a) 화면에서 [블루투스 연결] 버튼을 누르면 사용 중인 스마트폰으로 연결 가능한 블루투스 기기 리스트인 (b) 화면이 나타난다. (b) 화면에서 연결하고자 하는 HC-06 블루투스 모듈을 선택하면 (c)와 같이 블루투스 통신이 연결되어서 2초마다 온도와 습도 정보를 수신하여 앱 화면에 출력한다.

(a) 앱 실행 초기화면의 일부 (b) 블루투스 연결 화면의 일부 (c) 앱 작동 화면의 일부

**그림 14.24** 앱 테스트 결과

만약 아두이노 보드에 연결된 HC-06 블루투스 모듈과 첫 번째 통신을 시도하고 있다면 그림 14.25와 같이 사용자의 스마트폰과 블루투스 통신할 기기로 등록하여야 한다. 그림 14.25의 (a) 화면에서 연결 가능한 디바이스 목록으로 표시된 HC-06을 선택하면 (b) 화면으로 넘어가서 블루투스 연결 요청을 받는다. 비밀번호로 0000 또는 1234를 입력하는데 저자의 경우는 1234를 입력하여 디바이스를 등록하였다.

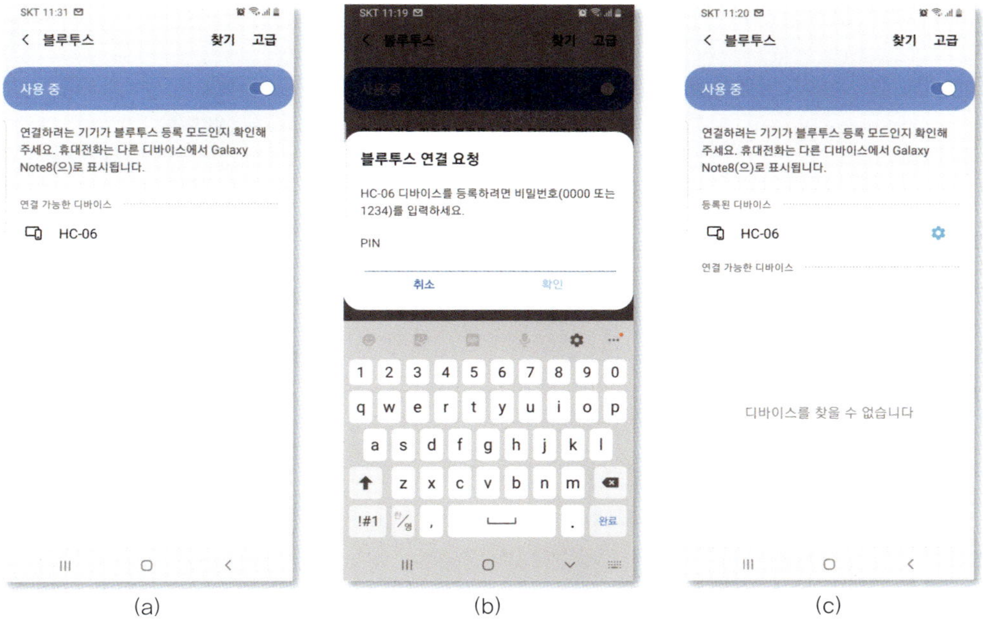


**그림 14.25** 사용자의 스마트폰에 HC-06 블루투스 모듈 등록

## 앱 다운로드

완성된 앱을 스마트폰에 내려받는 방법을 함께 살펴보자. 앱 인벤터 툴의 [Build ▼] 메뉴에서 [App (provide QR code for .apk]을 클릭하면 앱을 다운로드할 수 있는 QR 코드가 나타난다. 스마트폰에 설치한 MIT AI2 Companion 앱으로 이 QR 코드를 촬영하면 앱의 다운로드 과정이 진행된다.

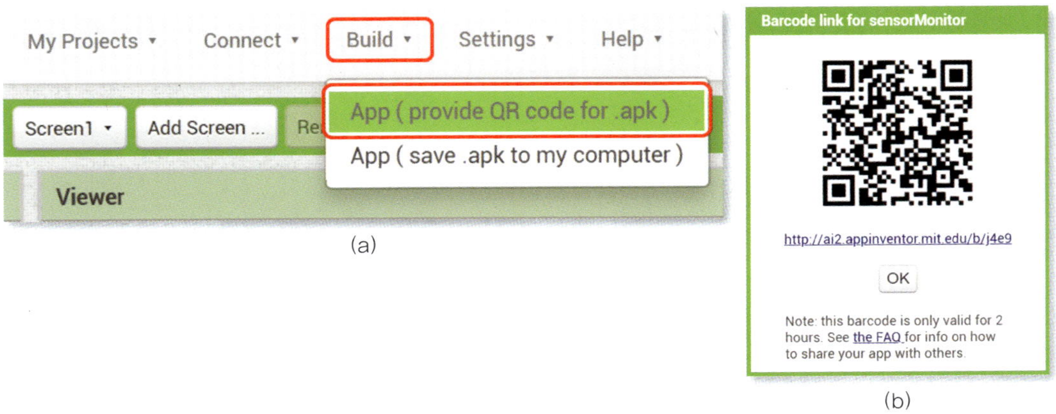


**그림 14.26** 앱 다운로드

# [요약]



- DHT11 온습도 모듈을 아두이노 보드에 연결할 때 DHT11 모듈의 VCC, DATA 및 GND를 각각 아두이노 보드의 5V, D2 및 GND에 차례대로 연결한다.
- 블루투스 통신을 위하여 HC-06 BT 모듈을 아두이노에 연결할 때 블루투스의 송신부인 TX(Transmitter)는 아두이노의 수신부인 RX(Receiver)에 연결하고 블루투스의 수신부인 RX는 아두이노의 송신부인 TX에 연결해야한다. 디지털 0번 핀과 디지털 1번 핀은 RX와 TX를 위한 디지털 핀으로 선택할 수 없다.
- HC-06 BT 모듈을 아두이노 보드에 연결할 때 HC-06 BT 모듈의 RX, TX, VCC 및 GND를 각각 아두이노 보드의 D11, D10, 5V 및 GND에 차례대로 연결한다.
- 블루투스 통신을 위하여 SoftwareSerial.h 파일을 현재 작성 중인 아두이노 코드에 포함하고 블루투스 통신 속도는 9600 보드레이트로 설정한다.
- 앱 인벤터는 구글과 MIT대학이 개발한 블록 기반의 앱 제작 툴이다.
- 앱 인벤터는 구글의 크롬 브라우저를 기반으로 이용할 수 있으며 서비스를 제공하는 사이트의 URL은 'https://appinventor.mit.edu/'이다.
- 앱 인벤터는 순차적으로 명령문을 실행할 수 있고 조건문, 반복문 등을 이용하여 명령문을 선택적으로 실행하거나 반복 실행할 수 있다. 데이터를 검색, 저장 및 공유할 수도 있다.
- 앱을 만드는 절차는 [Designer] 창에서 앱 화면을 디자인하고 [Blocks] 창에서 앱 기능의 구현을 위한 블록 코딩을 한다.
- BluetoothClient 컴포넌트와 Clock 컴포넌트는 앱 화면에 보이지 않는(Non-visible) 컴포넌트들이다.
- BluetoothClient 컴포넌트에 속한 블록 코드를 이용하여 블루투스 기기와 연결하여 데이터를 수신할 수 있고, 연결된 블루투스 기기와의 통신을 차단할 수 있다.

# [연습문제]

**01.** (참/거짓) HC-06 블루투스 모듈을 아두이노 보드에 연결할 때 반드시 블루투스의 TX는 아두이노의 RX와 연결하고, 블루투스의 RX는 아두이노의 TX와 연결해야 한다.

**02.** (참/거짓) 앱 인벤터(App Inventor)는 구글과 MIT대학이 개발한 블록 기반의 앱 제작 툴로서 구글 크롬 브라우저뿐만 아니라 인터넷 익스플로러에서도 앱을 제작할 수 있어서 별도의 개발환경을 구축할 필요가 없다.

**03.** 아두이노가 컴퓨터가 아닌 다른 기기와 블루투스 통신을 하기 위하여 디지털 0번과 1번이 아닌 다른 핀을 RX, TX로 지정하려면 작성 중인 아두이노 코드에 포함시켜야 하는 라이브러리는 무엇인가?

**04.** 앱의 Screen에 수평 방향으로 여러 개의 컴포넌트를 배치하려면 어떤 컴포넌트를 이용해야 하는가?

❶ HorizontalArrangement ❷ VerticalArrangement

❸ ListView ❹ Label

**05.** 앱에 포함된 Clock 컴포넌트를 2초(2000밀리초)에 한 번씩 작동하게 할 수 있는 Clock 컴포넌트의 속성은 무엇인가?

❶ TimerEnabled ❷ TimerAlwaysFires

❸ TimerAction ❹ TimerIntrval

06. Clock 컴포넌트에서 앱 시작 단계에는 시계가 작동되지 않도록 그 속성의 설정을 해제해야 하는 속성은 무엇인가?

07. Clock 컴포넌트가 정해진 시간(예 : 2초) 간격으로 작동하도록 설정할 수 있는 속성은 무엇인가?

08. [when {bluetoothPicker}.BeforePicking] 블록의 기능을 설명하시오.

09. 앱을 종료시키는 기능을 가진 블록의 이름은 무엇이며, 이 블록은 어디에서 찾을 수 있는가?

10. 블루투스 클라이언트가 연결되어 있는지를 체크하는 블록은 무엇인가?

11. 여러 개의 문자열을 하나의 문자열로 접속시키는 기능을 가진 블록은 무엇인가?

12. 그림 14.24는 14장에서 제작한 앱의 실행 결과를 보여주고 있다. 앱 화면의 디자인을 창의적으로 변경해보라.

15

# 4차 산업혁명, 사물인터넷, 인공지능

**학습목표**

- 4차 산업혁명에 대해서 설명할 수 있다.
- 사물인터넷의 구성을 말할 수 있다.
- 사물인터넷의 구현 방법을 말할 수 있다.
- 인공지능이 무엇인지 설명할 수 있다.
- 인공지능의 활용에 대해 설명할 수 있다.

**학습내용**

- 4차 산업혁명 소개
- 사물인터넷에 대한 설명
- 인공지능 플랫폼
- 인공지능의 실습

이 장에서는 4차 산업혁명에 대해서 설명을 하고, 아두이노 기반으로 구현할 수 있는 사물인터넷에 대해서 소개를 한다. 그리고 인공지능의 응용에 대해서 설명을 한다.

# 01 4차 산업혁명

4차 산업혁명은 전 세계가 마주한 현실이다. 단기적으로는 '인공지능'의 등장, 중장기적으로는 '과학기술'의 유례없이 빠른 발전 속도에 따른 사회 전반의 변혁을 의미한다. 인공지능은 초연결 사회의 방대한 데이터를 학습하는 기계가 지적 업무를 수행한다는 점에서 과거와 큰 차이를 보인다. 알파고가 바둑을 통해 뚜렷하게 확인시켰다. 인간의 인지적 영역까지 기술 혁신이 진입한 것이다. 과거의 산업혁명들과 사뭇 다른 모습으로 일자리 변화를 촉진한다. 당연히 산업 · 경제를 포함한 사회 전반의 진일보를 요구한다.

4차 산업혁명의 시대정신은 뷰카(VUCA)로 요약된다. 변동성(Volatility), 불확실성(Uncertainty), 복잡성(Complexity), 모호성(Ambiguity)이 특징이다. 인공지능과 과학기술의 빠른 발전 속도로 인한, '뷰카'의 시대이다.

4차 산업혁명은 인공지능, 빅데이터 등 신기술로 촉발되는 초연결 기반의 지능화 혁명으로 산업뿐만 아니라 국가시스템, 사회, 삶 전반의 혁신적 변화를 일으키는 것을 말한다. 이러한 4차 산업혁명의 중심에 과학기술이 있고, 네트워크(IoT, 5G, 6G), 빅데이터(Cloud, BigData), 인공지능 SW(기계학습, 알고리즘)등 디지털 기술이 각 분야의 기반기술과 융합하여 급속한 경제, 사회 변화를 이끌고 있다.

4차 산업혁명 핵심 기술은 그림 15.1과 같이 인공지능, 빅데이터, 초연결로 구성된다. 클라우드 기반의 빅데이터를 21세기의 석유라고 말할 정도로 중요한 요소가 되었다.

산업혁명을 살펴보면, 1차 산업혁명은 증기기관의 발명으로 방적기와 기관차가 등장을 하였다. 분업과 대량생산 기반의 2차 산업혁명에서는 전기모터가 개발되고 컨베이어 벨트가 고안되어 자동차 산업을 포함한 제조업이 혁신을 이루었다. 인터넷과 정보 혁명을 기반으로 한 3차 산업혁명에서 탄생한 기업들은 마이크로소프트, 애플, 아마존, 구글, 네이버, 카카오톡을 예로 들 수 있다.

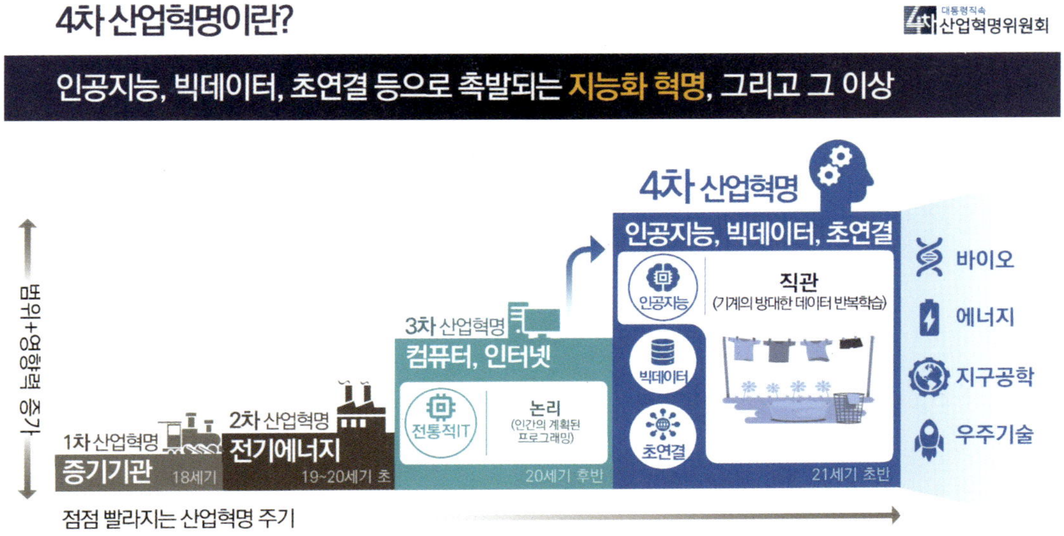


그림 15.1 4차 산업혁명 핵심기술 소개

4차 산업혁명의 중심에는 인공지능과 스마트폰이 자리 잡고 있다. 사물인터넷을 통해 얻어진 대량의 데이터는 원격지 데이터 센터인 클라우드에 저장이 되고, 여기에 인공지능을 적용하여 유용한 정보를 추출하고 적용하는 새로운 혁명이다.

그림 15.2 1차~4차 산업혁명의 시기 및 핵심 기술

4차 산업혁명의 응용으로 음성인식을 적용한 챗봇이 등장하고, 영상인식의 응용으로 인공지능 아나운서를 선보이기도 했다. 인공지능이 현실적으로 적용되어 유튜브 동영상을 선택

하면 바로 옆에 관심 있어 할 만한 동영상들을 추천을 해주기도 한다.

5G의 상용화로 4G보다 거의 20배의 초고속 무선 통신을 활용할 수 있게 되어 상호 소통 방법도 전화뿐만 아니라, 카톡, 밴드, 페이스북, 인스타그램, 유튜브 등이 활용되고 은행업무도 상당한 부분이 스마트폰 중심으로 폰뱅킹, 토스 송금, 결제 등이 활용되며 길 안내에는 내비게이터 티맵 등으로 무한히 확장되고 있다.

사물들이 상호 연결된 인터넷을 통해 대량의 데이터들이 클라우드에 저장이 되므로 기업은 데이터 센터가 미래 산업의 핵심이 될 것으로 생각하여  대규모로 구축하고 고객 유치에 정성을 다하고 있다. 최근 우리나라에서도 데이터 3법도 통과되어 4차 산업혁명의 활용이 가속될 전망이다. 4차 산업혁명의 핵심 기술 요소들의 상관관계는 그림 15.3과 같다.

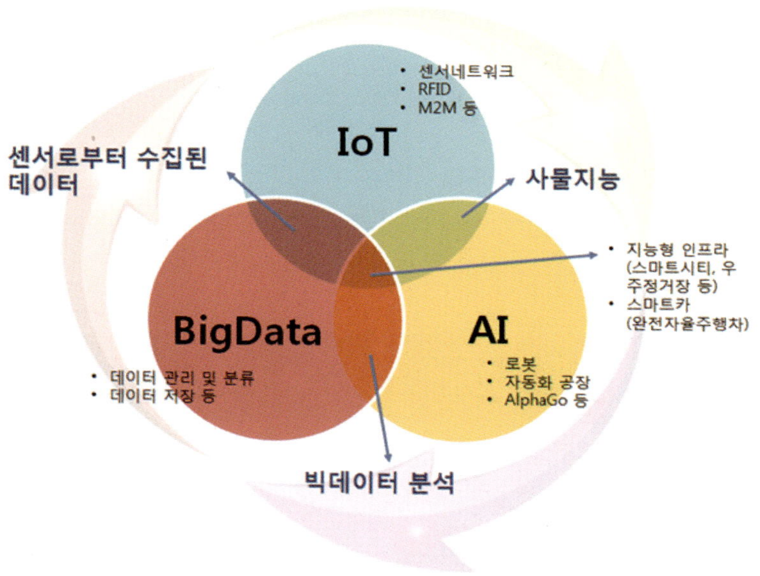


**그림 15.3** 4차 산업혁명의 기술요소(출처: http://www.itdaily.kr/)

클라우드에 저장된 고객의 빅데이터는 홈쇼핑뿐만 아니라 고객의 선호도를 예측할 수 있게 되어 개인별 맞춤형 광고 등 활용 범위가 무한히 확장되고 있다. 이 빅데이터를 인공지능이 활용하여 학습을 하고, 점점 똑똑해져서 다양한 AI의 응용이 만들어지고 있다. 예로 유튜브에 접속하면 개인별로 관심도가 높은 동영상을 추천해주고, 홈쇼핑에 접속하면 관심 있어 할 품목을 추천하기도 한다.

인공지능을 기반으로 해서 추출한 유용한 정보를 여러 방면에 적용하므로 사회 전반에 걸쳐 큰 변화가 일어나고 이를 통해 엄청난 부가 창출되는 새로운 시대를 4차 산업혁명이라고 한다.

사물인터넷은 센싱된 데이터를 네트워크를 통해 클라우드에 있는 데이터 센터로 보낸다. 아두이노는 각종 센서로부터 값을 읽고 처리하기에 쉬워서 사물인터넷 구현에 적합한 모듈 중 하나이다. 아날로그나 디지털로 된 각종 데이터 값을 유선 시리얼 통신이나, 블루투스, 와이파이, 지그비 등의 무선 통신방식으로 클라우드에 전송한다. 이렇게 모은 엄청난 양의 빅데이터는 인공지능을 학습하기에 적합하고 필요한 유용한 정보를 추출하여 응용할 수 있다. 자세한 내용은 다음에서 살펴보자.

# 02 사물인터넷

사물인터넷(IoT: Internet of Things)은 각종 센서로 연결된 사물(things)이 인터넷(Internet)을 통해 언제 어디서나 다양한 응용을 할 수 있는 것을 의미한다. 사물인터넷은 인터넷을 통해 데이터를 수집 및 전송하는 산업용 센서 같은 디지털 장치 그룹을 의미한다.

사물인터넷 기술은 센싱, 통신, 서비스 등이 있다. 센싱은 센서가 정보를 수집하고 통신은 사물 간 또는 사물과 사람 간의 정보를 주고 받기 위한 네트워크를 구축한다. 서비스 인터페이스는 사용자에게 편리함을 제공하여 활용할 수 있도록 돕는 것이다. 제품의 예로는 밴드, 스마트 알약(헬리어스), 전기 미터기(계량기), 가로등, 웨어러블 기술, 커넥티드 카, 제품 추적 관리 등을 들 수 있다. 뿐만 아니라 해피포크(HAPIfork)나 유린케어(UrinCare) 또는 아이스캔 같은 것들이 사물인터넷의 예이다.

센싱된 각종 데이터, 예를 들어 전기 사용량, 온도, 습도, 조도, 풍향, 풍속, 지진, 수질 등을 인터넷으로 전송한다. 뿐만 아니라 각종 의료 데이터나 CCTV 카메라의 보안 영상, 농업 데이터 등도 네트워크를 통해서 전달될 수 있다. 각 지역에 설치된 기상청의 실시간 데이터 역시 사물인터넷을 통해서 받는다.

사람들은 주로 스마트폰으로 카톡, 전화, 문자, 온라인 게임 등을 하고, 인터넷과 연결하여 다양한 자료를 검색하기도 한다. 이 스마트폰은 쇼핑, 뱅킹뿐만 아니라 길 찾기, 맛집 찾기 등도 가능하다. 길 안내 내비게이터인 티맵은 GPS로부터 위치 신호를 받고, 실시간 교통정보를 받아 최적의 길을 안내하기도 한다. 우버 자동차나 커넥티드 자전거, 카톡으로 택시를 호출할 수 있는 것도 응용으로 볼 수 있다. 사물인터넷은 이와 같이 각종 기기들이 네트워크를 통해 상호 연결되어 서비스를 하는 것을 말한다.

사물인터넷을 보통 유비쿼터스(Ubiquitous)라고도 하는데 동시에 언제 어디서나 존재하는 것으로 통신망에 접속하여 다양한 서비스를 활용할 수 있는 환경을 말한다. 유비쿼터스 환경이 제공되면 우리는 스마트폰이나 노트북으로 언제 어디서든지 기상 정보를 찾아볼 수 있고, 근처의 맛집이나 주유소 정보 등을 활용할 수 있다. 그리고 M2M(Machine to Machine) 서비스라고 부르기도 한다. 기계와 기계 간의 통신을 말하며, 예로는 버스 도착 알리미, 하이패스, 수도 가스 검침 등을 활용하는 서비스 등이 있다.

사물인터넷을 서비스 해주는 시스템은 개인, 도시 및 산업 IoT 등이 있다. 각각에 대해서 살펴보자. 개인 IoT는 스마트폰을 중심으로 상호 연결된 사람들끼리 서비스를 제공하는 응용을 말한다. 도시 IoT는 개인, 가정, 공장, 관공서 및 도로, 하수도, 상수도, 전기, 가스, 통신 등 도시 전체를 하나의 시스템으로 묶인 형태에 효율적인 서비스를 제공해주는 것을 의미한다. 버스의 노선, 도착시간 등을 알려주는 서비스를 예로 들 수 있다. 산업 IoT는 스마트 팩토리 서비스를 포함한다. 제조업계가 4차 산업혁명 시대 경쟁력 강화를 위한 방안으로 산업인터넷에 주목하고 있다. 글로벌 산업인터넷 시장은 제조업 분야를 중심으로 크게 확대되고 있으며, 향후에도 소프트웨어 플랫폼, 어플리케이션, 센서, 빅데이터, 클라우드 서비스 등 다양한 요소가 결합되면서 고성장 추세가 지속될 전망이다. 국내 시장은 현재 테스트베드 구축단계이다. 사물인터넷 구성요소는 서비스, 플랫폼, 네트워크, 디바이스, 보안 등이며, 플랫폼을 주도하는 기업으로는 구글, 아마존, 애플, 마이크로소프트, 네이버, 카카오, 삼성 등을 들 수 있다.

사물인터넷을 구현해보는 실습 예로 앱을 제작하는 툴인 "앱 인벤터"로 아두이노와 블루투스 모듈 (HC-06)을 연결하여 실내 온도, 조도 등의 상태를 모니터링하고, 필요한 경우, LED나 서보 모터를 제어할 수 있다. 스마트폰 기반의 IoT 실습은 네이버 "appinv" 카페를 참고하자. 만약 서버를 구축하여 응용하려면 아두이노에서 획득된 데이터를 시리얼로 서버에 전송할 수 있다. 몇 줄 되지 않는 프로세싱(processing) 언어로 서버를 구축할 수 있다. 회로를 만들어 조도센서에서 입력된 신호를 1초에 2번씩 시리얼 통신을 통해 서버로 보내면 서버에서는 받은 데이터를 저장하거나 그래픽으로 표현하는 데 활용할 수 있다.

간단한 스마트 홈이나 스마트 시티를 구현하는 실습을 할 수 있다. 스마트 홈으로는 생활 가전 제어, 환경 모니터링, 방범, 홈 케어, 에너지 관리 등에 적용할 수 있다. 스마트 시티는 도시 환경, 에너지, 교통, 통신, 보안, 안전 관리 등에 적용할 수 있다.

# 03 인공지능 소개

인간의 뇌를 흉내 내어 신경망을 프로그램으로 구현한 것이 인공지능(AI: Artificial Intelligence)이다. 학문적으로 정의하면 인공지능은 기계가 지능을 갖추어 사람 대신 어떤 문제를 해결해주는 시스템을 의미한다. 이와 같은 지능을 만들 수 있는 방법론이나 실현 가능성 등을 연구하는 과학 분야를 지칭하기도 한다.

음성을 인식해서 폰을 작동시키거나 영상을 인식해서 분류도 하며, 빅데이터를 해석해서 앞으로의 전망을 추측하기도 한다. 챗봇이 대화도 하며, 비서 로봇이 사람과 놀아주기도 하고, 무거운 짐을 운반하거나 처리를 도와주기도 한다. 인공지능의 발전 역사는 그림 15.4와 같다. 1956년 인공지능 용어가 등장했고, 1997년 사람과의 체스경기에서 이겼고, 2011년 퀴즈쇼 '제퍼디'에서 우승을 하기도 했다.

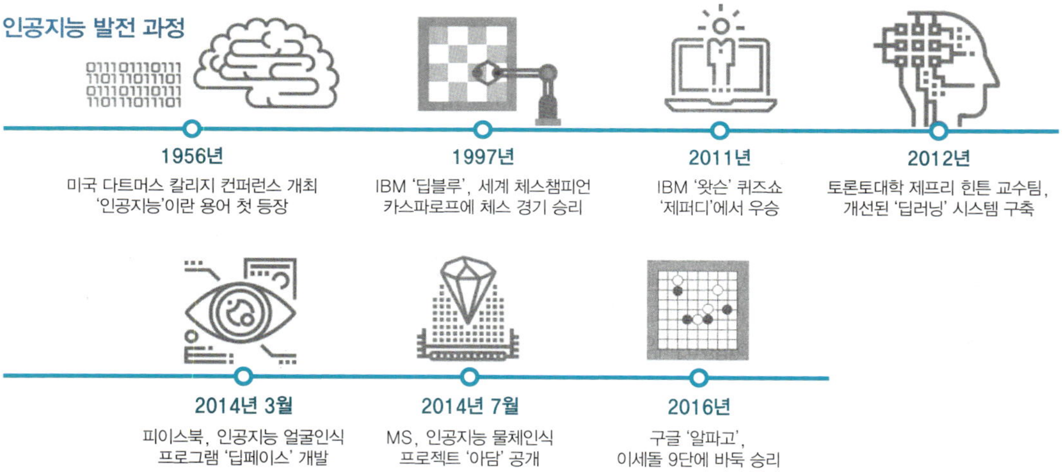


**그림 15.4** 인공지능 발전 과정(출처: news.zum.com)

인공지능의 도화선이 된 2016년 알파고와 이세돌과의 바둑 대결에 이어, 강화학습 기반으로 스스로 학습한 바둑 알파제로가 2018년 탄생되기도 했다. 인공지능 중에 인기 분야는 딥러닝(DL: Deep Learning)으로 기계학습(ML: Machine Learning)의 한 분야이다. 서로가 종속관계가 있지만 사람들은 DL, ML, AI용어를 인공지능이라고 혼용해서 쓰기도 한다.

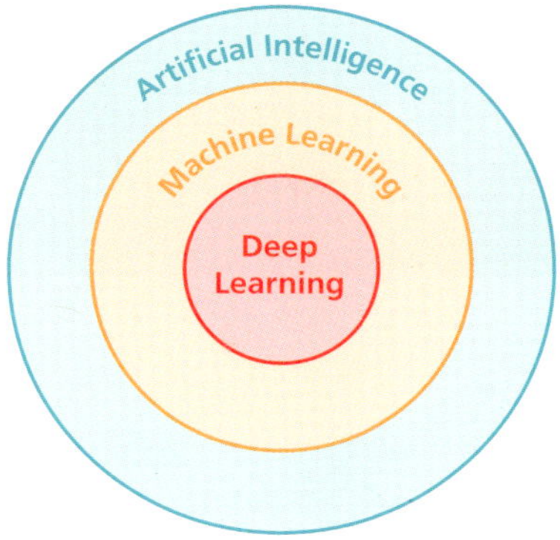


**그림 15.5** AI, ML, DL의 관계

딥러닝 기술로는 음성 인식, 음성 합성, 얼굴 인식, 얼굴 합성, 인공지능 아나운서 등 IT뿐만 아니라 딥페이스는 예술에, 왓슨은 의료와 같이 다양한 분야에 적용된다.

딥러닝은 학습 과정과 응용 과정으로 구성이 된다. 학습 과정에서는 성능이 좋은 컴퓨터가 필요하다. 딥러닝 전용으로 GPU(Graphic Processing Unit)나 TPU(Tensorflow Processing Unit) 보드를 활용한다. GPU는 100만 원~수천만 원 정도로 성능이 매우 좋은 그래픽 보드로 생각하면 된다. TPU는 인공지능 플랫폼 중에 가장 널리 알려진 텐서플로우 프로세싱 전용 그래픽 보드이다. 최근 구글에서 웹을 통해 딥러닝을 학습할 수 있는 코랩(colab)을 무료로 서비스 하고 있다.

인공지능을 중심으로 IoT, BigData, Cloud, Moblie이 하나의 덩어리로 4차 산업혁명을 이끌고 있다. 인공지능의 응용으로는 자율주행 자동차, 스마트 팩토리, 무인 쇼핑 시스템 등을 들 수 있다. 다양한 응용에 대한 예는 다음 그림 15.6과 같다.

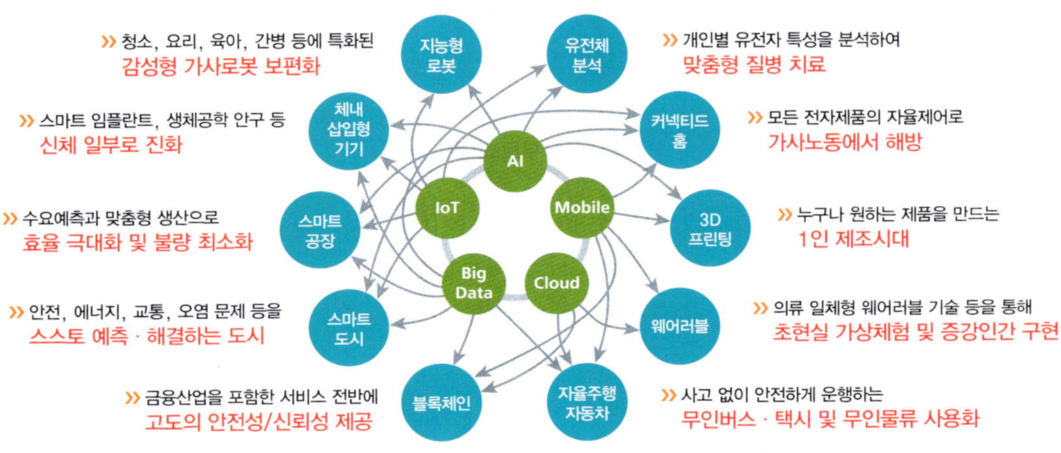


**그림 15.6** 인공지능의 응용 분야(출처:https://brunch.co.kr/@kakao-it/60)

# 04 인공지능의 실습

인공지능을 실습하려면 텐서플로우나 케라스 플랫폼을 추천한다. 대량의 데이터는 사물인터넷을 통해 수집이 된다. 이 데이터는 학습 과정에서 인공지능 플랫폼의 입력이 되고, 딥러닝 과정을 통해 학습을 마친 상태에서, 새 데이터가 도착하면 이를 인식하거나 분류해서 처리된 결과를 응용할 수 있다.

학습을 위해서는 하드웨어 장치가 필요하다. 컴퓨터에 GPU(Graphic Processing Unit)나 TPU(Tensorflow Processing Unit)를 장착하여 활용한다. 그리고 소프트웨어는 딥러닝의 대표적인 플렛폼인 텐서플로우를 활용할 수 있다. 최근에 구글이 텐서플로우 플랫폼에 케라스를 올려 누구나 쉽게 사용할 수 있게 하고 있다. 케라스는 패턴을 분류하거나 예측하는 인공지능 응용에 활용이 가능한 플랫폼이다. 케라스가 실행되는 텐서플로우 TPU의 구성은 그림 15.7과 같다.

**그림 15.7** 딥러닝 플랫폼 케라스

케라스 모델은 그림 15.8과 같은 계층 구조를 가진다. OS 위에 CPU나 GPU 또는 TPU가 탑재되고, 그 위에 텐서플로우 확장 유니트가 올라간다. 그 계층 위에 케라스 모델이 올라가며, 언어는 Python과 C++등이 사용된다.

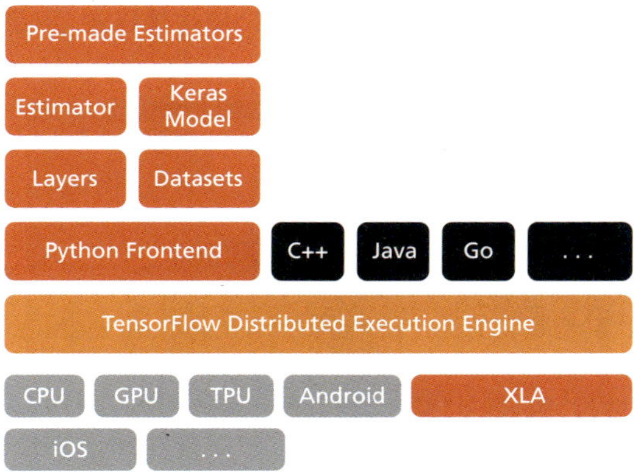


그림 15.8 케라스 모델

인공지능은 주기적으로 나타나는 패턴들을 사람보다 더 잘 찾아준다. 이와 같은 응용을 개인 컴퓨터(PC)에서 하려면 GPU나 TPU를 장착해야 한다. 그러나 GPU가 없어도 AI를 실습할 수 있는 플랫폼을 최근 구글에서 클라우드를 통해 무료로 제공을 해주고 있다. 이 시스템 이름이 코랩이다(https://colab.research.google.com). 코랩은 클라우드 딥러닝 학습 시스템으로 파이썬(Python)을 이용한다. 활용하려면 구글 ID가 필요하고 이메일 주소만 있으면 쉽게 가입할 수 있다.

http://github.com/jcshim/colab을 통하여 단계별로 학습할 수 있도록 자료를 제공한다. 인공지능 연구에는 Python이 가장 많이 활용되며 C++, Java 및 Go 언어 등을 이용할 수도 있다.

인공지능 딥러닝 학습에 케라스 플랫폼 기반의 붓꽃 분류 예제를 실습해보기를 권한다. 데이터로부터 다음과 같은 붓꽃 3가지를 구분해보자.

그림 15.9 붓꽃의 3가지 예

실습용 데이터는 인터넷에서 제공되는 데이터 셋을 다운 받고, 이중 80%는 학습에 나머지 20%는 테스트에 활용해보자. 데이터의 구성은 꽃받침(Sepal)의 길이와 폭, 꽃잎(Petal)의 길이와 폭의 4가지 특징이 들어 있다. 이 값을 인공지능의 입력으로 넣는다.

그림 15.10 붓꽃의 구조

딥러닝 계층은 2개로 각각 10개의 뉴런을 가지도록 설계를 하자. 학습을 할 때는 각각의 데이터가 3종류 중에 어떤 것인지 데이터 끝에 있으므로 이것을 보고 정확히 인식을 할 때까지 각 계층의 노드 값을 학습시킨다.

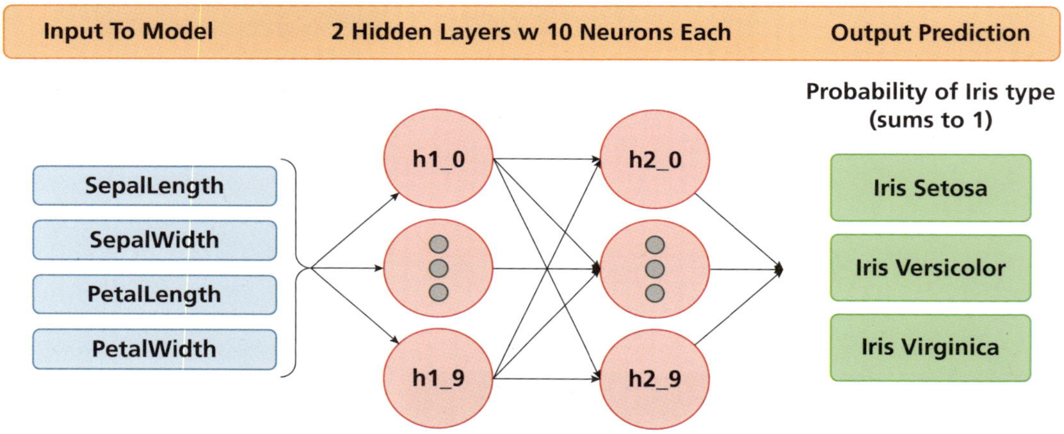


그림 15.11 딥러닝을 통한 붓꽃의 분류

새로운 입력은 붓꽃 중에 3가지 종류(센토사, 버시칼라, 버지니카) 중에 하나로 자동으로 정확히 분류가 된다. 단계별 실습 내역은 다음 사이트를 참고하여 구현할 수 있다.

- https://developers.googleblog.com/2017/09/introducing-tensorflow-datasets.html
- https://developers-kr.googleblog.com/2017/09/introducing-tensorflow-datasets-and-estimators.html

# [요약]

- 4차 산업혁명이란 무엇인가?
- 4차 산업혁명의 핵심 요소는 AI, IoT, BigData이다.
- 4차 산업혁명은 인공지능 중심 사회로의 변화를 의미한다.
- 4차 산업혁명은 현재 시작 단계이며 미래 우리 사회에 큰 변화가 있을 것으로 예상된다.
- 빅데이터는 4차 산업혁명의 기름과 같은 역할을 한다.
- 아두이노는 사물인터넷에 활용이 된다.
- 사물인터넷의 응용
- 인공지능 기반의 산업 전반의 변화
- AI, ML 및 DL의 관계
- 인공지능의 실습 소개
- 인공지능 딥러닝의 활용 방법 및 실습
- 텐서플로우와 케라스로 구글의 코랩을 이용한 AI 실습

# [연습문제]

**01.** (참/거짓) 인공지능 초연결 사회에서 방대한 데이터를 기계가 학습하여 지적 업무를 수행을 하는 것을 3차 산업혁명이라 한다.

**02.** (참/거짓) 상호 연결된 인터넷을 통해 대량의 데이터들을 클라우드에 저장하는 기술을 인공지능이라 한다.

**03.** (참/거짓) 4차 산업혁명과 4차 산업은 동일하다.

**04.** 4차 산업혁명과 관련된 핵심 요소가 아닌 것은?

❶ 인공지능 ❷ 빅데이터

❸ IoT ❹ 전기모터

**05.** 저속과 저가로 사물 인터넷을 구현하기에 적합한 손바닥 컴퓨터는?

❶ IBM PC ❷ 노트북

❸ 서버 컴퓨터 ❹ 아두이노

**06.** 다음 중 상관관계가 부적합한 것은?

❶ 1차 산업혁명 - 증기기관

❷ 2차 산업혁명 - 전기 발명

❸ 3차 산업혁명 - 컴퓨터 네트워크 혁명

❹ 4차 산업혁명 - 전기모터를 활용한 컨베이어 벨트 자동화

**07.** 21세기의 석유라고 불리는 4차 산업혁명의 기름에 해당하는 것은 (                    )이다.

08. 센싱된 데이터를 네트워크를 통해서 클라우드로 보내는 장치를 (                    )(이)라 한다.

09. 딥러닝은 학습 과정과 응용 과정으로 구성이 된다. 학습 과정에서는 성능이 좋은 컴퓨터가 필요한데, 딥러닝 전용으로 (                    )보드가 필요하다.

10. 1차 산업혁명부터 4차 산업혁명까지 핵심 변화를 설명하시오.

11. 딥러닝의 응용으로 개와 고양이를 구분하는 방법을 설명하시오.

12. AI, ML, DL의 상관관계를 도식화하시오.

13. 구글이 클라우드를 통해 무료로 GPU와 TPU를 활용하여 딥러닝을 학습할 수 있도록 제공하는 사이트 이름은 무엇인가?

14. 인공지능을 활용하여 자동차의 연료와 주행 거리에 대한 선형 예측을 하시오.

# [참고자료]

[1] 4차 산업혁명 위원회, https://www.4th-ir.go.kr/

[2] http://www.itdaily.kr/news/articleView.html?idxno=82425

[3] https://www.itfind.or.kr/WZIN/jugidong/1888/file6111801471006205940-188802.pdf

16

# 종합 프로젝트

**학습목표**

- 디자인씽킹을 기반으로 작품을 창의적으로 기획할 수 있다.
- 창의방정식을 활용하여 시나리오 기반의 작품을 기획할 수 있다.
- 아두이노를 활용한 종합 프로젝트 계획서를 작성할 수 있다.
- 종합 프로젝트 과제를 진행하고 보고서를 작성할 수 있다.

**학습내용**

- 디자인씽킹이란?
- 창의방정식이란?
- 과제 계획서 및 결과 보고서 양식
- 리플릿 제작 방법 안내
- 동영상 제작 방법 안내

이 장에서는 종합 프로젝트를 진행하기 위한 창의적인 방법을 소개한다. 팀을 구성하는 방법에 대해서 살펴본다. 창의적으로 제품을 설계하기 위한 디자인씽킹 방법과 창의방정식 방법에 대해서 소개한다. 그리고 과제 계획서의 작성, 결과보고서의 작성 및 리플릿의 작성과 유튜브 동영상 작성에 대해서 소개를 한다.

Introduction to **Arduino**

# 01 종합 프로젝트를 위한 창의적인 방법

### 디자인씽킹 소개 및 정의

최근 디자인씽킹 기반의 설계는 학교 수업과 작품 연구 및 실제 제품 설계에 많이 적용되고 있다. 디자인씽킹은 기존의 설계 방식과 달리 디자이너들이 설계하는 방식처럼, 문제를 사용자 중심으로 바꿔 해결하는 방법이다. 먼저 사용자 입장에서 공감한 후 문제를 정의하고, 이를 해결하기 위한 아이디어를 도출하고, 시제품을 제작하고, 사용자 테스트를 진행하는 단계를 거치는 방법을 말한다.

디자인씽킹은 30여 년의 역사를 가지며 학문적으로는 스탠포드 대학교의 디자인 스쿨에서 기반을 다져왔고, 비지니스 측면에서는 디자인 회사인 아이데오(IDEO)를 통해 확산되었다.

디자인씽킹의 5단계는 공감하기, 정의하기, 아이디어 내기, 시제품 만들기, 테스트로 구성된다.

#### 디자인씽킹의 개념

- 사용자 중심으로 먼저 공감한다.

  ❶ 사업적 가치가 있는가? ❷ 기술적으로 실현 가능한가? ❸ 사용자에게 가치가 있는가?

  이 세가지의 겹친 부분을 알아낼 필요가 있고, 이를 위해 개발 단계부터 고객의 의견을 여러 번 확인하는 것(공감하기)이 중요하다.

- 대화를 중요시하는 프로세스를 실현한다.

  ❶ 문제를 정의 ❷ 요구 파악 후 가설 세우기 ❸ 브레인스토밍 ❹ 프로토타입 작성 ❺ 테스트 및 피드백을 바탕으로 문제를 다시 정의

- 프로토타입 → 테스트 → 개선을 반복한다.

  - 빠른 시간 내에 결과와 흡사한 제품을 간단하게 만들고, 테스트하고 개선을 한다.

- 다양한 문제 해결을 위해 가능한 많은 아이디어와 출력을 낸다.

  - 문제 해결 방법은 하나가 아니어도 좋다.

### 디자인씽킹을 적용할 수 있는 곳

- 신규 제품 서비스 프로토타입(시제품)을 제작한다.
- 잠재적 비즈니스 기회를 개척하고자 한다.
- 외부에서 새로운 아이디어를 원한다.
- 의사결정의 속도가 느린 수직적 조직 구조에서 기업 문화를 수평적 조직 구조로 바꾸고 싶다.
- 혁신적인 제품(서비스) 창출의 계기를 원한다.

## 창의방정식

이 장은 "창의방정식"의 개발자인 이동조(창의교육그룹 아이디어코리아 대표, '창의방정식의 비밀' 저자)님께서 직접 작성해 주셨다.

### AI시대, 창의방정식으로 창조적 사고하는 법

인공지능(A.I) 시대는 창의인재가 필요하다. 창의인재란 △통합적 사고력 △통찰력 △혁신적인 관점디자인 능력 △예측력 △우선순위 설정 능력 △문제 발견력과 원인 분석력 △아이디어 발상 능력 △문제해결 능력 △창조적 소통 능력, 자존감과 관계리더십 △분류, 구조설계 능력 △창조표현 능력 등 10가지 창의적 사고능력을 동시에 발현시킬 수 있는 사람이다. 이런 창의인재의 핵심 사고력을 통합적으로 단숨에 키울 수 있을까? 창조 메커니즘을 이해하면 가능하다.

인간은 자기가 보고 싶은 현실이나 결과, 부분으로 인식한 정보로 판단한다. 창의성은 이 관점을 버리고, 창조되는 과정 그 자체로 보는 발상의 전환이다. 인간의 인식 이전에 이미 자연과 우주, 사건과 사물은 창조과정으로 존재한다. 즉 세상만사, 세상만물은 인간의 감정이나 판단에 의해서가 아니라 창조 메커니즘에 따라 존재하는 것이기 때문에 창조적 사고의 첫 출발점은 인간의 관점을 버리고 자연, 세상, 우주가 창조되는 전체의 창조자 관점을 얻는 것이다. 인간의 관점을 버리고 아기가 창조되는 프로세스를 '쿨'하게 살펴보자.

### 아기 탄생 과정의 절차와 메커니즘

❶ **자궁:** 창조가 이루어지는 근원이다. 아기집인 자궁과 같은 미지의 시공간과 주머니, 에너지를 공급하는 끈끈이 무대를 임의의 'X값'이라고 하자.

❷ **난자와 정자:** X라는 무대 안으로 들어온 서로 다른 요소를 각각 $y^1$과 $y^2$ … 등으로 표기하고 서로 다른 것이 두근두근 확률과 양자적으로 만나는 걸 '$y^n$'값이라고 하자.

❸ **착상:** 끈끈이 무대 자궁 안에 서로 다른 $y^1$(요소)와 $y^2$(요소)가 만나 공간 개념에서 삼위일체가 이루어지는 순간 하나로 결합, 착상 또는 하나의 교집합이나 콘셉트로 귀결되는데, 이를 '=' 또는 '=1'값이라고 표시하자.

❹ **10달**: 하나로 착상된 싹이 구체적인 형태를 갖추기까지 성장하고 발전하고 변화하는 분류, 절차, 순서, 계획 등 시간 개념을 임의로 'a값'라고 하자.

❺ **아기**: 지금까지의 전체 시공간 창조 프로세스를 거쳐 최종적으로 창조된 눈에 보이는 결과 값 혹은 인식된 정보를 'b값'라고 하자.

이것이 인간의 관점을 배제한 창조자 관점으로, 있는 그대로의 창조가 완성되는 프로세스다. 이 '전체 창조 프로세스' 요소와 절차, 패턴을 기억하기 쉬운 심플한 임의의 기호 값으로 표시하면 $Xy^n = ab$이고 이것이 '창의방정식'이다.

창의방정식은 인류가 찾아낸 상대성원리, 양자역학, 엔트로피법칙, 에너지보존법칙에 부합하면서 기존에 인식되지 않거나 보이지 않던 시작과 과정이 드러나고 창조가 완성되는 물리적인 시공간 상의 절차를 대표한다. 우주, 별, 행성, 지구의 창조 및 진화 과정, 사회 진보, 사건의 발생 과정 역시 이 프로세스 하나를 공유한다. 핵심 포인트는 생명이나 발명은 물론, 아이디어나 문제, 사건, 병, 심리, 관계, 신상품, 비즈니스, 기업, 사회, 경제, 역사, 종교, 제도, 학문 등 그 무엇도 창의방정식에 따라 원리가 통제되고 창조가 이루어진다는 사실이다.

따라서 통찰, 혁신, 문제 발견, 문제 해결, 절차, 창조 등 창의적 사고를 위해 우리는 어떤 그것을 알기 위해 '$Xy^n = ab$'라는 창조 메커니즘 공식을 대입하면 훨씬 더 좋은 판단을 할 수 있다. 어떤 문제나 결과가 창조되기까지 근원을 종합적으로 통찰하여 인과관계를 파악할 수 있고, 이 패턴의 방정식을 적용해 창조의 밑그림을 설계하면 보다 쉽게 창의성을 발현할 수 있게 된다.

창의방정식 사고란 인간의 관점을 배제하고 일 자체의 '전체 창조 프로세스'를 디자인하는 능력이다. 그 전체 과정은 프로젝트 형태의 [X: 끈끈이 무대] → [$y^n$: 두근두근 다른 것의 조합] → [=: 착상된 하나] → [a: 절차] → [b: 결과]이다.

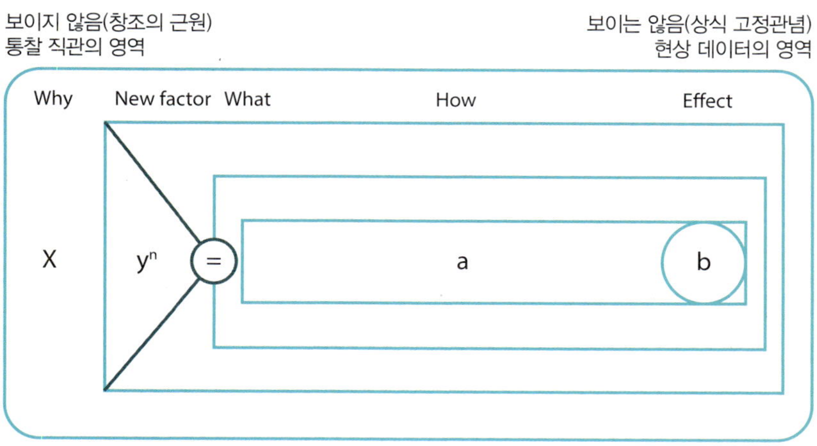


**그림 16.1** 창의방정식 모형도

창의방정식은 전체 창조 프로세스를 안내하는 내비게이션이자, 인간이 가지고 있는 잘못된 초기 인식 설정값 오류를 극복할 수 있도록 도와주는 인류 최고의 사고 메커니즘이다. 창의방정식 사고를 하면 창조 절차를 창조자 관점에서 '생각 공식'으로 사전에 세팅해 놓음으로써 매순간 노력, 시간, 비용, 오류, 실패를 줄이면서도 통찰하고 창의하고 혁신하고 창조할 확률을 높여주기 때문이다.

### 창의적인 생각은 어디에서 오는가?

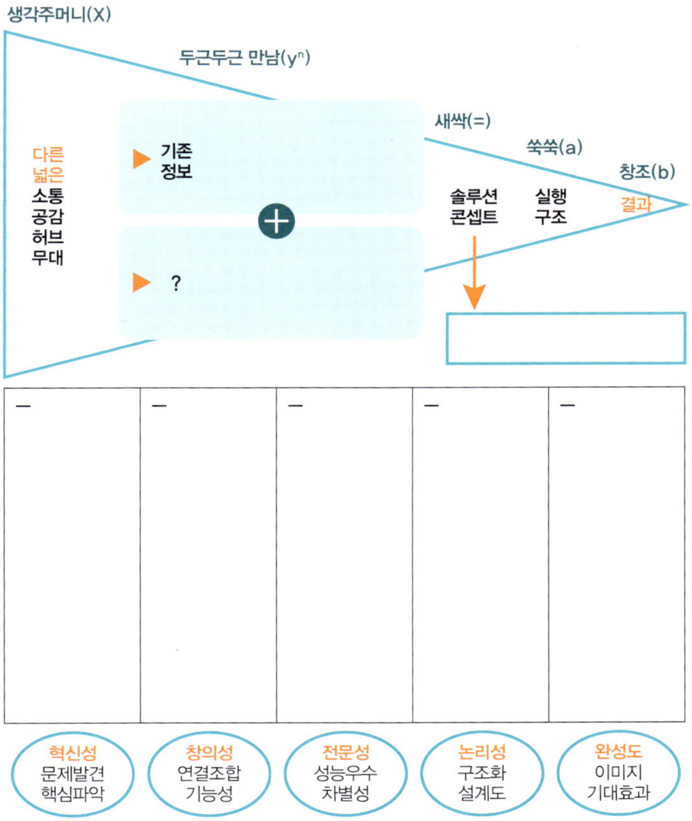


**그림 16.2** 창의방정식 사고 모형 그리기

위대한 기업을 만들었던 창의적인 비즈니스 아이디어는 어디에서 시작됐을까? 창의방정식으로 이해하면 매우 쉽게 본질에 다가설 수 있다. 일단 창조 프로세스는 같다. 창의의 핵심 원리는 '무대 위에서 관계의 두근두근 새로운 조합'이다. 둘이 한 영역 안에 들어와 우연히 만나서 두근두근 반응하고 새로운 조합이 이루어지면 뭔가 새로운 것이 창조되고 역사가 이루어진다. 페덱스 기업의 창조 프로세스를 살펴보자.

미국 예일대에서 경제학을 수강하던 프레드 스미스는 자전거 바퀴에서 착안해 새로운 화물

수송 시스템에 관한 학기말 보고서를 제출했다. 보고서의 내용은 미국 내 인구 분포의 중심 지역에 화물 집결지를 만들고, 모든 화물들을 일단 여기에 모은 다음 재분류하여 자전거 바퀴 모양으로 미국 전역에 배송하자는 것이었다. 이 보고서는 비록 담당교수에게 좋은 점수를 받지는 못했지만, 후에 이 리포트를 토대로 세계적인 화물 택배 회사인 페덱스를 창업했다.

세계적인 기업이 된 페덱스를 탄생시킨 아이디어의 근원에는 '자전거 바퀴살'이 있었다. 기존 물류시스템의 문제의식(X) 위에 우연히 자전거 바퀴살($y^1$)을 보고, 물류수송($y^2$)의 효율성이 두근두근 조합되는 순간 머릿속에 번쩍하고 영감이 떠올라 리포트를 작성했고, 추후 세계적인 물류 배송 기업으로 탄생하게 됐다.

### 창의적인 생각을 찾는 7단계 공식

다른 사람이 세팅한 무대 위에서 남이 시키는 일을 하느냐, 내가 스스로 세팅한 무대에서 스스로의 일을 하느냐는 엄청나게 큰 차이다. 거기가 창의성으로 가는 갈림길이기 때문이다. 결국 창의성은 보이지 않는 무대를 발견하여 스스로 무대를 세팅할 줄 아는 능력이다. 참고로 창의적인 생각 천재가 되는 7단계 공식은 다음과 같다.

- [1단계] 시각적으로 잘 드러나는 나의 $y^1$을 검토한다. 예를 들어 뭔가 간단하다. 뭔가 쉽다. 뭔가 좋다. 나의 사정이니까 등이다. 그러나 이 판단은 대부분 초기 설정값의 오류가 있다고 치고 일단 거부한다.
- [2단계] $y^1$의 관점에서 벗어나 외부로 관점을 돌린다. $y^1$이 있으면 반대편에 반드시 $y^2$가 있다. 예로 내가 있으면 너 또는 다른 사람도 있다. 또 장점이 있으면 동시에 반드시 단점이, 그리고 편리함이 있으면 비용이 따라다닌다. 따라서 동전의 다른 쪽 면인 $y^2$를 반드시 검토한다. 그런데 $y^1$과 $y^2$를 동시에 봄으로써 생각의 사고가 진일보했지만, 역시 창의방정식으로 세팅되지 않으니 일단 거부한다.
- [3단계] $y^1$과 $y^2$가 있으면 둘이 함께 딛고 있는 무대가 반드시 있다. 드디어 X의 발견으로 나아간다. 무대를 보는 순간 드디어 자신이 만들어가는 창조적인 생각 프로세스가 본격적으로 작동하기 시작한다.
- [4단계] 드러나지 않았던 X를 발견하면 그 무대 위에 있는 다양한 $y^n$을 모두 포착한다. 무대 위에 이전 단계에서 생각지도 못했던 새로운 수많은 고려사항과 핵심요소($y^1$, $y^2$, $y^3$, $y^4$ …)들이 즐비하게 등장한다.
- [5단계] 그 고려사항들, 핵심요소들, 때론 양자택일과 모순과 대립의 요소에서 그 둘을 공유할 새로운 핵심 전략($Xy^n = 1$)을 찾는다. $y^n$을 모두 엮은 이것은 애초에 $y^1$, $y^2$에서 생각했던 것과는 전혀 다른 차원의 창의적인 콘셉트이다.

- [6단계] 핵심 전략이자 핵심 콘셉트인 1을 형상화하고 구체화 시킨다.
- [7단계] 드러나는 하나의 실체로 완성되고 완전하게 디자인되면 새로운 창조가 완성된다.

이 단계별 공식을 적극적으로 활용할 수 있다면 자신 앞에 주어진 수많은 문제에 적용해 좀 더 창의적인 사고를 할 수 있다. 생각이든, 결정이든, 기획이든, 연애전략이든, 그 어떤 분야라도 상관없다.

**창의방정식 관련 추천 유튜브 동영상**

- 창의인재1: https://youtu.be/Zuyh39Yu8Xg
- 창의인재2: https://youtu.be/Rgfw4514IDc
- 창의 공모전: https://youtu.be/mo_lBmPJC2Q

Introduction to **Arduino**

# 02 창의 프로젝트 진행

팀 단위로 창의 프로젝트를 수행해보자. 팀을 구성하는 방법은 학생 자율로 하고 한 팀은 3~5명으로 구성하는 것을 권한다. 먼저 팀장을 추천하거나 자원 받아 화이트보드나 인터넷에 올리고, 희망하는 팀원들이 등록하는 형태도 가능하다. 오프라인으로 팀장을 정하는 방법으로는 팀장이 포스트잇에 자기 이름을 적고 화이트 보드에 부착한 후 참여를 희망하는 팀원들이 앞으로 나와 각자 이름을 붙이면 바로 팀이 구성이 된다. 너무 많이 몰리는 부분은 토의를 통해 이동을 시킨다.

창의 프로젝트는 대체로 개별 과제보다는 팀 단위로 진행할 때, 협업과 소통 및 완성도 높은 결과를 기대할 수 있다.

팀 과제의 제목을 정하는 것은 브레인스토밍이나 디자인씽킹, 창의방정식 등을 활용하여 각 팀에 적합한 프로젝트를 발굴하고 선정한다. 과제 기간과 학생들의 수준에 맞는 과제인지 반드시 검토를 해 줄 필요가 있다.

과제의 진행을 깃허브(Github, http://github.com)를 활용하면 여러 명이 공동으로 과제를 관리할 수 있고, 버전 관리가 가능하여 이전 버전으로 쉽게 돌아갈 수 있을 뿐 아니라, 여러 학생들이 협업하기에 가장 적합하다. 깃허브에 올려진 과제는 학생들의 취업 포트폴리오 작성에 크게 도움이 될 수 있다.

창의 프로젝트의 수행 과정 및 산출물은 다음 여섯 가지를 포함하는 것을 권유한다.

- 과제 계획서 및 발표
- 중간 보고서 및 발표
- 발표 PPT 제작
- 리플릿 만들기
- 유튜브 동영상 제작
- 최종 보고서 및 발표
- [옵션] 논문(검색: 과학기술학회마을) 또는 특허(검색: 키프리스)

## 과제 계획서 작성 양식

<table>
<tr><th colspan="11">과제 계획서 요약</th></tr>
<tr><td>과 제 명</td><td colspan="10"></td></tr>
<tr><td>팀 명</td><td colspan="10"></td></tr>
<tr><td rowspan="4">참가 학생</td><td colspan="2">학 과</td><td colspan="2">성 명</td><td colspan="2">학 번</td><td colspan="2">휴대폰</td><td colspan="2">E-mail</td></tr>
<tr><td colspan="2"></td><td colspan="2"></td><td colspan="2"></td><td colspan="2"></td><td colspan="2"></td></tr>
<tr><td colspan="2"></td><td colspan="2"></td><td colspan="2"></td><td colspan="2"></td><td colspan="2"></td></tr>
<tr><td colspan="2"></td><td colspan="2"></td><td colspan="2"></td><td colspan="2"></td><td colspan="2"></td></tr>
<tr><td>지도 교수</td><td colspan="2">성 명</td><td colspan="2"></td><td>전화<br>번호</td><td colspan="2"></td><td>E-mail</td><td colspan="2"></td></tr>
<tr><td>개발 기간</td><td colspan="7">년 월 일 ~ 년 월 일 ( 개월)</td><td>개발비</td><td colspan="2">원</td></tr>
<tr><td>연구 목표</td><td colspan="10"></td></tr>
<tr><td>연구 내용</td><td colspan="10"></td></tr>
<tr><td>기대 효과</td><td colspan="10">(응용분야 및 활용범위 포함)</td></tr>
</table>

## 과제 계획서

과제 계획서를 체계적으로 잘 작성하면 과제의 산출물이 우수해질 수 있다. 팀원의 업무를 잘 분담하고 과제의 결과물을 상상해 보면서 정성들여 작성하도록 유도를 하자.

### 1. 과제의 개요

**1) 과제의 목적(과제 수행의 목적을 간략하게 기술)**

**2) 과제의 필요성(과제 수행의 필요성 및 중요성 기술)**

(1) 기술적 측면

(2) 산업/경제적 측면

**3) 과제의 구성도 및 원리**

(1) 구성도(과제의 구성을 그림 및 글로 표현)

(2) 동작 원리 및 이론적 배경

### 2. 과제의 목표 및 내용

**1) 과제의 최종목표 및 내용**

(1) 과제의 최종목표(과제가 도달하고자 하는 목표를 항목별로 상세히 기술)

(2) 과제의 내용

**2) 과제의 예상 결과물**

(1) 최종 예상 결과물(제작되는 작품, 회로도, 알고리즘 등 상세하게 기술)

### 3. 과제의 추진전략 및 체계

**1) 과제의 추진전략**

(1) 기술정보 수집

(2) 팀 운영방안(팀 편성표, 세부 역할분담, 팀규칙 등)

**2) 과제 추진일정**

| 과제수행기간 | 년 월 일 ~ 년 월 일 | | | | | | | | | | | | | | | |
|---|---|---|---|---|---|---|---|---|---|---|---|---|---|---|---|---|
| 기술개발의 내용 | 추진일정(주) | | | | | | | | | | | | | | | 기간(주) |
| | 1 | 2 | 3 | 4 | 5 | 6 | 7 | 8 | 9 | 10 | 11 | 15 | 13 | 14 | 15 | |
| | | | | | | | | | | | | | | | | 1 |
| | | | | | | | | | | | | | | | | 2 |
| | | | | | | | | | | | | | | | | 3 |
| | | | | | | | | | | | | | | | | 3 |
| | | | | | | | | | | | | | | | | 3 |
| | | | | | | | | | | | | | | | | 3 |
| | | | | | | | | | | | | | | | | 6 |

### 4. 필요 기자재 및 개발비

| 품명 | 규격 | 단위 | 수량 | 단가 | 금액 | 용도 |
|---|---|---|---|---|---|---|
| | | | | | | |
| | | | | | | |
| | | | | | | |
| 합계 | | | | | | |

### 5. 참고자료 및 문헌

## 결과 보고서 요약

<table>
<tr><th colspan="7">결과 보고서 요약</th></tr>
<tr><td>과 제 명</td><td colspan="6"></td></tr>
<tr><td>팀 명</td><td colspan="6"></td></tr>
<tr><td rowspan="4">참가학생</td><td>성명</td><td>휴대폰</td><td colspan="4">담당 업무 및 역할</td></tr>
<tr><td></td><td></td><td colspan="4"></td></tr>
<tr><td></td><td></td><td colspan="4"></td></tr>
<tr><td></td><td></td><td colspan="4"></td></tr>
<tr><td>지도 교수</td><td>성 명</td><td></td><td>휴대폰</td><td colspan="3"></td></tr>
<tr><td>개발 기간</td><td colspan="4">년 월 일 ~ 년 월 일 ( 개월)</td><td>개발비</td><td>원</td></tr>
<tr><td>연구 목표</td><td colspan="6"></td></tr>
<tr><td>연구<br>수행<br>내용</td><td colspan="6"></td></tr>
<tr><td>결과물</td><td colspan="6"></td></tr>
<tr><td>추후<br>연구</td><td colspan="6"></td></tr>
<tr><td>기대<br>효과</td><td colspan="6">(응용분야 및 활용범위 포함)</td></tr>
</table>

## 결과 보고서

### 1. 과제의 개요

**1) 과제의 목적(과제 수행의 목적을 기술)**

**2) 과제의 동기 및 필요성(과제 수행의 필요성 및 중요성 기술)**

- 기술적 측면. 산업/경제적 측면

**3) 과제 결과 요약(수행된 최종결과를 기술)**

### 2. 과제의 추진전략 및 체계

**1) 과제의 추진 결과**

(1) 기술정보 수집 내용

(2) 팀의 운영결과(팀 편성표, 세부역할 등)

| 성명 | 담당 업무 및 역할 |
|---|---|
| | |
| | |
| | |

**2)과제 추진일정**

| 과제수행기간 | 년 월 일 ~ 년 월 일 | | | | | | | | | | | | | | |
|---|---|---|---|---|---|---|---|---|---|---|---|---|---|---|---|
| 기술개발의 내용 | 추진일정(주) | | | | | | | | | | | | | | 기간(주) |
| | 1 | 2 | 3 | 4 | 5 | 6 | 7 | 8 | 9 | 10 | 11 | 15 | 13 | 14 | 15 | |
| | | | | | | | | | | | | | | | 1 |
| | | | | | | | | | | | | | | | 2 |
| | | | | | | | | | | | | | | | 3 |
| | | | | | | | | | | | | | | | 3 |
| | | | | | | | | | | | | | | | 3 |
| | | | | | | | | | | | | | | | 3 |
| | | | | | | | | | | | | | | | 6 |

### 3. 과제 결과물

**1) 구성도(과제의 구성을 그림 및 글로 표현)**

**2) 동작 원리 및 이론적 배경**

- 제작된 작품의 상세한 설명, 회로도, 알고리즘 등을 기술
- 제작된 작품의 작동방법, 규격, 기능 등을 사진이나 도면 등을 활용하여 작성

**3) 과제 결과물**

### 4. 기대 효과 및 개선: 과제의 기대효과와 향후 개선점을 기술

### 5. 활용 방안

### 6. 과제 수행 후기(과제 진행에서 겪은 에피소드나 느낀 점 등을 기술)

### 7. 활용 기자재 및 개발비

| 품명 | 규격 | 단위 | 수량 | 단가 | 금액 | 용도 |
|---|---|---|---|---|---|---|
| | | | | | | |
| | | | | | | |
| | | | | | | |
| 합계 | | | | | | |

### 8. 참고자료 및 문헌

### 리플릿 제작하기

리플릿은 전단지 중의 하나로 홍보를 목적으로 만든 낱장의 종이 인쇄물을 가리킨다. 잘 작성된 리플릿은 제작자들의 의도를 한 눈에 볼 수 있다.

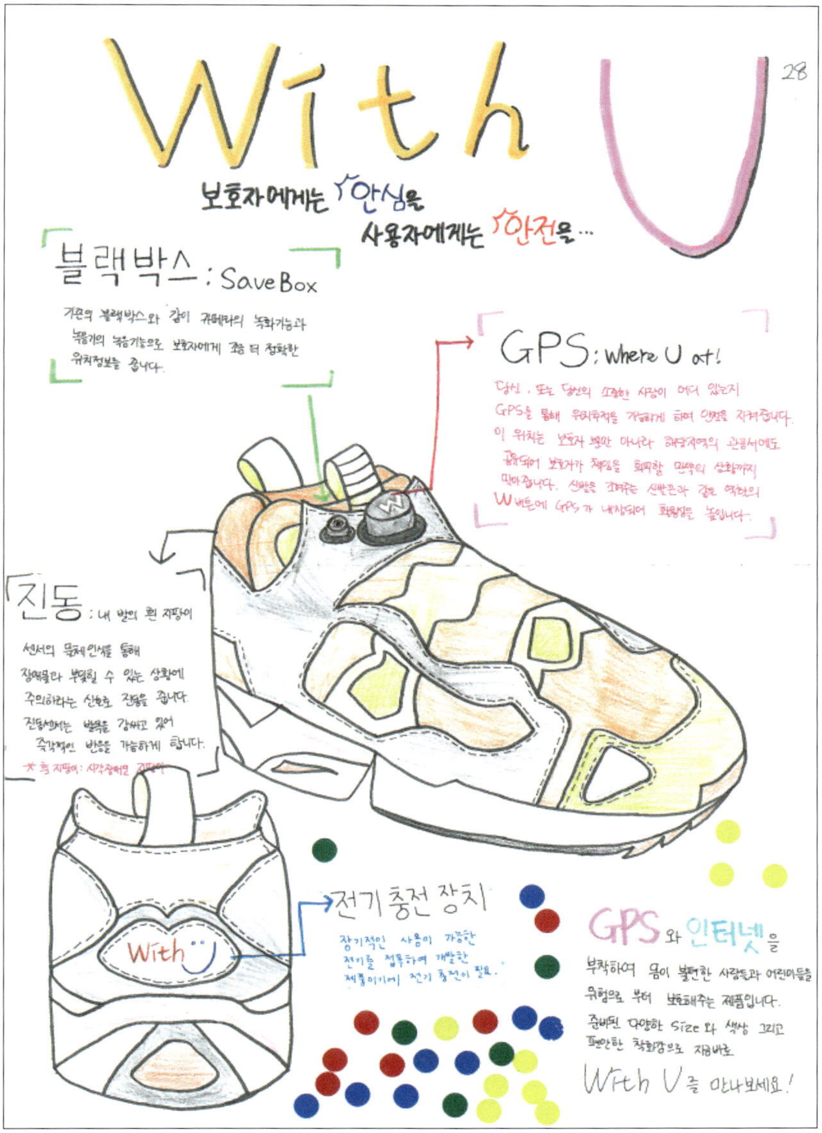


그림 16.3 리플릿의 예

### 유튜브 동영상 만들기

종합 프로젝트에서 빼놓을 수 없는 기록물이 동영상이다. 동영상은 가능하면 유튜브에 올리고 종합과제 발표에서 활용하도록 하자. 프로젝트 전 과정에서 기록 담당자를 1명 선정하고, 아이디어 창출부터 실험 과정의 사진과 동영상을 촬영한다. 이를 활용하여 유튜브 동영상을 제작해보자.

혹시 준비된 사진 등이 없는 경우 간단하게 발표 내용을 화면 캡쳐하거나 스마트폰으로 촬영하여 유튜브 동영상을 제작할 수 있다. 편집 도구를 활용한다면 자막이나 소리, 음악을 넣을 수 있다. 동영상 제작을 위해서 추천되는 도구는 다음과 같다.

#### 추천 편집 도구

- 뱁믹스: 자막에 강함
- 곰믹스프로
- 알씨 동영상 만들기
- 파워디렉터
- OBS 스튜디오
- 어도비 프리미어

#### 추천 화면 캡처 도구

- Ocam
- OBS 스튜디오

# 03 단계별 프로젝트 리스트들 (네이버 아두이노 카페)

Introduction to **Arduino**

### 어두워지면 켜지는 가로등(조도센서)

조도센서로부터 밝기를 읽고, 손이나 컵으로 덮을 때 LED가 켜지는 자동 점멸 가로등 시스템을 구현해보자.

### 브레이크 등 만들기(스위치와 LED)

스위치를 누르면 LED가 켜지고 놓으면 LED를 꺼지도록 하자. 스위치를 한번 누르면 켜지고 다시 누르면 꺼지도록 토글스위치를 구현해보자.

### 스마트폰으로 LED 제어하기(와이파이-시리얼)

아두이노와 연결된 컴퓨터에 스마트폰으로 와이파이를 활용하여 LED를 켜고 끄는 과제를 만들어 보자.

### 스마트폰으로 LED 제어하기(블루투스)

아두이노에 HC-06 블루투스 모듈을 연결하고, 앱 인벤터로 스마트폰 앱을 만들어 LED를 켜고 끌 수 있도록 하자.

### 온도를 스마트폰으로 보내기(와이파이-시리얼)

아두이노에서 읽은 데이터를 시리얼 통신을 이용하여 컴퓨터로 보내고, 컴퓨터 서버에서는 이를 스마트폰으로 보내는 응용을 만들어 보자.

### 온도를 스마트폰으로 보내기(블루투스)

아두이노에 HC-06 모듈을 연결하고, 온도를 측정한 후 블루투스를 통해 온도를 보내고, 스마트폰에 나타내도록 하자.

# [요약]



- 종합프로젝트를 위한 가이드
- 창의적인 작품의 제안서 작성하기
- 사용자의 공감 기반 디자인씽킹 소개
- 디자인씽킹 기반의 창의 기획서 작성
- 창의 과제를 위한 두근두근 '창의방정식' 소개
- 시나리오 기반의 창의방정식
- 창의방정식 사고 모형 그리기
- 창의적인 생각을 찾는 7단계 공식
- 팀의 구성 방법 및 팀워크
- 프로젝트 계획서 양식 및 작성
- 프로젝트 결과보고서의 작성
- 리플릿의 제작 안내
- 유튜브 제작 툴 안내
- 단계별 프로젝트 리스트 카페 소개

# [연습문제]

**01.** (참/거짓) 디자인씽킹과 기존의 설계 방식의 가장 큰 차이는 사용자 관점에서 니즈를 이해하고 공감을 하는 부분이다.

**02.** (참/거짓) 창의방정식은 창의적인 설계에 있어서 단편적인 내용보다는 통합적인 사고로 시나리오 관점에서의 접근법이다.

**03.** 디자인씽킹에 대한 설명 중 부적절한 것은?

❶ 일반적인 프로젝트 진행방법과 크게 다르지 않다.

❷ 공감을 기반으로 한 혁신적인 제품 디자인 등에 적합하다.

❸ 신규 제품 서비스 프로토타입을 만들기에 적합하다.

❹ 혁신적인 제품 서비스 창출에 적합하다.

**04.** 프로젝트 진행 과정에서 핵심 요소로 보기 힘든 것은?

❶ 작품의 기획

❷ 계획서의 작성

❸ 프로토타입 제작의 생략

❹ 보고서의 작성

**05.** (                    ) 방정식 사고란 인간의 관점을 배제하고 일 자체의 '전체 창조 프로세스'를 디자인하는 능력이다.

**06.** 디자인씽킹의 5단계는 (                    )하기, 정의하기, 아이디어 내기, 시제품 만들기, 테스트로 구성이 된다.

07. 디자인씽킹에서의 공감하기란?

08. 리플릿이란 무엇인가?

09. 과제를 유튜브에 올릴 경우의 장점은?

10. 과제 결과 발표에서 리플릿을 활용할 때의 장점은?

11. 아두이노를 활용한 작품을 인터넷에서 검색하여 하나를 선택하고 개선 방안에 대해서 토의를 하시오.

12. 2주간에 걸쳐 제작이 가능한 아두이노를 활용한 창의적인 작품을 설계하시오.

# [참고자료]

[1] https://topclass.chosun.com/board/view.asp?catecode=L&tnu=201707100011

[2] https://post.naver.com/viewer/postView.nhn?volumeNo=10689934&memberNo=15671802

[3] https://militarycostume.tistory.com/1047

# 찾아보기


## ㄱ

가변저항 / 156
가변저항기 / 61
가변저항(Potentiometer) / 65
공통 양극 방식 / 103
공통 양극(Common Anode) / 116
공통 음극 방식 / 103
공통 음극(Common Cathode) / 116

## ㄴ

능동 부저 / 54

## ㄷ

도트 매트릭스 / 177
디자인씽킹 / 334
디자인(Design) / 229
디지털 신호 / 20
딥러닝 / 328

## ㄹ

라이브러리 / 84
레지스터 / 3

## ㅁ

마이크로컨트롤러 / 2
멀티태스킹(Multitasking) / 284
멀티플렉싱 기술 / 117
모터 / 148
문자열 깜박이기 / 135
문자열의 이동 / 135
문자열 출력 / 133

## ㅂ

발광 다이오드 / 92
배열 / 33
병렬연결 / 9
브레드보드 / 11
블루투스 / 219
블루투스 통신 / 221

## ㅅ

사물인터넷 / 322
서보모터 / 150
소스코드 / 84
소프트웨어 시리얼 통신 / 219
수광 다이오드 / 92
수동 부저 / 54
스케치 / 40
스테퍼모터 / 149
스테핑모터 / 161
스텝모터 / 161
슬레이브 아두이노 / 256
시각 출력 / 4
시리얼 통신 / 35
시리얼 포트 / 35
시리얼 핀 연결 방식 / 218
써미스터 / 140

## ㅇ

아날로그 데이터 / 48
아날로그 신호 / 20
아날로그 온도센서 / 78
아두이노 / 12
암페어 / 8
액정 표시장치 / 126
앱 인벤터 / 226
온습도센서 / 140
옴의 법칙 / 9
이더넷 쉴드 / 265
인덱스 / 33
입력 신호 센싱 / 4

## ㅈ

저항 / 8
적외선(Infrared Ray Communication) / 92
전류 / 8
전압 / 7
정전식 습도센서 / 140
조도센서(CDS) / 67
주파수(Frequency) / 54
중앙처리장치 / 2
직렬연결 / 9

## ㅊ

창의방정식 / 335
청각 출력 / 4
초음파(ultrasound) / 87
출력 신호 제어 / 4

## ㅋ

커서 깜박임 제어 / 134
컴파일 / 51
케라스 / 326

## ㅌ

텐서플로우 / 326
통신 / 4
통신속도 / 219

### ㅍ


포트번호 / 52
푸시버튼 / 108
풀다운 스위치 회로 / 39
풀다운 저항 / 38
풀업 스위치 회로 / 39
풀업 저항 / 37
프로그래밍 업로드 / 3
플로팅(floating) / 37


### A


ADC(Analog to Digital Converter) / 62
ALU / 3
analogRead() / 61, 69, 78
analogWrite() / 48
Anode / 174
Arduino / 12
ARM / 6
ATMega328 / 2
AVR / 5


### B


baud / 69
Baud Rate / 201
bitRead() / 111
Bluetooth / 221


### C


C언어 / 13
cadmium sulfide(황화카드뮴) / 67
Cathode / 22, 174
char_name) / 137
CNC 기계 / 161
Common Anode / 174
Common Cathode / 174
CPU / 2
createChar(n / 137
CU / 3


### D


data / 20
DC모터 / 149, 166
delay() / 66, 285
DHT11 센서 / 82
Digit / 20
digitalRead() / 78, 208
digital signal / 20


### F


for 반복문 / 33


### G


GPU / 326


### I


Internet of Things / 322


### L


LCD / 126
lcd.print() / 137
LED / 21
Light Emitting Diode / 21
loop() / 119, 133


### M


MCU / 2
millis() / 285
MISO(Mater In Slave Out) / 240
MOSI(Master Out Slave In) / 240
MSB(Most Significant Bit) / 111


### P


PIC(Peripheral Interface Controller) / 6
print() / 133
PWM(Pulse Width Modulation) / 48


### R


RX / 210


### S


SCK / 241
SCL / 242
SDA / 242
Serial.begin() / 69, 119
Serial Peripherial Interface / 240
setCursor() / 133
setup() / 133
SPI / 240
SS(Slave Select) / 241


### T


TPU / 326
TX / 210


### U


UART / 200, 218
UART 통신 / 206


### V


Volt / 7


### 기타


4차 산업혁명 / 318
7-세그먼트 표시장치 / 102
8051 / 5

## 저자소개

**심재창**

경북대학교 전자공학과에서 학사, 석사 및 박사 학위를 취득한 후 1997~1999년 미국 IBM Watson 연구소 AI팀에서 근무하였고 2005~2007년 미국 프린스턴 대학교에 Visiting Fellow Professor로 컴퓨터 비전을 연구하였다. 1997년 (주)파미를 공동 설립하여 감사를 역임하고 있다. 1994년부터 현재까지 국립안동대학교 컴퓨터공학과에서 재직 중이며, 주요 연구 분야는 영상처리, 패턴인식, 컴퓨터 비전, 인공지능, 임베디드 시스템, 소프트웨어 교육 등이다.

**정윤주**

안동대학교에서 컴퓨터공학전공 석사 학위를 취득하고 경북대학교에서 컴퓨터공학 박사 학위를 취득하였다. 현재 안동대학교 SW융합교육원 교수로 재직하고 있으며, 한국멀티미디어학회 이사 및 (사)대구경북여성과학기술인회 이사를 역임하고 있다. 주요 연구 분야는 딥러닝을 이용한 영상의 품질 향상, 객체의 분류 및 인식이며, 그 외에도 컴퓨터 비전, 빅데이터 분석, 사물인터넷, SW교육 등이다.

**고주영**

대구 가톨릭대학교에서 의류학전공 석사 학위와 안동대학교 멀티미디어공학전공 석사 학위 및 박사 학위를 취득하였다. 현재 한국멀티미디어학회의 이사로 스마트의류연구회 회장을 역임하고 있다. 아두이노릴리패드 기반의 스마트 의류 시스템 제작과 관련하여 유튜브 Glory-Lab을 운영하고 있다. 2000년도부터 현재까지 안동대학교 기초교육원에서 컴퓨터 기초 과목을 가르치고 있으며 주요 연구 분야는 스마트의류, IoT, 노약자를 위한 스마트 시스템 등이다.

**이영학**

영남대학교 전자공학과에서 박사 학위를 취득하고 LG정밀 연구소 주임연구원으로 국방 관련 연구를 하였으며, (주)한슬 기술연구소 개발부장으로 패턴인식을 연구하였다. Cardiff University Post Doc 과정에서 3차원 얼굴 인식 시스템을 연구 했으며, 경운대학교 항공전자공학과 조교수로 재임하였다. 현재 국립안동대학교 SW융합교육원 교수로 재직 중이며, 한국멀티미디어학회 이사를 역임하고 있다. 주요 연구 분야는 영상처리, 패턴인식, 인공지능, 머신러닝, 딥러닝 시스템, IoT, 스마트 시스템 등이다.

# 한번에 이해되는 아두이노


발 행 2020년 7월 2일 초판 1쇄
2026년 2월 9일 초판 3쇄

저 자 심재창, 정윤주, 고주영, 이영학
발 행 인 채희만
출 판 팀 강미연, 성희령
마 케 팅 팀 한석범
경영관리팀 이승희

발 행 처 INFINITYBOOKS
주 소 경기도 고양시 일산동구 하늘마을로 158
대방트리플라온 C동 209호
대 표 전 화 02)302-8441
팩 스 02)6085-0777

**도서 문의 및 A/S 지원**
홈 페 이 지 www.infinitybooks.co.kr
이 메 일 helloworld@infinitybooks.co.kr

I S B N 979-11-85578-68-2
등 록 번 호 제25100-2013-152호
판 매 정 가 **25,000**원